清代外務部
中外關係檔案史料叢編
——中美關係卷

·中國第一歷史檔案館 北京大學 澳大利亞拉籌伯大學　編·

第二册·通商貿易

中華書局

清代外務部
中外關係檔案史料叢編
——中美關係卷

·中國第一歷史檔案館 北京大學 澳大利亞拉籌伯大學 編·

第二册·通商貿易

中華書局

第二册編委會名單

主任　郝　平　胡旺林　John Rosenberg

副主任　李巖松　吴　紅　胡忠良　徐　凱　裴麗昆

委員　劉毓興　王郅文　劉赫芳　張静雯

編輯部

主編　郝　平　胡旺林　John Rosenberg

執行主編　胡忠良　徐　凱　裴麗昆

副主編　劉毓興　王郅文

編輯　王郅文　劉赫芳

數字編輯　李　静　葉　斌

參加工作人員　陳燕平　鄒文婧　邢　洲　張静雯　張瑋恩

目録

大清欽命浙江分巡寧紹台兼管水利海防兵備道史　　為

照復事。本月十五日准

貴領事照會據恆順洋行令納稟稱：本行有新到米船名花賴，近有江東米舖福順曾經買米三千餘担，被允孚等庄誣控，盜買鄞縣令所封德泰協成兩棧存米，該舖奉牌之下，受累不堪。又有本行存米二千餘担曾租恆泰棧存儲，今恆泰棧東被允孚等庄串將米不知交于何人收管等因。除批候集訊外，照請轉飭鄞縣諭飭允孚等庄只顧控追欠錢，不得任意簸弄等由。准此，查恆順行與福順米舖買賣米石，允孚庄如何控告，未據鄞縣具詳，本道不得而知。除札飭鄞縣查案稟辦外，合此照復。為此照會

貴領事，請煩查照施行，須至照會者。

右　　照　　會

大美欽命駐劄寧波管理本國通商事務領事官羅

同治三年六月十七日

二

大美欽命駐紮寧波管理本國提刑按察司事宜兼攝通商事務欽加副省羅　為
照會事。本月二十六日准　貴縣照會：據允孚等莊呈稱：被恒順
行東令納經夥應昌福等負欠莊洋，除六月初收過外，尚欠實洋
四萬餘元。六月十八經貴縣事提訊，汲將應昌福移解過縣。徹當
提訊，閱據應昌福供認：是項欠鈔委係恒順洋行虧欠，將各處
貨錢事以往收抵還外，伊尚有自己受買之米七百餘袋，存放江
東恒泰客棧，情願寫立盤單，先歸五莊盤歸變售等供。至本月二十四日
該莊派令夥伴前往恒泰盤運米石，突被令納帶同打手四十餘名
強搬，並將棧夥亮毆，尤將劣盤之恒孚莊夥周振才及棧人一名捦
禁，呈請照會提釋，並將米石追還等情。據此，敝縣查五莊銀錢本
與恒順交易，理應行東令納照數清還。今納等諉為應昌福自己
虧欠，致將應昌福移送過縣。今應昌福愿將自買之米先行抵償

而該行东复敢糾集水手用强搬運並將棧夥店夥凶毆私禁似
殊有意圖賴實于情理未洽且中國子民有無過犯應歸中國地
方官審理令納萬何得將周振才等私禁為此照請提釋一面查
明令納萬强搬之米究有若干石數一併解縣以便歸償所欠等
因准此查此項欠款本領事于十八十九等日反覆訊問寔係店
昌福号行虧欠不應令納萬歸償至恒泰客棧存米無係令納存
米係店昌福号已受買之米本月二十四日該店擅行搬運是以
令納萬着人阻攔奪回惟拴禁周振才及棧人一名本領事昨日
聞知之下當經妥飭令納不得擅行是日但令業經釋回無煩照請
提釋為此照會
貴縣請煩查照施行須至照會者
右　照　會
大清浙江寧波府鄞縣正堂吳
同治三年六月二十六日

三

大清浙江寧波府鄞縣為照會事據允孚益源晋甡資生恆孚等庄呈稱伊等五庄
被恆順洋行東夥今納應昌福等負吞洋除六月初收過尚欠英洋四萬零五十
元六月十八日經
貴領事府提訊之後將應昌福一名發解回縣 敝縣當提訊向據應昌福
供認是項欠錢委係恆順洋行虧欠除將各處貸錢可以往收抵還外伊尚
有自己所買之米七萬餘袋約計五萬餘石存放江東恆東客棧情愿寫立限
單先歸五庄盤歸變賣等供於本月二十四日該五庄派令夥伴前往恆東
盤米石正在運回半之際突被今納帶同水手四十餘人強撤棧米二萬餘石並
恆東棧夥持棒兇毆將暗盤之恆孚庄夥周振才及棧人一名捦禁恆順行
內不由見面呈請照會提釋並將米石追還等情據此 敝縣查五庄銀錢
本與恆順洋行交易理應行東今納等照應清還因今納等諉為應昌福
已虧欠致將應昌福發送回縣今應昌福愿將自買之米先行抵償而

該行東令納等復敢糾集水手用強搬運並將棧夥庄夥充毆私禁侮辱
有意圖賴寔於情理未洽且中國子民有無過犯應歸中國地方官審
理令納等何得將中國民人周振才私禁行中任意凌辱合亟照會請
釋爲此照請
貴領事府先將令納所拴之周振才等釋回一面查明令納等強搬之
米究有若干石若干斤一併提解過縣以便將餘欠作抵歸償之處希
明斷追寔爲公便須至照會者

右照會

大美國領事府羅

同治叁年陸月貳拾陸日照會

四

大美欽命駐劄寧波管理本國提刑按察司宜五攝通商司務領事官羅爲
照會事本月初四日據允孚益源晉盛洽生恆孚等莊字控恆順行東令朗托羅
生陷門與匯穀應昌福串吞伊等五莊銀洋四萬七千餘元一案其時本領事當
提問令朗等據供本行賬簿皆存放于匯穀應昌福一人所有出入皆向應昌福
是問應昌福私與允孚等莊交易本行不得而知至于虧欠情由照本行滚
結每月每日揭算並無虧欠且有 付于應昌福之手即有虧欠五莊皆係應
辭是以限定日期集訊務須逐悉究辦以昭中外勿傷和好先是已有鄞縣令吳照
請英領事與本領事加封該行本棧本領事送經照覆以外國例凡案未經訊實
即該領事亦不便先將該行棧封起該行賬揭封條交本領事收管且待訊斷事
實後再行送縣定奪等因而鄞縣令吳始終照請加封未便許揭封條旋又經備
[illegible]係慶祥協餘萬昌北榮禾生生大乾元同孚新永順日恆慶成泰等行凡

欠本行之款允孚號店主請鄞縣出示飭該行不得付給恒順並以本月十三日來

領為照會

貴道以欠項只歐控追欠項凡該付恒順總宜付給恒順至恒順有無虧欠與庄

尚未訊斷應實請即札縣速諭慶祥號行付給恒順號因十五日准　貴道照復

以該令有飭差傳諭慶祥號行扣付恒順欠款之為洋因未獲声明號因於十六

十九等日傳集質訊兩造俱各延一外國通曉律例之人名為律法師以代兩造申訴

推詳並錄兩造口供仔細研究三日旋得查得並項欠款實係應昌福私自虧欠且

查應昌福去年未在恒順經手已虧耗洋一萬八千元授供據與恒順時允孚庄曾

許填伊舊歲虧欠之款今年恒順交易以身在恒順進利甚大不難填復舊款

且帳房洪雨庵委係允孚庄所使監督銀錢出入之事至五月底揭算共虧銀

洋四萬餘元半係身舊歲虧欠半係今年與洪友松自合夥虧蝕且有洪

友自虧所致行東令納寔無虧欠等因由是推之應昌福之私行虧欠已可概見而行東令納合人證簿據一一推敲寔無虧欠既無虧欠則允孚等應稟控東夥串吞亦于情理未洽且呈請縣令諭葉慶祥等行札付恒順之款當速付還恒順際訊斷屬寔緣由將應昌福移解過縣外擬合照會為此照會

貴道請煩查照希既札縣將收入慶等行應付恒順之款遞解本縣轉給恒順

望速施行須至照會者

右　照　會

大清欽命浙江分巡寧紹台海防水利兵備道史

同治叁年六月　二十七　日

大清國浙江寧波府鄞縣為照会事案奉

本道憲轉准

貴領事照会以允孚等莊稟控恒順東夥串吞銀洋一案前經提集兩

造查訊定係应昌福私自虧欠不应令納等聽償近聞慶祥等行該欠恒順

之款已付入縣署請即飭縣追解本署轉給恒順等由轉行下縣奉此查

允孚等莊與恒順洋行交易已非一日其所以相信交易者首憑該行字號

次憑該行經夥方肯來往銀洋數至四萬餘元之多現在恒順既有虧欠

情事無論東虧夥虧總惟經手之应昌福是問如謂允孚等莊欠項悉

係应昌福一人經手虧空应歸应昌福一人償還所有慶祥等行

收款據应昌福稟稱亦係伊一人經手应收之款現已劃付允孚等

莊是应昌福自己虧空自己收賬還錢一進一出兩得其平办理最為公道

若云应昌福經手欠款則是私自虧空於恒順無涉应昌福經手

应收之項則是恒順应收之款此係恒順行東一面之辭與应昌福

所供大相懸殊未可作準至於照會內所稱慶祥等行該欠恒順
之款已付入縣署等語查敝縣審理欠項只能憑案斷追不能代賞銀
錢豈有繳入縣署之事此言從何而來聞之殊深詫異總之恒順虧欠
各莊銀洋敝縣與
貴領事均經詳細訊明實有其事其中是否東夥串通一氣彼此推
諉敝縣不得而知惟既據應昌福自認經手虧空在先敝縣惟有押令應昌福
赶收伊自己經手進款抵還虧欠以期歸償清楚至應昌如何虧欠恒順
行此是恒順用人不當俟此案完結應由應昌福與行東自行清算總不
能以允福孚等莊欠款互相圖賴也緣奉前因擬合備文照會為此照會
貴領事請煩查照施行須至照會者

右照會

大美領事府羅

同治叁年柒月初伍日照會

六

大清欽命浙江分巡寧紹台海防兵備道史　為

照覆事九月十一日准

貴領事照會以允孚等呈控恆順洋行欠洋四萬七千餘元

查是項欠款委係恆順行東所欠而該店竟將慶祥等行該付恆

順之款劃收已將曾經照請飭解本署迄今已久未蒙示覆合再

照請飭將劃收之款移解本署等由查前准

貴領事照會到道即經飭令鄞縣查覆去後茲准前由除札催鄞

縣查明切實照會外合先照覆為此照會

貴領事煩為查照施行須至照會者

右　　照　　會

大美欽命駐扎寧波管理本國通商事務副領事府羅

同治三年九月　十五　日

七

大清國浙江寧波府鄞縣為照會事案奉
道憲史　札飭本年八月初六日准
美國羅領事照會本年六月初一日准前鄞縣吳照會內開據允孚益源晋牲賚生恒孚等庄
呈控恒順洋行東夥令納應昌福等串吞洋四萬七千餘元應請照會　美國領事追還原
款照請派捕先將該行棧貨查封備抵并嚴提應昌福送縣究辦等因准此後於六月十八日
十九日提集訊究恒順行東寔無虧欠情由皆係應昌福私虧所致當將應昌福送縣核
辦先是前鄞縣主吳將該行棧貨封起一面傳諭慶祥九餘萬昌北荣來生生大乾元同
孚新永順日恒廣成德泰等行凡有應付恒順等款概行扣付繼而竟將慶祥等行之
款收入允孚等庄以償欠款是以六月二十七日將是案始末緣由備文照請貴憲轉札前
鄞縣主吳令速將慶祥等行收款逓解本署以便給還恒順旋蒙札飭七月初五日准前鄞縣
主吳照覆以慶祥等行應付恒順之款係應昌福經手應收之款現已飭付允孚等庄是應
昌福自己虧空自己收帳還錢恒順行東可與應昌福自行清算不得以允孚等庄欠款

互相圖賴等因查洋行規矩凡行東銀錢皆存放買辦一人銀錢出入皆向買辦一人是問倘買辦私與錢庄來往皆不干行東之事至於貨物消售雖係買辦經手寔出行東主裁故凡有應收之款買辦不得私行收取今允孚等庄欠款寔非恒順行東所欠則慶祥等行收款何得副付允孚等庄若云係應昌福自已經手自已應收彼應昌福當被控之時即已歇業何能私任慶祥等行亦必不敢私付該行歇業之人揔之是項欠款前鄞縣王吴始則以凴該行字號為主故以為東夥串吞欲向恒順行東追还原款繼又以凴該行經夥為主故慶祥等行收款為應昌福經手應收款副付允孚等庄殊不思既凴該行經夥為主彼允孚庄何得誣控恒順行東為串吞且既凴該行經夥為主則允孚等庄欠款祇可追還應昌福自已之錢不得以慶祥等行收款副付允孚等庄除將是案始末緣由訊斷備文照請外拟合再行照請查照希即飭差傳諭允孚等庄以該庄欠款寔非恒順行東所欠而慶祥等行收款寔係恒順行東之錢不得副收償欠款速將慶祥等行收款遞解本署以便給還恒順等由查前准羅領事照會以近聞慶祥等行應付恒順之款已付入縣署收儲作抵請飭縣給還等由當經飭

據該前縣申覆慶祥等行應付恒順之款並無繳縣收抵等情茲准前由札縣王即查明前案
慶祥等行應付恒順之款究竟有無措繳收儲作抵迅即切寔照會　羅領事查照並報道備
查毋延又奉　道憲札本年九月十一日准　美國羅領事照會照得允孚益源晋牲資生恒孚等
庄稟控恒順洋行虧欠庄等銀洋四萬七千餘元一案六月十八日十九日本領事悉心訊究查得是
項欠款委非恒順行東所欠而該庄竟將慶祥等行該付恒順之款劃收已帳八月初六日曾經
照請飭差傳諭允孚等庄將慶祥等行收款遞解本署以便給還恒順迄今歷時已久未蒙示
覆除將是案始末緣由先後備文照請追給外擬合再行照請希即飭差傳諭允孚等庄將劃
收慶祥等行應付恒順之款移解本署以便給還恒順並將飭辦緣由示覆幸勿稽延等由
准此查前准　羅領事照會到道當經札飭查明切寔照會去後茲准前由除照覆　羅領事外
札催立遵先今來札尅日查明慶祥等行應付恒順之款究竟有無措繳收抵迅即切寔照會
羅領事查照并報道備查事關中外交涉未便再延各等因先後下縣奉此敝縣查核接管
卷內吳前縣任內並無收儲慶祥等行呈繳洋銀作抵之件庫內亦無移交是項洋款無

從批解轉給正在照稟間據鄞縣職員應昌福呈称窃職係恒順洋行買辦虧欠允孚等五
庄洋銀四萬餘元又虧欠恒順行東令納等洋銀二萬元零均經歷具呈詞並大美國領事行文
照會有案緣職為恒順行買辦凡恒順行大小銀洋帳目及一切應付各項行東全盤交職俱係
職一人經理行東毫無分文干涉故允孚等庄洋銀應惟職一人听名归还茲職於應收慶祥等
行貨一萬餘元盡數收還允孚等庄外餘欠挽嘱親友亦經理還清訖至職所欠行東令納等洋
銀承行東念職舊夥情誼允職寫立單票緩期拔付是錢庄與行東俱皆理还明白交割清楚
今聞領事照會請还慶祥等行貨洋是洋職已抵還允孚等莊未便再抵行東況職已
单票寫交行東未便兩歧辦理呈叩恩賜鑒核准即據情照會覆銷俾便允孚莊等
另詞各具息結完案等情前來據此查應昌福虧欠允孚等五庄洋銀四萬餘
元業經該職員收回慶祥等行貨洋一萬餘元付還允孚等莊其餘欠亦挽嘱親
友經理清還是慶祥號行貨洋均係應昌福自收自抵並非由縣繳収所欠恒
順行東令納洋二萬元零亦經該職員向行東情允寫立單票緩期拔付所呈

如果屬實則各户欠款俱理明應准完案以免延訟除呈批示並詳覆道

憲外為此照會

貴領事請煩查照辦理並希見復施行須至照會者

右　照　會

大美國領事府羅

同治三年九月二十三日照會

八

大美欽命駐札寧波受理本國提刑按察司兼管通商事務領事官羅

為照會事案緣先孚號互莊劉收慶祥號行存付恒順貨洋一款

緒元六月二十七日八月初六號日迭經照請轉札鄞縣傳諭該

莊迭將劉收洋款追解本署以便給還恒順本月初二日准

貴道照覆接鄞縣詳稱係應昌福收其抵似與先孚號莊無涉

查本案于六月初旬該莊呈控恒順東縣串吞時應昌福尚未移

送過縣該莊已飭控吳前縣傳諭慶祥號行扣付恒順貨洋於六月

十八十九號日到本署臨時先孚號莊在本領事案下具有保單

聽承吳前縣傳諭慶祥號行貨洋暫行撥入本署待訊結後將慶

祥號行貨洋該行先孚號莊列付先孚號莊該追恒順則追恒順

此事係兩造所延律法師公同約議該莊立有畫押保單現今尚

存在本署旋因訊斷後不能牽涉恒順行東遂將慶祥號行貨洋

劃收是旗昌福送夥在役劃收貨洋在前何得諉與旗昌福所收款
係該店獲銷而出始歸牽涉恒順行東錦控吳前夥與本領事役
又覽收慶祥茂行貨洋諉答于旗昌福前役兩歧竟將所立保單為
憑是重疑諭送經備文照請迅飭分別查核點該店保單再行照
會為此照會　貴道請煩查照希即轉札鄞縣傳諭先孚茂店務
將覽收慶祥茂行貨洋繳還恒順毋違速施行須至照會者

右　　照　　　會

大清欽命浙江分巡寧紹台海防兵備道史

同治三年十月二十八日

九

大美欽命駐劄寧波管理本國通商事務領事官羅　為

照會事。去年二月間，允孚、益源、晉號、資生、恒孚各莊兜收慶祥昌行應付恒順貨洋一萬二千餘元一案，迭經照催該莊付還恒順，而該莊抗不付給。茲接恒行東令納士稟本國駐劄京城

欽差大臣，蒙批准行照催給還等因。惟通商要務，必須中外均合條款，方可措辦。為此理合飭傳各洋行買辦公同酌議，以證曲直。現有利生行宋買辦、寶順行陸買辦來肯出首為證，除飭捕傳集外，擬合照會。為此照會

貴道，請煩查照，希即飭差傳集利生行宋買辦、寶順行陸買辦公同赴來敝署，以證曲直，以昭公允。望速施行。須至照會者。

右　照　会

大清欽命浙江分巡寧紹台海兵備道史

同治四年八月　二十二　日

一〇

慶欽命總理各國事務和碩慶親王　為照會事：前有恆順洋行買辦應昌福拖欠
錢莊洋銀一案，前准
貴大臣照會，請飭地方官代追慶祥等行欠項，交還恆順等情，當經本衙門行
文上海通商大臣暨浙江巡撫轉飭寧波關道會同
貴國領事官嚴訊，並函復
貴大臣各在案。茲准上海通商大臣李暨浙江巡撫馬咨稱：據寧紹台道申詳
奉飭會查美商恆順洋行買辦應昌福虧欠錢莊銀洋一案，遵即照准美國
領事官羅　訂期于十月初三日來署，提同兩造應訊人證，會同該領事官秉
公鞫斷。訊有買辦應昌福揭欠行主金納洋銀一萬九千餘元，限令該買辦于
三個月措繳洋銀一萬二千元，先還金納取結附卷，其餘欠銀兩以及所該元孚
等莊欠款，令再陸續清理，並飭元孚等莊向應昌福追取，不准再向金納
爭索。除將應昌福發縣收押，按限繳還外，詳請察轉咨等因前來。本爵查此案

洋商合伙控追之款既按该国通例会同
贵国领事官查讯明确秉公核断自应准照所议办理相应照复
贵大臣查照可也
右　　　照　　　会
大亚美理驾合众国钦命来华办理全权事务大臣卫
同治四年十一月　廿三　日

一一

照會美國何署大臣廈門美商被竊一案茲准閩
省將軍督撫咨稱已將當本交還失主詳請銷
案抄録恒領事照會一件知照由

行

美國股

呈為照會事查廈門美國商人被竊一案已於上年
九月間准
西大臣照會咨行閩省將軍督撫轉飭地方官查照辦理
在案旋於本年二月間復准
西大臣照會稱失主因欲回國贓物具領無期只得一面
將當本照交當鋪將失物取回一面具稟請領事轉將所
繳當本索還照會轉飭該處地方官即將該商人所交當

初 五 十

鋪之款追繳送交領事轉發該商人祗領等因當經本衙
門以洋商既將銀单典票送廳取回原物其銀例應在
於竊賊名下追出、再竊賊趙錫籍隸何縣迅即轉飭
指明、以便緝拏照數追給洋商收領等情、照復
西大臣查照并抄、
西大臣照會咨行閩省將軍督撫轉飭訪拏趙錫到案
去後茲於五月初六日、准閩省將軍督撫咨復據興泉
永道詳、廈門廳已將銀元湊齊、照送恒領事轉交旋准
恒領事照復銀已照數兑收給還洋商、照請銷案等因、
抄錄廈門廳與恒領事往来照會、咨送前來、相應照抄
恒領事所稱銷案照會一件、照會
貴大臣查照可也 粘抄一件
照會美國何署大臣

一二

為移知/札飭事。業奉

撫憲廖 札開：光緒二十三年十一月二十日，准

南洋通商大臣劉 咨開：准

總理各國事務衙門咨：光緒二十三年十月二十日准出使美

日秘國伍大臣函稱，云云。除出示曉諭，并通飭外，札局立即一體

移行遵照，仍飭將議辦情形稟報察核，計粘抄單，並發

告示一道等因。又於十二月十九日准

藩司移同前由等因。奉准此。除通飭外，合行札飭。札到該府，即便（移行外，合就移知。為此合移）

貴道/司，請煩查照，希即轉飭一體遵照辦理施行。

轉飭遵照，仍將議辦情形稟報察核，毋違。切切。

計粘抄

移 兩司 四道

札 十府

光緒二十三年十二月廿二日

務書 吳奕

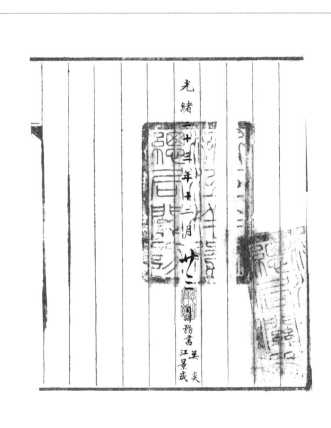

江景岐

附件一

美領事函送整頓進口茶叶查驗章程

今開

一千八百九十七年三月二號美議院所定律法整頓攙和粗貨茶葉不准進口戶部諭令茶葉公所預擬新章以備一千八百九十八年五月一號以後照行茶葉公所派專門茶師數人擬訂於西正月二十号聲復戶部大臣未滿者蓋奇請由戶部核准照辦擬稱某等現已慎擇買進各種茶樣以備一千八百九十八年五月一号以後新茶上市时所用環請諭令自五月以後凡有進口之茶一律應照揀定之樣潮查一千八百九十七年五月一号以後所有運來之茶比較以前之貨極為均淨為茶商等從來所未見蓋緣所定律法美善之故某等擬以此律法保護眾人永遠遵守必使或廣所最要者各口茶樣應該一律某等并擬請大人減去查驗之人大率以四位為度蓋緣律法所預載明者祇有三人以一人兼美答可馬暨披爾武蘭德兩處地方現在故可減去數位某等且悉自太平洋至大西洋各處茶商異口同聲以為應照律法辦理除欲干預查驗之人外無不以減去查驗之人方合宜此可舉以為證者所以某等想多派人在海口查驗之說徒託空言無濟於事茲擬各口一律辦法謹將下開章程以代從前章程所未盡善者即

戶部第六十九号第八張

查驗茶葉法

凡進口之茶比較茶樣查驗之人應行查驗各種茶葉約有數端一泡茶看杯內之色氣味如何二看水面上有無浮塵三看泡过之後渣滓如何照常例泡茶每杯祇須放入約五分小洋重之葉可矣看路莊綠茶計有宝圓熙春粗葉麻珠珍眉數種並用熙春樣子比較以分優劣此外尚有鳳眉嫩葉並麻珠要用鳳眉樣子比較以分優劣泡出之水必須照看樣子味雖不同總以回甜爲主比如屯溪及婺源可以算爲一樣惟有煙氣之徽州与惡味之徽州苦味之温州等茶則遠不及屯溪婺源兩種矣首先要看水面上有無浮塵并顏色如何或看既泡渣滓如何須另外泡兩個五分重小洋之葉不令水動看水面上有無浮塵染色雜質將水倒去反轉看渣滓如何以此等之茶葉比較茶樣內中如有爛葉與煊染之茶攙雜之物过多則貨寔低賤不准進口若是綠茶与東洋茶則以葉有亮光爲拔無論查驗何項茶葉須比較茶樣當看既泡之水与水面上有無浮塵及泡过之葉子如有一樣不合不准進口即使一二樣比較子較好內有一樣稍微不对亦不准進口乾葉樣子無須查驗可以不用此法至於澳门及廣州府所出之工夫必須與中國南边所出之工夫比較尚有茶磚一項應与出處之茶樣比較如有霉味以及惡劣之氣象係從廣東運來

售與中國人所用之茶亦不准進口

附查驗茶末法

凡台灣福州廈門運來烏龍廣州府之茶葉工夫印度國錫蘭運來之茶
內夾茶末不能過十分之一先用十六格銅絲篩篩之不能過十分之一如內
有銀針夫花朵頭再用二十六格銅絲篩篩之或復篩之以便茶子分開日
本茶葉則用三十格銅絲篩篩之不能過一百分之四查驗茶末之人先須
每樣查驗兩色如兩色均係不合式方可阻其進口
凡查驗之人查驗各種茶葉須將每樣茶葉放入洋鐵匣內收儲一年因為恐
有人謂其查驗不甚合法嘖有煩言之故並須提出每樣半磅放入洋鐵匣
內封固標明名目送呈查驗貨物總理人收存備考伏於人議令查驗之
人務將每種茶葉若干運來進口若干數目若干逐細載明冊內以便稽核

茶樣計共十八種

一台灣烏龍二福州烏龍三廈門烏龍（現在尚無茶樣嗣後再備）四中國北边工夫五中國南边工
夫六印度國茶葉七錫蘭茶葉八平水綠茶九路莊綠茶鳳眉十路莊綠茶
熙春十一日本國火焙之茶十二日本國晒乾之茶十三日本國籃內所烘之茶十
四日本國茶末篩過茶末十五橙花朵茶十六花朵珠茶十七廣州府烏龍十八

廣東花香

茶 師

世克哥 碩葉 顧白漢 斐獵特丹費 沃武瓦爾德 二閘 波士頓

三法蘭息思哥 汝米 領袖 勒費理 紐約 斐蘭全具

移

四月初九到

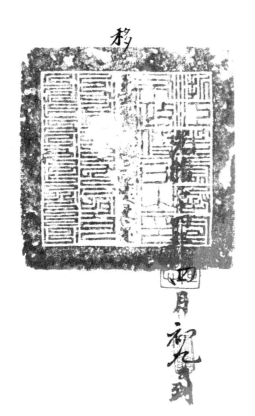

附件二

欽命浙江等處承宣布政使司布政使兼管海防事務惲　爲
移會事。本年閏三月初二日奉
撫憲廖　札開：據杭甯二關道分文呈報，准美領事函稱：茲有本國茶葉
公所擬訂整頓進口茶葉查驗新章，即希曉諭轄下園丁販戶一体查照
章程，凡出口茶葉務照茶様，切勿兩歧。要知上年販茶者大半虧折，而以
運售平水茶者爲尤多，因不遵照律例整頓之故，以至於此。現在本國所
派查驗之人，一秉至公，毫無徇情，無論中外，一律辦理等由，照錄章程呈
送察核，飭遵各等情。到院。據此，合將送到章程抄發，札司即便移行一体
示諭。計粘抄章程等因，奉此。合就移會。爲此合移
貴局，請煩查照，希即轉飭一体遵照示諭施行。須移

計粘抄章程

右　移

浙江通商洋務局

光緒二十四年閏三月初捌日

監印官五品銜[illegible]尚頤

附件三

連號

移

光緒　年十二月十九日到

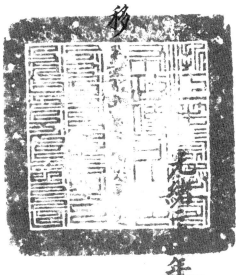

欽命浙江等處承宣布政使司布政使兼管海防事務惲　為

移會事本年十二月初六日奉

撫憲廖　札開光緒二十三年十一月二十日准

南洋通商大臣劉　咨開准

總理各國事務衙門咨光緒二十三年十月二十日准出使美日秘

國伍大臣函稱美醫院以近來各國入口之茶揀擇不精食者致
疾因設新例茶船到口須由茶師驗明如式方准進口否則駁回從
前中國無識華商往往希圖小利攙和襍質或多加煊染以售其
欺洋商偶受其愚遂謂中國之茶皆不可食而銷路因之阻滯比
來華商販茶折閱職此之由現新例既行茶稍不佳到關輒被扣阻
惟新例所開茶式未齊已將中國販運之茶詳列名目種數照會
外部轉知稅關俾茶師詣驗時有所依據不致以與原定之式不
符過於挑剔仍將新例譯錄傳諭華商嗣後不可希圖小利致受
大虧併抄譯一分寄呈備覽此例初行似多不便然理相倚伏寔
於茶務有益無虧蓋以前茶質不淨人多食加非以代茶今

入口既經復驗茶葉共信其佳則嗜之者多將來銷路可期更廣
中國各商如能將茶葉焙製諸法精益求精知作偽無益不復
攙雜則中華茶味寔冠出於諸國必能流通未始非振興茶務
之一大轉機也等因前來本衙門查中國土貨出口以茶葉為
一大宗從前因茶商焙製不精兼有攙和雜質等弊以致洋商營運
受虧銷路因而阻滯今美國改行新例如果焙製益求精美寔
為中國茶務振興之機相應將該大臣抄寄新例十二款刷
印粘單咨行貴大臣查照即希轉飭各產茶處所凡園戶
茶莊製茶務須焙製如法精益求精並飭各海關出示曉諭
華商運茶出口勿得攙和雜質致阻銷路倘或攙和雜質或

將茶渣重製運售致損華茶寔㽬一經查出定行嚴罰此固
為華民謀生計亦中國整頓商務之一端也等因並抄单到
本大臣承准此咨會查照希即分飭產茶各屬示諭勸誡
應如何講求焙製力戒作僞以期挽回茶務廣興利源等因
到本部院准此並據江海關雷稅務司稟稱中國紅茶現在英
國購辦者已由甲而寡在華商尚以為有俄羅斯一國孰知俄
羅斯去年購印度之錫蘭茶約有八百萬磅今年則又較
去年之數為贏宜以華茶首在焙製之法未得其宜倘能改
從新法逆知西人必當願購華茶不獨稅課加增貿易興旺
即億兆華民亦可得富饒之益查近來西人不喜用華茶

而喜購錫蘭茶者蓋華茶係用舊法以手足揉搓錫蘭茶
係用新法以機器碾壓其色香味更較勝於華茶且錫蘭印
度之茶甫採下時收在屋內鋪於棉布之上層層架起如梯級
然直至茶葉棉軟如硝淨之細毛皮時將茶落機碾壓約三
刻之久盛在鐵絲籮內約堆二英寸許之厚層疊於上其
色必變至勻淨如紅銅色者然後焙炒裝箱其碾茶炒茶裝
茶無一不用機器今欲中國茶務振興當另籌新法如碾
壓至茶變紅銅色之後應上籮焙炒之際可無須仿用機器仍
按舊法祇用竹籮盛茶加以炭火烘焙似比機器尚佳倘辦
茶之人亦能如印度錫蘭之法獲益必大蓋其佳處即遇陰

雨之天亦無要緊摘茶之後即送與棧房將茶層鋪於棉布之上用架疊起不慮天氣霉變應購機器仿錫蘭所用之式未免價鉅莫如用一次能出茶七八十斤之碾壓機器祇需銀六百兩即可購辦且能耐久不至易壞費既不巨茶商辦此當無難色一朝變計必能令各國均相樂購蓋中國頭春茶天下諸國無有媲美者二茶三茶之現無人過問者寔因製法不佳倘用前法則二茶三茶當可與錫蘭印度茶並駕齊驅即如浙省溫茶在西人本視為中國最次之區本年公信行主特在溫州用機器試行新法碾成之茶已見明效則益可知新法之善至綠茶中國所產原較各國為佳惟作偽攙雜亦宜整頓

各等語本部院查中國茶務日壞銷路日滯非亟除各弊講
求新法不足挽回利源況現在美國初定新例派員查驗茶
質凡粗劣各品禁止進口種種作偽亦屬徒勞溫州之茶試用機
器碾成即能明著效驗此中利害固自顯然茲雷稅務司所言碾
茶焙茶各新法極為明晰應購碾茶機器價亦不巨凡茶戶茶商
自可仿照辦理除出示曉諭并通飭外札司立即一体移行遵照仍
飭將議辦情形稟報察核計粘抄單並發告示一道等因奉此
合就移會為此合移
貴局請煩查照布即轉飭一体遵照仍將議辦情形稟報察核
望速施行須至移者

計粘單

右　　移

浙省洋務總局

光緒二十三年十二月拾柒日

監印官五品銜補用知縣試用縣丞盛尚頤

附件四

美國新定禁止粗劣各茶進口條例

第一款

美國上下議院會議妥定一千八百九十七年五月一號即光緒二十三年三月三十日起凡各國商人運來美國之茶其品比此例第三款所載官定茶办較下者概行禁止進口

第二款

此例一定之後户部大臣當派熟識茶務人員七名妥定茶办呈送查驗嗣後每年西歷二月十五號以前均照此例妥定茶办呈驗備用該員等任由户部大臣隨時撤留限一年為任滿若未滿任或被斥革或遇病故或自行告退或因别項事故開缺者户部大臣即派員接充續滿原任之期為止各員應於七人中共推一人為首領所有來往公文歸其一手經理每年應給每員酬金五十元其办公各費另行酌加所需款項即在征收海関税餉經費項下動支

第三款

合准進口之各種茶類由户部大臣妥定樣式并當照樣多備茶办分發紐約金山施家谷以及各口税關收存以資对驗至若茶商欲取官定茶办

可照原價給領所有茶類其品比官定茶較下者均在第一款禁例
之内
第四款
凡商人裝運茶類來美入口報関時須要呈具保據交該口税務司收存
言明該貨於未經驗放之前不得拡移出棧當由茶商將貨单所載各
茶樣呈驗另立誓辞声明单貨確寔相符方為妥协或任茶師自取
樣式逐一与官定茶办比較其入境各口未派茶師者商人當備各茶樣
式并立誓辞呈送該口抽税之員查收復由該員另取各茶樣式一併送
交附近海口茶師收驗
第五款
所有茶類經茶師驗過其品確係與官定茶辦相等税務司亦無異言自
當立即給照放行若其品比官定茶辦較下者則立刻通知茶商除復
驗批較茶師有錯外不准放行若運到之茶品類不齊可將好茶放
行其次等者扣留
第六款
茶師驗明之後茶商或税務司或有異言可請戶部大臣派摠估價委

員三名復驗若查得茶品果係與官定茶辦相等自當給照放行如查得茶品比官定茶辦較下者則令茶商具結限於六個月內由驗明之日起計運出美國設使過期不出口由稅務司設法焚毀

第七款

所有進口茶類當由派定各茶師親驗倘入境之口并無派定茶師當由該口稅務司取齊各茶樣式遞送最近海口茶師收驗至驗茶之法自當照茶行定規办理其內有用滚水泡之法与化學試煉之法均當照办

第八款

所有茶類凡請美國掂估價委員復驗應由茶師將各茶樣式与茶商面同封固与茶師批辞以及茶商較語一併送交掂估價委員復驗一經驗明妥定即當繕寫斷詞由各該委員簽名將全案文牘茶式於三月內一齊發回該稅務司另抄兩分一分轉達茶師一分轉交茶商遵照办理

第九款

所有茶類已經不准入口遵例出口之後為復進口自當將貨充公

第十款

此例各款應由戶部大臣安立章程一律頒行

第十一款

所有茶類於此例議定時已經裝船來美自當寬免不在此例禁止之內仍照西一千八百八十三年三月二號即光緒九年正月二十五日禁止粗劣各茶入口條例辦理

第十二款

由此例頒行之日起一千八百八十三年三月二號即光緒九年正月二十五日之禁止粗劣各茶進口條例即作為廢紙

此例於一千八百九十七年三月二號即光緒二十三年正月二十九日由總統批准

戶部立定茶粗章程

第一號台灣烏龍

第二號福州烏龍

第三號廈門烏龍

第四號中國北方工夫茶

第五號中國南方工夫茶

第六號印度茶

第七號印度錫蘭茶 以上七種茶叶内攙碎末不得逾一成當用第二十六號銅線所造第十六號篩〻過

第八號平水綠茶

第九號A字山裏綠茶

第十號B字山裏綠茶 以上三種茶葉内攙碎末不得逾百分之四當用第三十一號銅線所造第三十號篩〻過

第十一號鍋焙日本綠茶

第十二號日曬日本綠茶

第十三號籃焙日本綠茶

第十四號日本碎茶

第十五號上香茶

第十六號松制茶

札

附件五

[illegible]札

通商洋務局知悉光緒二十三年十一月二十日准
南洋通商大臣劉　咨開准
總理各國事務衙門咨光緒二十三年十月二十日准出使美日秘
國伍大臣函稱，美國院以近來各國入口之茶揀擇不精，食者
致疾，因設新例，茶船到口須由茶師驗明如式，方准進口，否則駁回。從
前中國無識華商往往希圖小利，攙和雜質，或多加煊染，以售其欺。
洋商偶受其愚，遂謂中國之茶皆不可食，而銷路因之阻滯。比
來華商販茶折閱，職此之由。現新例既行，茶稍不佳，到關輒被扣
阻。惟新例所開茶式未齊，已將中國販運之茶詳列名目種數
照會外部，轉知稅關，俾茶師詣驗時有所依據，不致以其原定
之式不符，適於挑剔，仍將新例譯錄，傳諭中商，嗣後不可希圖
小利，致受大虧，併抄譯一分寄呈備覽。此例初行，似多不便，然
理相倚伏，實於茶務有益無虧。蓋以前茶質不淨，人多食加
非以代茶，今入口既經覆驗，茶葉共信其佳，則嗜之者多，將
來銷路可期更廣。中國各商如能將茶葉焙製諸法精益

求精，知作偽無益，不復攙雜，則中華茶味定冠於諸國，
必能流通，未始非振興茶務之一大轉機也。等因，前來本
衙門查中國土貨出口以茶葉為一大宗，從前因茶商焙製
不精，兼有攙和雜質等弊，以致洋商營運受虧，銷路因而
阻滯。今美國改行新例，如果焙製益求精美，實為中國茶
務振興之機。相應將該大臣抄寄新例十二款刷印粘單咨
行貴大臣查照，即希轉飭各產茶處所，凡園戶茶莊製茶
務須焙製如法，精益求精，並飭各海關出示曉諭華商
運茶出口，毋得攙和雜質，致阻銷路。倘或攙和雜質，或將茶
渣重製運售，致損華茶定益，一經查出，定行嚴罰。此固為
華民謀生計，亦中國整頓商務之一端也。等因，並抄單到本
大臣，承准此，咨會查照，希即分飭產茶各屬示諭勸誡，庶如
何講求焙製，力戒作偽，以期挽回茶務，廣興利源。等因，到
本部院，准此，並據江海關雷稅務司稟稱，中國紅茶現在英
國購辦者已由中而寡，在華商以為尚有俄羅斯一國，孰
知俄羅斯去年購印度之錫蘭茶約有八百萬磅，今年則又較

去年之數爲贏，冀以華茶首在焙製之法未得其宜，倘能
改從新法，逆知西人必皆願購華茶，不獨稅課加增，貿易興
旺，即億兆華民亦可得富饒之益[illegible]喜用華
茶而喜購錫蘭茶者[illegible]搓錫
蘭茶係用新法，以机器[illegible]華茶，且錫
蘭印度之茶甫採下時，收在屋內，鋪於棉布之上，層層架起，如
梯級然，直至茶葉棉軟如硝淨之細毛皮時，將茶落机碾壓
約三刻之久，盛在鉄絲籮內，約堆二英寸許之厚，層疊於上，
其色必變，至匀淨如紅銅色者，然後焙炒裝箱，其碾茶、炒茶、
裝茶無一不用机器。今欲中國茶務振興，當另籌新法，如碾壓
至茶變紅銅色之後，應上籮焙炒之際，可無須仿用机器，仍按旧
法，祇用竹籮盛茶，加以炭火烘焙，似比机器尚佳。倘办茶之人亦
能如印度、錫蘭之法，獲益必大，蓋其佳處即遇陰雨之天，亦
無要緊，摘茶之後即送与棧房，將茶層鋪於棉布之上，用架疊
起，不慮天氣霉變。應購机器，仿錫蘭所用之式，未免價鉅，莫
如用一次能出茶七八十斤之碾壓机器，祇需銀六百兩即可購办，
且能耐久，不至易壞，費既不巨，茶商办此當無難色，一朝變計，
必能令各國均相樂購。蓋中國頭春茶天下諸國無有媲美
者，二茶、三茶之現無人过問者，寔因製法不佳，倘用前法，則二茶、
三茶當可与錫蘭、印度茶並駕齊驅。即如浙省温茶，在西人本
視爲中國最次之茶，本年公信行主特在温州用机器試行新法，
碾成之茶已見明效，則益可知新法之善。至綠茶，中國所產原較
各國爲佳，惟作僞攙雜，亦宜整頓各等語。本部院查中國茶務
日壞，銷路日滯，非亟除各弊，講求新法，不足挽回利源。况現在美
國初定新例，派員查驗茶質，凡粗劣各品，禁止進口，種種作僞，亦
屬徒勞。温州之茶試用機器碾成，即能明著效驗，此中利害，固
自顯然。茲准雷稅務司所言碾茶、焙茶各新法，極爲明晰，應購碾
茶机器，價亦不巨，凡茶户、茶商自可仿照办理。除出示曉諭并通
飭外，合特札。札到該局，立即一体移行遵照，仍飭將議
办情形稟報察核，毋違。特札。

計粘抄單並發告示一道

光緒二十三年十一月初七日

附件六

[illegible]　爲

出示曉諭事光緒二十三年十一月二十日准
南洋通商大臣劉　咨開准
總理各國事務衙門咨准出使美日秘國伍大臣函稱美醫院以近來各國入口之茶揀擇不精食者致疾因設新例茶船到口須由茶師驗明如式方准進口否則駁回從前中國無識華商往往希圖小利攙和雜質或多加煊染以售其欺洋商偶受其愚遂謂中國之茶皆不可食而銷路因之阻滯比來華商販茶折閱職此之由現新例既行茶稍不佳到關輒被扣阻惟新例所開茶式未齊已將中國販運之茶詳列名目種數照會外部轉知稅關俾茶師詣驗時有所依據不致以與原定之式不符過於挑剔仍將新例譯錄傳諭眾商嗣後不可希圖小利致受大虧併鈔譯一分寄呈備覽此例初行似多不便然理相倚伏實於茶務有益無虧蓋以前茶質不淨人多食加非以代茶今入口既經復驗茶葉共信其佳則嗜之者多將來銷路可期更廣中國各商如能將茶葉焙製諸法精益求精知作僞無益不復攙雜則中華茶味實冠出於諸國必能流通未始非振興茶務之一大轉機也等因前來本衙門查中國土貨出口以茶葉爲一大宗從前因茶商焙製不精兼有攙和穙質等弊以致洋商營運受虧銷路日而阻滯今美國改行新例如果焙製益求精美實爲中國茶務振興之機相應將該大臣鈔寄新例十二款刷印粘單咨行貴大臣查照即希轉飭各產茶處所凡園戶茶莊製茶務須焙製如法精益求精並飭各海關出示曉諭華商運茶出口勿得攙和穙質致阻銷路倘或攙和穙質或將茶渣重製運售致損華茶實益一經查出定行嚴罰此固爲華民謀生計亦中國整頓商務之一端也等因並鈔單到本大臣承准此咨會查照希即分飭產茶各屬示諭勸誡應如何講求焙製力戒作僞以期挽回茶務廣興利源等因到本部院准此並據江海關雷稅務司稟稱中國紅茶現在英國購辦者已由眾而寡在華商以爲尚有俄羅斯一國孰知俄羅斯去年購印度之錫蘭茶約有八百萬磅今年則又較去年之數爲贏實以華茶首在焙製之法未得其宜倘能改從新法逆知西人必皆願購華茶不獨稅課加增貿易興旺即億兆華民亦可得富饒之益查近來西人不喜用華茶而喜購錫蘭茶者蓋華茶係用舊法以手足揉搓錫蘭茶係用新法以機器碾壓其色香味實較勝於華茶且錫蘭印度之茶甫採下時收在屋內鋪於棉布之上層層架起如梯級然直至茶葉棉軟如硝淨之細毛皮時將茶落機碾壓三刻之久盛在鐵絲籮內約堆二英寸許之厚層疊於上其色必變至勻淨如紅銅色者然後焙炒裝箱其碾茶炒茶裝茶無一不用機器今欲中國茶務振興當另籌新法如碾壓至茶變紅銅色之後應上籮焙炒之際可無須仿用機器仍按舊法祇用竹籮盛茶加以炭火烘焙似比機器尚佳倘辦茶之人亦能如印度錫蘭之法獲益必大蓋其佳處即遇陰雨之天亦無要緊摘茶之後即送與機房將茶層鋪於棉布之上用架疊起不慮天氣霉變應購機器仿錫蘭所用之式未免價鉅莫如用一次能出茶七八十斤之碾壓機器祇需銀六百兩即可購辦且能耐久不至易壞價既不巨茶商辦此當無難色一朝變計必能令各國均相樂購蓋中國頭春茶天下諸國無有媲美者二茶三茶之現無人過問者實因製法不佳倘用前法則二茶三茶當可與錫蘭印度茶並駕齊驅即如浙省溫茶在西人本視爲中國最次之區本年忩信行主特在溫州用機器試行新法碾成之茶已見明效則益可知新法之善至綠茶中國所產原較各國爲佳惟作僞攙穙亦宜整頓各等語本部院查中國茶務日壞銷路日滯非亟除各弊講求新法不足挽回利源況現在美國初定新例派員查驗茶質凡粗劣各品禁止進口種種作僞亦屬徒勞溫州之茶試用機器碾成即能明著效驗此中利害固自顯然茲雷稅務司所言碾茶焙茶各新法極爲明晰應購碾茶機器價亦不巨凡茶戶茶商自可仿照辦理除通飭各屬勸諭切實講求仿辦外合特出示曉諭爲此示仰各屬種茶園戶暨業茶行莊人等一體知悉趁此及早變計按照碾壓新法悉心講求合力購辦機器務各精益求精使色香味俱美外人當無不樂購切勿希圖小利攙和雜質自阻銷路致虧商本本部院爲振興茶務起見不憚諄諄勸誡其各凜遵毋違特示

右仰咸知

光緒貳拾叁年拾貳月　　日給

告示

發　實貼

一三

論中國置辦船隻於美國訂購，實有大益，其應訂買美船之故有五：

一、中美自通好以來，從無芥蒂，且於調停中日復和之事實有力焉，此係中國所悉，兹不復贅。

二、中國沿海各口，與美國沿海之口同係水淺，中國至大之口不過能容吃水廿四尺之船進口，過此尺數不能駛入，此外各口能以駛入之船則均吃水不得過十六尺，美國沿東海各口亦然，美船係按沿海地勢製造，中國故宜訂購。

三、各國講求造船之理，其最要者惟兵船，美國因沿海水淺，故所造兵船噸數不過萬一千，吃水不過廿四尺，此等兵船較别國大兵船略小，造價亦廉，船雖略小，其鋼夾板之厚薄同於歐洲至大之船，所配大礮亦與歐洲大船無異，是以遇有戰事，可與歐洲至大之船對敵。美船既略小，因致裝煤少，惟美國亦如中國，只爲保口護商，不比歐洲各大船載裝多煤備勤遠略也美國除此兵船外猶有一等礮台船噸數重四千鋼夾板極厚礮位極大吃水十五尺不惟能進各口兼能行駛大河此船實於中國合用聞中國大員有謂只造三四千噸之無鋼夾板快船即合中國之用在別國則大不謂然緣此等快船雖好究不能與鋼夾板兵船爭劵、何則、此船雖屬速快礮位亦多、鋼夾板船、則亦能船快礮多兼多載煤蓋鋼夾板快船總比無鋼夾板快船較大噸數自七千至九千、吃水自廿尺至廿三速率自廿至廿三海里、此等船美國尚有數隻、中國亦應定造、設遇戰事、足以攻毀敵國小快船及其商船中國現在德英二國、新訂三千噸至四千噸之小船此船亦好美國此等船亦有數隻第視此等船於交戰時終無大用惟平日可備外海之往來前年中日鴨綠江之戰、中國兵船中、惟鎮遠定遠二船甚好原其未能致勝之由則因日本船上快礮甚多現時美國猶有數等船合用於中國即係有一等小快船噸數三千吃水自十四至十五尺速十九海里亦有一等用於内地江河之小船噸數一千三百吃水九尺速十三海里並有數等魚雷船以上各等船均合中國之用此外更有一等水底船噸數一百六十八行駛海面速十五海里半沉水内行駛速十四海里全身沉水行駛速八海里此船半沉水内可帶魚雷及大炸藥之礮實近來新出精妙之船總之各國購船之理不止購辦一宗應行揀購數等即如東洋新訂船隻則皆本此理購定本年日本議院訂買之船係大兵船一隻噸數一萬四千鋼夾板快船二隻噸數各七千五百無鋼夾板快船二隻噸數各四千五百此外並訂魚雷船數隻以上所言日本所訂無鋼夾板船二隻係在美國定造該二船之速廿三海里又日本明年議院章程尚欲訂購大兵船三隻各萬四千噸夾板快船二隻各七千五百噸又夾板快船數隻各四千五百噸並造魚雷船數隻日

本明年所欲造之船意欲於美國訂造兵船一二隻别等之船二三隻其所訂購兵船均須能裝多煤以為行駛遠方之用中國欲訂船隻惟此節似不必仿照日本應按美國辦法

四論美國造船之料　一船身與機器所用之鋼較天下各國所用者均極精好緣美國家造船章程較各國謹嚴每於造船時定必派員復加查核　二美國鋼夾板係按美國新法成造實比各國所造者堅利此夾板係以鋼成造半攙用立克贅鋼造成後另有妙法使板面加倍堅硬此法惟美國喀納吉鐵廠能之　三美國鋼夾板船於船内靠水綫處用玉米稭之瓤填塞結實即或被礮擊穿水由穿孔而入此瓤立即漲發堵住穿孔船雖擊穿而不沉並不至傾側無礙開放各礮命中之準　四按美國水師之制不惟兵船礮多其礮彈較各國之船亦多此係是交戰時最要之論

五聞總署前接李中堂復購船事之電、謂美船雖好、與各國相同、惟價值過昂、此係自局外視之、似美船造價過於歐洲、美國設立船廠歷年尚淺、美國家因欲培植其生意、故造船優給其價、並因廠主造成之船能比原定之速更為加快、是以優加獎勵、現時美國船廠既已歷有十數年、自亦能造價較廉於各國、中國從未於美國訪問造船之價、日本則現已訪明、或謂南美各國購船均在歐洲、未嘗購於美國、中國亦可不必訂之於美、試請論之、按交易之理、始於何處成交、嗣欲改交別處、殊非易易、無論何國購船、均願於熟處暗自定辦、不欲人知、況在新立之廠、知名者尚少、茲既有人知美船與歐洲船同好、該廠主人甚願適逢機會、成此生意、美廠雖立年不多、其於各國廠所造之未臻精妙及有受損之處、均已免去、茲有可以借喻之一事、美國有一船名德葛斯、造此船時、美國家恐本國人畫船圖不甚精明、特託英人巴婁廠詹姓畫

一四

為咨行事光緒二十四年三月十八日准
出使伍大臣函稱美稅關禁止劣茶進口前經力與辯爭告以中國
茶葉種類煩多不能執一概論現已改訂條例增入數種其辨驗之
法尚屬詳明特譯録一份上陳冰案俾得通行産茶省分使業茶者
知所從違不致以劣茶進口動遭駁詰再昨據上海平水茶葉衆
商來禀以客歲美國查驗過嚴茶葉多被扣留大爲虧折等
情禀請核辦已函會外部轉飭稅關秉公查驗毋得挑剔等因
前來查中國出口貨以茶葉爲大宗如果種焙得法不以劣茶攙
入則銷路既暢獲利自多現准
伍大臣函述美稅關禁止劣茶進口是茶務一端非製造精美
不足以利行銷而杜口實相應抄録美國戶部驗茶章程咨行貴撫
查照即希飭屬轉諭各該處業茶商人嗣後茶斤出口務須揀
擇上等名茶不得以劣茶攙雜其間希圖嘗試仍將整頓茶務情
形隨時聲覆本衙門備查可也

照録美國戶部續定驗茶章程
本部按照一千八百九十七年三月二號條例經于一千八百九十七年四月二
十二號定立查驗入口茶葉章程通飭遵辦在案茲將增修章程列後

第一段

該章程第九段所定各種茶葉辦理加兩種列左
第十七號廣東茶

第十八号廣东香茶

第二段

該章程第十九段現加一節應在第八号平水綠茶芽字之前加惟
獨印度錫蘭芽茶已經篩過一次可用三十号銅線造成之第六号
篩將篩出之細葉與茶末另行篩過以分葉末芽字樣所有印度
錫蘭芽茶被關扣留經商按一千八百九十七年三月二号條例第六款上
控現由掂估價委員復驗案仍未結者可照以上新定一節辦理以定
茶末之多少

第三段

驗茶人員當以熙春茶亦比較各種圓珠茶熙春茶粗葉珠茶頂
嫩熙春茶芽類而以嫩熙春茶亦比較其餘各種嫩熙春茶以及細葉
珠茶

第四段

各茶氣味祇足以定茶品高下及合銷與否驗茶人員不得偏執一
種茶亦氣味偏律同處所出之茶

第五段

所有提驗茶樣非由稅關人員或茶商在入口貨物原包取出者驗
茶人員不宜拒斷優劣

西歷一千八百九十七年十二月六号　即光緒二十三年十月十二日

户部大臣格治押

附件

照錄美國户部增修驗茶章程

茲將現定進口各茶茶辦開列於左前一千八百九十七年四月二十一號本部所定之第六十九號章程與一千八百九十七年十一月六號所立之第二百八十六號章程所定茶辦種數作為註銷

第一號台灣烏龍

第二號福州烏龍

第三號厦門烏龍

第四號中國北方工夫茶

第五號中國南方工夫茶

第六號印度茶

第七號錫蘭茶

第八號平水綠茶

第九號A字山裏綠茶即嫩熙春

第十號B字山裏綠茶即熙春茶

第十一號鍋焙日本茶

第十二號日曬日本茶

第十三號籃焙日本茶

第十四號日本碎茶

第十五號上色茶

第十六號松制茶

第十七号廣東烏龍

第十八号廣東香茶

第二段

驗茶各法經本茶師訂定自當遵照辦理以昭畫一茲將驗茶新法詳細敘明從前本部所定第六十九号章程第八頁所載驗茶之法概作罷論驗茶人員將各種茶較對茶亦其法有三一曰杯泡法一曰泡驗浮翳法一曰泡後驗葉法凡杯泡法須照茶商行規每杯取茶重與美銀半元相等凡山裏綠茶如圓珠茶熙春茶粗葉珠茶項嫩熙春茶諸種均當與熙春茶茶亦比較其餘各種熙春茶細葉珠茶諸種當與嫩熙春茶茶亦比較至茶品之高下須要與茶亦相等而其氣味則各處不同祇求其氣相等而已譬如屯溪可以與梅潤英字音同等但徽州茶有烟味者或溫州茶有酸氣者不得與兩種茶並論凡泡驗浮翳法與泡後驗茶法所用茶葉比杯泡法須加一倍先留心驗看水面有無浮翳然後去水取出茶葉驗其杯底本質如何若查得茶葉比諸茶亦氣味過淡或霉壞過甚或質地較下或泥沙過多即係茶品欠佳當即退回至綠茶與日本茶其茶品之高下則視其葉之光滑與否為擬如照上開三法試驗茶品有一不及茶亦之美雖二者過之亦應退回不得但憑茶葉外面顏色以定去留凡澳門工夫茶或廣東工夫茶當與中國南省工夫茶比較磚茶現時無亦當以其地所出之茶亦比較其華人運來自銷之廣東茶如驗有霉

壞氣味即應退回厦门烏龍尚未妥定茶办現时暫以福州茶茶办

比較

驗茶末之法

凡台灣福州厦门等處之烏龍茶廣東茶工夫茶印度茶錫蘭茶

諸種須要用銅綫造成之第十六号篩篩過所有茶末至多不得逾

一成惟幼細葉以及白毛尖葉不得混作茶末同視須將細葉与白毛尖

葉和同茶末另篩過一兩次以葉末兩分為度至錫蘭印度等茶須

先用第十六号篩篩過一次再用銅線造成之第二十六号篩將細

末与白毛尖葉和同茶末另行篩過日本茶葉用第三十号銅線篩

篩過所有茶末不得逾百分之四惟驗茶人員驗时至少亦要篩過兩

包如茶末過多方可退回

第三段

驗茶人員須取各種驗過之茶式用馬口鉄罐裝存一年以備核驗

總估價委員復驗茶葉亦当取原式收存驗茶人員遞送茶式復驗

至少須寄半磅用馬口鉄口罐裝固罐面註明字樣

第四段

各種茶葉無論准入境与否須逐樣登簿註明數目存在稅関以

備稽查

第五段

第六十九号与第一百八十六号本部章程内載各節除以新易舊

外仍当一律照办

第六段

所有運来茶葉自一千八百九十八年五月一号起当与新定茶办比較稅

関人員務須一律遵办

西歷一千八百九十八年二月七号發即光緒二十四年正月十七日

户部大臣格治押

一五

欽命浙江等處承宣布政使司布政使兼管海防事務惲　為

移知事。本年四月二十三日奉

撫憲廖　案行光緒二十四年四月初十日准

兵部火票遞到

欽命總理各國事務衙門咨前事等因到院，行司查照，准咨事理，立即移飭産

茶各屬一体遵照辦理。計粘抄咨并單等因。奉此，除分移外，合就移知。為此合移

貴局，請煩查照，希即轉飭各屬一体遵照辦理施行。須移。

計粘抄咨并單

右　　　　移

浙江通商洋務總局

光緒二十四年五月　　初柒　　日

一六

為移送事案據仁和縣申稱本年二月十一日奉憲局札開飭裁製手
美商租地粮串遵即查明所列户名及應完錢粮數目均不相符
開单詳請查明彙填給發並送清单一紙到局據此當經本關
道函查去後兹准
美國上海總領事古 函開查來滿所租三十九號係五十三號中央
地四十號係五十三號北半邊地四十一號係七十一號全地四十二號係五
十七號全地四十三號係五十八號全地四十七號係五十四號全地四十八
號係五十五號全地五十三號係五十九號全地合函奉致即祈查照
製給粮串等由前來本關道當查來函內稱美商滿所租四十
七號契係五十四號北半邊地七畝四分三厘八毫四十八號契係五十五
號北半邊地四畝四分三厘六毫合亟更正札飭該縣遵照迅速按
照粘单所開號數逐一彙填粮串呈請轉送毋稍違誤計粘单等
因卑職飭遵承按照各商名號逐一填串齊全呈請核明轉送計呈

錢粮版串十紙等情到局據此合就備文移送為此合移

貴關道請煩查照希即核明轉送施行

計移送 錢粮版串十紙

移 杭關道

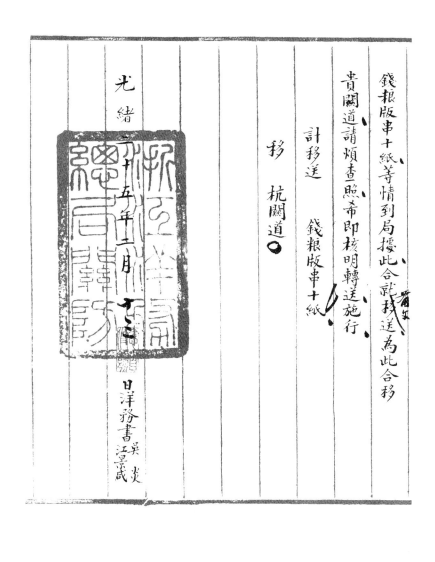

光緒二十五年二月 十三 日洋務書吴江景炎 崴

附件

光緒二十五年貳月十一日到

申復美商裁製手租地錢粮飯串逐一飭填齊全呈送由

調署杭州府仁和縣為申復事本年貳月拾壹日奉

憲臺札開案據該縣詳稱奉飭裁製美商租地粮串遵即查明所列户名

及應完錢粮數目均不相符開单詳請查明彙填給發並送清单一紙到局據

此當經本關道函查去後茲准

美國上海總領事古 函開查來滿所租三十九號係五十三號中央地四十號係五十三

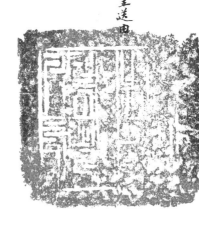

號北半邊地四十一號係七十一號全地四十二號係五十七號全地四十三號係五十八號全地四十七
號係五十四號全地四十八號係五十五號全地五十三號係五十九號全地合亟奉致即祈查照
製給粮串等由前來本關道當查來函內稱美商來滿所租四十七號契係五十四號北
半邊地七畝四分三厘八毫四十八號契係五十五號北半邊地四畝四分三厘六毫合函更正
札飭札到該縣立即遵照迅速按照粘單所開號數迅速彙填粮串呈請轉送
毋稍違誤切切計粘單等因下縣卑職遵即飭承按照各商名號逐一填串齊全
除呈
憲臺核明轉送外理合具文申復仰祈
憲臺察核為此備由具申伏乞
照驗施行須至申者

計呈錢糧收串拾紙

右　　　　申

督辦浙江通商洋務總局憲

光緒貳拾伍年貳月拾貳日知縣陳希賢

一七

照會

LEGATION OF THE UNITED STATES OF AMERICA TO CHINA

大美國欽命駐劄中華便宜行事全權大臣康　為

照復事。數日前准

貴部照會，以據兩廣總督咨稱，有入美國籍商民李桐恩具控泰昌店東潘寶鎔即潘佩鋒揭銀五千元不還一案，已迭飭南海縣勒傳兩造、干証人等，會同美領事詳訊明確，分別核斷議結，而美領事於干証不足憑之案，猶必硬勒令被告本利還清，請照會美國駐京大臣轉飭廣州口美領事和衷商辦，以期速結等因。本大臣茲已速為行飭駐廣州領事官，囑其詳細查核此案確實情形，即行聲復，一俟聲復到日，再行

照復

貴親王查照可也須至照會者附送洋文

右　照　會

大清欽命全權大臣便宜行事總理外務部事務和碩慶親王

一千九百二年貳月貳拾肆

光緒貳拾捌年正月拾柒

日

一八

權算司
呈為照復事光緒二十八年二月十三日准
照稱本大臣與古納及西門已收到修改商約簽字畫押之全權
文憑請問呂盛二位大臣有無畫押全權及擬在何處商議如欲
在上海辦理本大臣擬於二十七日前往請切囑呂盛大臣與本大
臣認真商訂一切望速見復等因本部查修改商約一事前據
英國駐京大臣照稱議約大臣馬凱授為全權以便兩國政府會定
條款又德國駐京大臣照稱本國已准上海總領事開議稅則事
宜惟議定一層仍應歸京城定準各等語核與本部所擬辦法均
屬相符業經先後照復各在案茲准
照稱前因呂盛大臣既奉
特旨簡派即有實在議約之權將來政府核議在京定準之後
本部即當奏請
頒給呂盛大臣簽字畫押之全權文憑以昭慎重現在呂盛大臣均在上海
辦事除將
貴大臣來照抄咨呂盛大臣認真商訂外應請
貴國所派議約官員即與呂盛大臣在滬開議至
貴大臣應否親身赴滬抑或古納及西門二員赴滬商議由
貴大臣在京定準之處應由
貴大臣自行酌奪可也為此照復須至照會者
美國康使

一九

權算司
為咨行事光緒二十八年二月十二日准美國康使
照稱本大臣與古納及西門已收到修改商約簽字
畫押之全權文憑請問
呂盛大臣有無畫押全權及擬在何處商議如欲在
上海辦理本大臣擬於二十七日前往請切囑
呂盛大臣認真商訂一切望速見復等因除照復該
使外相應照錄來往照會咨行
貴大臣查照須至咨者 附鈔件
呂盛大臣
光緒二十八年二月　日

二〇

照復事本[illegible]

貴親王照會以奉

上諭著派呂海寰會同盛宣懷悉心籌議商[illegible]

本大臣茲已詳爲閲悉轉達本國外部矣相應照復

貴親王查照可也須至照會者 附送洋文

右

光緒二十八年貳月初捌

千九百二年叁月拾柒

二一

逕復者前准

貴部來函以據直督電稱有河南年例應解京硝請知照天津

都統衙於此項硝斤到津時即便放行等因查天津都統衙門

本國未派有美員如有美員本大臣自必速爲知照也特此奉復

即頌

日祉附洋文

名另具 五月十八日

附件

LEGATION OF THE UNITED STATES OF AMERICA,
PEKIN, CHINA.

June 23rd 1902.

Your Highness:

I have the honor to acknowledge receipt of a note from Your Highness, dated June 20th, and requesting me to instruct the Authorities at Tientsin to let pass certain shipments of Saltpetre, en route from Honan to Pekin.

The Government of the United States has no representatives in the present Military Government of Tientsin, or I should immediately comply with Your Highness' request.

E. H. Conger

Envoy Extraordinary and
Minister Plenipotentiary of
the United States of America.

To His Highness,
Prince of Ch'ing.

二二

中堂
王爺
大人鈞鑒敬肅者本月二十二日准美國辦理商約總領事古納商董西門面交修改商約四十款並言明美國係恪遵和約十一款修改二字辦理是以將舊約有應改處逐款修正新增者計十二款此外尚有數款未就隨後再行補送等語海宣等逐加查核第一款至第二十八款多係修改字句及有增添之處詞氣尚為和平自二十九款至四十款雖屬新增亦皆不外英日所索各節而較之英日條款則平易近人且

英日係照向辦另立續約美獨修改辦法亦各不同
謹照錄呈請
查核擇要迅賜電示管見美無損釐之款似易商辦不
宜過事宕延擬俟奉到
訓示復電即與推誠開議或可先行辦結以為他國之
倡未審
鈞意以為何如肅此敬請
鈞安惟希
鑒察 呂海寰 盛宣懷 謹肅 五月二十八日
計鈔呈美國修改商約一册

附件

茲中華
大清國與
美洲大美國因欲固存堅久真誠友誼明定公
正確實規法修訂友睦條約及太平和好貿易
章程以為兩國日後遵守成規為此美舉
大清
大皇帝特派
欽差辦理商約事務大臣工部尚書呂 太子少保工部左侍郎盛
大美國
大總統特派
欽差會辦修定商約事宜駐滬總領事官古 駐劄中華便宜行事全權大臣康 幫辦修定商約事宜駐滬商董西 公同酌議各將
所奉
欽賜之權互相較閱俱屬善當所有議定條款臚列
於左
第一款
一嗣後
大清與
大美兩國並其民人各皆照前和平友好毋得
或異更不得偶因小故互相欺淩致失和好而
啟爭端若他國有何不公或欺淩之事一經照
知必須相助從中善為調處以示友誼關切

第二款

一條

大清

大皇帝

大美國

大總統既得選舉國會紳耆大臣議允各將條約

批准互易後必須敬謹收藏 大美國當著首相恭

藏

大清

大皇帝批准原册於華盛頓都城 大清國當著外

務部恭藏 大美國

大總統批准原册於北京都城則兩國之友誼歷久

弗替矣

第三款

一條約各款必使兩國軍民人等盡得聞知俾

可遵守

大美國於

批准互易後立即宣布照例刊傳

大清國於

批准互易後亦即通諭都城並着各省督撫一體頒

行

第四款

一國欲永堅友誼嗣後　大美國駐劄中華之大臣任聽以平行之禮信義之道與　大清外務部總理會辦王大臣暨尚書侍郎以及各省督撫駐防將軍都統駐藏大臣一體公文往來彼此必須敬謹從事外務部總理與各大臣等遇有咨照等件當酌量迅速照覆　大美國文武官員照會函致　大清文武官員以洋文爲准　大清文武官員照會函致　大美國文武官員以漢文爲准

第五款

一大美國欽差來華便宜行事全權大臣例得駐紮　大清國京都與　外務部總理會辦王大臣暨尚書侍郎或與　派出平行大憲酌議關涉彼此利益事件每值呈遞　敕書或國書時准其　覲見並不拘何時入　覲接待地方儀注務合優禮大臣之至意且無論何時中國相待　大美國欽差大臣之禮節須與兩國平行體制相符

第六款

一嗣後中國大臣與大美國大臣公文往來應照平行之禮用照會字樣領事等官與中國地方官公文往來亦用照會字樣申報大憲用申陳字樣若平民稟報官憲仍用稟呈字樣均不得欺藐不恭有傷友誼至兩國均不得互相徵索禮物

第七款

一嗣後中國督撫與美國大臣會晤或在公署或在行轅均須彼此酌定合宜之處毋得藉端推辭

第八款

一大美國如有官船在通商海口遊奕巡查或為保護貿易或為增廣才識近至沿海各處如有事故該地方大員當與船中統領以平行禮儀相待以示兩國和好之誼如有採買食物汲取淡水或須修理等事中國官員自當襄助購辦遇有大美國船隻或因毀壞被劫或雖未毀壞而亦被劫被擄及在大洋等處應准大美國官船追捕盜賊交中國地方官訊究懲辦

第九款

一大美國例得派領事及管理貿易等官在中華現在所開各港並將來所擬開之港口居住或游歷地方保護貿易者遇有與中華地方官交涉事件或公文往來或會晤面商務須兩得其平即所用一切字樣體制亦應均照平行嗣後領事等官派到港口大美國駐京大臣即行照知外務部外務部即行承認照准以優禮款待接致可行其職守之事領事及署領事當與道台平行副領事暨代理副領事繙譯官當與知府平行其與地方官公文往來彼此須用照會字樣如地方官及領事等官有侮慢欺藐等情准其彼此將委曲情由申訴本國各大憲秉公查辦該領事等官亦不得率意任性致與中華官民動多牴牾

第十款

一大美國民人在中華安分貿易辦事者當與
中國人一體和好友愛地方官必時加保護務
使身家一切安全不使受欺辱騷擾等事倘其
屋宇產業有被內地不法匪徒逞兇恐嚇焚毀
侵害地方官立當派撥兵役彈壓驅逐並將匪
徒查拏按律重辦總督巡撫藩臬兩司以及地
方官在所轄內地方管理匪徒是其責任不論
何時遇有匪徒向洋人肇衅或與和約有違背
情事督撫司道等官不立時彈壓拏辦該本管
官即應撤任永不敘用倘華民與大美國人有
爭鬭詞訟等案華民歸中國官按律治罪大美
國人無論在岸上海面將華民欺侮騷擾或毀
壞物件毆傷損害及一切非禮不合情事應歸
領事等官按本國例懲辦至捉拏犯人以備質
訊或由本地方官或由大美國官均無不可

第十一款

一大美國民人在通商各港口貿易或久居或
暫住均准其租賃置買民房或租賃置買民房
以作貿易地方並准其租賃置買地基自行建
造房屋設立醫館禮拜堂及殯葬之處聽大美
國人與內民公平議定租息或價值內民不得
抬價掯勒如無碍民居不關方向照例稅契用
印外地方官不得阻止大美國人勿許强租硬
占務須各出情愿以昭公允倘墳墓或被中國
民人毀掘中國地方官嚴拏照例治罪其大美
國人泊船寄居處所商民水手人等只准在近
地行走不准遠赴內地鄉村市鎮匿稅私行貿
易以期永久彼此相安

第十二款

一大美國船隻在中國洋面遭風觸礁擱淺遇盜致有損壞等害者該處地方官一經查知即應設法拯救保護並加撫卹俾得駛至最近港口修理並准其採買粮食汲取淡水倘大美國商船有在中國所轄内洋被盜搶劫者地方文武員弁一經聞報即當嚴拏賊盜照例治罪起獲原賍無論多寡或交本人或交領事官俱可至中國地廣人稠萬一正盜不能緝獲或起賍不全不得令中國賠還貨款但若地方官通盜沾染一經證明行文大憲奏明嚴行治罪將該員家產查抄抵償

第十三款

一大美國民人嗣後均照挈眷赴通商口岸不收釐金地方或租界以及中國城邑並離海關十邁當遠之處並嗣後與美國或他國定立條約准開各港口市鎮在彼居住貿易任其船隻裝載貨物於以上所立各港互相往來但該船隻不得駛赴沿海口岸及未開各港私行違法貿易如有犯此禁令者應將船隻貨物充公歸中國入官其有走私漏稅或攜帶各項違禁貨物至中國者聽中國地方官自行辦理治罪大美國官民均不得稍有袒護若別國船隻冒大美國旗號作不法貿易者大美國自應設法禁止

第十四款

一大美國民人在各港貿易者除中國例禁不准攜帶進口出口之貨外其餘各項貨物俱准任意販運往來買賣所納稅餉必須按照以後所開之单辦理惟此項单亦應列入本約款之內言明大美國人所納之稅必須照與中華至好之國一律辦理不能加重

第十五款

一大美國船隻進通商各港口時必將船牌等件呈交領事官轉報海關即按牌上所載噸數輸納船鈔每噸以方停四十官尺為准凡在一百五十噸以上者每噸納銀四錢不及一百五十噸者每噸納銀一錢凡船隻曾在本港納鈔因貨未全銷復載往別口出售或因無回貨須將空船或未滿載之船駛赴別港覔載者領事官報明海關將鈔已完納之處在紅牌上註明並行文别口海關查照俟該船進别口時止納貨稅不輸船鈔以免重徵

第十六款

一大美國船隻進口准其僱用引水帶進俟正項稅款全完仍令帶出並准僱覓厮役買辦工匠水手延請通事司書及必須之人並僱用内地艇隻其工價若干由該商民等自行定議或由領事等官酌辦

第十七款

一大美國船隻一經進口即由稅務司酌派妥役隨船管押或搭坐商船或自僱艇隻均聽其便倘大美國民人有在船上不安本分離船逃走至内地避匿者一經領事官知照中國地方官即派役訪查拏送領事等官治罪若有中國犯法民人逃至大美國人寓館及商船潛匿者中國地方官查出即行文領事等官捉拏送回均不得稍有庇匿至大美國商民水手人等均歸領事等官隨時稽查約束倘兩國人有倚强滋事輕用火器傷人致釀鬬殺重案兩國官員均應執法嚴辦不得稍有偏徇致令衆心不服

第十八款

一大美國商船進口或船主或貨主或代辦商人限二日之內將船牌貨單等件呈遞本國領事等官收存該領事及將船名人數及所載噸數貨色詳細開明照會稅務司方准領取牌照開艙起貨倘有未領牌照之先擅行起貨者即罰洋銀五百大圓並將擅行卸運之貨一概為中國政府所有或有商船進口止起一分貨物者按其所起一分貨物輸納稅餉未起之貨均准其載往別口售賣倘有進口並未開艙即欲他往者限二日之內即行出口不得停留亦不征收稅餉船鈔均俟到別口發售再行照例輸納倘進口貨船已逾二日之限即須輸納船鈔遇有領事等官不在港內應准大美國船主商人托友國領事代為料理否則逕向稅務司呈明設法妥辦

第十九款

一大美國商船販貨進口出口均將起貨下貨日期呈報領事等官由領事等官轉報稅務司屆期委派官役與該船主貨主或代辦商人等眼同秉公將貨物驗明以便按例徵稅若內有估價之稅之貨或因議價高下不等除皮多寡不齊致有辯論不能了結者限該商於即日內稟報領事官俾得通知稅務司會商酌奪若稟報稍遲即不為准理

第二十款

一大美國民人運貨進通商口岸既經納清稅餉倘有欲將已卸之貨或分儎或全儎運往別口售賣者稟明稅務司檢查貨稅底簿相符委員驗明實係原包原貨並無拆動抽換情弊即將某貨若干担已完稅若干之處填入牌照發該商收執一面行文別口稅務司查照俟該船進口查驗符合即准開艙出售免其重納稅餉若有影射夾帶情事經稅務司查出罰貨入官如大美國船隻運載外洋穀米進各港口若並未起卸亦准其復運進口大美國人民運貨前往中國通商口岸已經付過稅銀三年之内仍可將該貨復行運往他國不再另付出口稅銀並可向海關將前付之進口全稅取回海關即給以付還稅銀之存票

第二十一款

一大美國船隻進口後方納船鈔進口貨物於起貨時完稅出口貨物於下貨時完稅統俟稅鈔全完由稅務司發給紅牌然後領事官方給還船牌等件所有稅銀由中國官設銀號代納或以紋銀或以洋銀或以海關存票按時價折交均無不可倘有未經完稅領事官先行發還船牌者所欠稅鈔當惟領事官是問

第二十二款

一大美國船隻停泊口内如有貨物必須剝過別船者應報税務司委員查驗確當方准剝運倘不稟明候驗批准輒行剝運者即將所剝之貨歸入中國政府

第二十三款

一中國人有該欠大美國人債項者准其按例控追一經領事官照知地方官立即設法查究嚴追給領倘大美國人有該欠華民者亦准由領事官知會討取或直向領事官控追俱可但兩國官員均不保償

第二十四款

一大美國官民延請中國各方士民人等教習各方語音並幫辦文墨事件不論所請係何等之人中國地方官民等均不得稍有阻撓陷害等情並准其採買中國各項書籍

第二十五款

一大美國現與中國訂明和好各處通商港口聽其船隻往來貿易倘日後另有别國與中國不和中國止應禁阻不和之國不准來各口交易其大美國人自往别國貿易或販運其國之貨物前來各口中國應認明大美國旗號便准入港惟大美國商船不得私帶别國一兵進口及聽受别國賄囑換給旗號代爲運貨入口貿易倘有犯此禁令聽中國查出充公入官

第二十六款

一大美國民人在中國通商各港口自因財産涉訟由本國領事等官訊明辦理若大美國民人在中國與别國貿易之人因事爭論者應聽兩造查照各本國所立條約辦理中國官員不得過問

第二十七款

一大美國民人因有要事向中國地方官辯訴先禀明領事等官查明禀内字句明順事在情理者即為轉行地方官查辦中國商民因有要事向領事等官辯訴者准其一面禀地方官一面到領事等官禀呈查辦倘遇有中國人與大美國人因事相爭不能以和平調處者即須兩國官員查明公議察奪更不得索取規費并准請人到堂代傳以免言語不通致受委曲

第二十八款

一耶穌基督聖教之道耶穌與天主宗旨原爲

勸人行善凡欲人施諸己者亦如是施於人嗣

後所有安分傳教習教之人當一體矜恤保護

不可欺侮淩虐凡有遵照教規安分傳習者他

人毋得騷擾此等人並准其在中國各處地方

租賃房屋地基或置買房屋地基自行建造所

需用之房以作善舉

第二十九款

一千九百一年九月七號

中國與

諸國駐京欽使訂明允償各國賠款四百五十

兆兩其中

大美國亦與有分因此中國允許照約載章程

償付

大美國賠款

第三十款

一大美國允許保護互約各國人民在大美國有專用商牌之利　中國政府現在允許保護大美國商民行鋪或公司在中國專用彼等之商牌該商必係在大美國唯其專利者及彼等所專造之商牌在中國用者故中國政府應咨行　南北洋大臣出示曉諭即以曉諭之示作爲定例凡大美國人民商牌已由大美國官員在南北洋大臣處註册即應禁阻中國人民有犯用冒用此等商牌之弊

第三十一款

一大美國政府允許中國人民在大美國領取專牌並且保護該中國人自用自主中國政府於大美國人民在中國之專牌亦允許照此保護大美國允許領取之專牌由大美國政府發給並在中國南北洋大臣處註册

第三十二款

一大美國允許各國人民在美國有印律之利益美國人民在該國者該國亦係照此允許中國政府現在允許保護大美國人民之書籍地圖所譯之書所鐫之件各項主人在中國有印售此等物件之專利與保護大美國人民在中國之商牌同例

第三十三款

一中國海關人員用以管理及徵收税項者若非華人而係他國之人則中國允願所用之人員須通商各國之人至所用各國人數多寡須照各該國在中國商務之多寡而定

中國又允願將進出中國各通商口岸之船數以及進出口各貨數貨色貨價暨該貨來自何方運往何處由海關造册逐一載明布告於衆

中國海關又須飭令各船商將所需各情節禀報以爲造册之助

第三十四款

一中國政府既於一千八百九十八年開辦内港行輪不論中外輪船准其註册載客及載合例之貨中國政府現允美國商民行號公司隨便駛行輪船其應沾利益與給中國及他國輪船者相同中國並允為推廣交往及商務起見增設律例章程以成此舉

第三十五款

一大美國人民應得在中國無論何處購租礦地其地價係按照業主所允願之數目付給大美國人民又應得在此項礦地開辦礦務各事但須遵守中美兩國政府將來訂定之公道章程及須繳納所定之稅

第三十六款

一中國政府應允美國人民在各通商口岸設立關棧以便儲貨或改拆箱件或預備重裝出口不在禁例之貨所有關棧必須遵照中國政府所定章程經美國欽差大臣所允行者爲保全中國稅項不至受虧

第三十七款

一錢幣妥善劃一由於釐定價值無不以爲推廣商務之一要端中國現無此等錢幣故中國政府應允愈早愈妙設立劃一錢幣釐定價值通行各省並降旨通諭作爲合例繳庫之款或用别法以成此舉

第三十八款

一海關存票不論在何口岸發給或按照票內所註之銀數用以在各通商口岸抵納各項貨稅或在發給該票之口岸由海關照數用現銀收回均聽票主自便

第三十九款

一今此兩國應允以前及將來中國許給他國官員商民之本人財產事業等利益及豁免之事中國亦應給予美國官員商民一體均沾凡他國所造貨物其稅項及費用最少者美國所造同類貨必可照辦由美國出口之貨物其稅項費用較之最優待國之出口貨物均不得加重或另徵至中國給予他國船隻貨物官員水手之利益及豁免之事美國船隻貨物官員水手亦可均沾兩國均知美國政府人民財產利益在中國仍照最優之國相待

第　款

一中美兩國應允一千九百年正月一號以前美國與中國所有施行各條約現仍全照施行惟現在所增改之條款及不合於美國與别國之條約者不在此例

以上各款條約應由　大清國
大皇帝立賜
批准並限於一年之內由大美國
大總統既得選舉國會紳耆大臣議允
批准兩期互換須至條約者

大清國
欽差辦理商約事務大臣工部尚書呂
欽差辦理商約事務大臣太子少保工部左侍郎盛

大美國
特派會辦修定商約事宜駐滬總領事官古
欽差駐劄中華便宜行事全權大臣康
特派幫辦修定商約事宜駐滬商董西

光緒二十　年　月　日

中堂閣下 王爺殿下 大人閣下

敬肅者美日商約前本訂定十月二十日與美議二十五日與日本議曾經電請

代奏在案嗣屆二十日美領事古納因病未能開議二十六日來晤告曰前議各欵於停議之時即趁閑暇又詳細達諸美政府作為一定之准則免得往返電商須俟接到美廷訓条方可商定約計十日内必可奉到當諭以加税一事論中美交誼似應贊助其成古納云訓條一到當可揭曉後屆十日期滿古納又來相告訓條尚未寄到或為郵船愆期或因加税未經議定但願約事有裨稍遲無妨等語竊思美約前准開送共四十欵自第一欵至二十七欵多係修改舊約之文字句於原義無大出入擬俟應議各欵議妥再行會商斟酌惟華文既改洋文亦須更動此約已行之數十年遽爾大加修改各國紛紛效尤亦恐諸多窒礙嗣該使亦恐徒多辯論聞已請示美廷仍照舊約一字不改其應添改處另列數欵仿照英約辦法未識美廷果如所請否其二十八欵為教會爭論再三始得議訂第二十九欵為聲明賠欵已請其載明四百五十兆銀兩字樣以為根基古納初允電請美示復密電伍使屬其速照此意而懇美部後得伍使覆電云美外部已電古等准其於二十九欵酌加照約并附表字樣當經海與杏蓀宫保擬欵於下一千九百一年九

月七號中國與諸國駐京大臣訂明允償各國賠欵四百五十兆兩其中大美國亦與有分因此中國允許照約載附件還本利表償付大美國賠欵云云揭明附件內所列還銀似有著落雖各國能否照准未可預定究之美約中載明以為基礎不無裨益旋因杏翁奉諱不及與古納訂定現在催詢古納彼總云尚未奉到美廷函示遣譯員探詢有謂欲藉以要挾所索別欵者迄未得其究竟容俟秋使到後再與申明大約此次訓條寄到當有確實消息矣第三十欵為保護牌號亦已電達第三十一欵因與三十欵無大區別已歸併刪除第三十二欵為板權辯駁數次彼定欲將

專為中國學堂教習所用書籍地圖洋文或譯出華文均不能繙印我只許以譯出華文專受此板權洋文則不能不任我繙譯並照香帥來電邊遠各省購致維艱不能不任其自印以廣流傳而惠寒士古納堅謂此欵亦係彼國板權會中人所擬不便擅改彼此爭執莫之能定第三十三欵為海關稅司我始終堅持不與輕議並明告此係我用人自主之權斷不能以商務之多寡定各國之人數彼始云從緩再酌不知其作何變計祗可徐以俟之第三十四欵為內港行輪亦已議訂美國並無輪船駛行內港故允聲明日後脩改增補章程中國國家允願和平商議脩補施行以

資貿易之助並於中國有益等語隱為異日挽回權利之計第三十五款為礦務我必欲照英約所擬彼必欲照其所擬尚在爭持兩不相下第三十六款為關棧第三十七款為國幣均已妥議電陳第三十八款為存票第三十九款為利益均霑第四十款為聲明舊約尚未議及此與盛宫保會議美約之大概情形也茲將第有次至第九次美約問答錄呈

鑒核　海寰愚以為前此議辦英約歷八閱月之久祇以加稅免釐一事核實認真辦理可以暢銷土貨暗塞漏卮可以革除積弊保衛商賈是我之利益多而彼之利益少此外皆得不償失故與馬凱照會訂明全約必須俟英廷允則俱允駁則俱駁不能有所遷就將來美約就緒彼若不議加稅免釐只能作為議約未竣不能簽押前奉

鈞電以美約第十四款所納稅餉句下新改三十五字刪去即載所納稅餉必須照與中國至好之國一律辦理便覺省事不必照錄英約誠屬簡便辦法第英約第八款載明凡在中國應享優待均霑之國亦須與中國立約允照英國所定英商完納加增各稅並所許各項事宜中國方能允照此條所載各節辦理又載明倘各國與中國立約尚未允按英國在於此款所許各節辦理須俟各國允許照辦始可將此款舉行各等因若各國

不明允此款則英國不能許我舉行將來能否執第十四款作為美國允許加稅之據實未敢懸揣也日約於前月二十五日接議起已會議過六次初議第六款口岸城鎮繼議第十款米穀出洋均將辯駁情節隨時先後電陳
鈞核口岸城鎮已奉
電復容再與之力爭決不敢畏難遷就第思城鎮已載在舊約一概抹煞恐做不到日使前曾謂海寰如不與議此款請即照會聲明緣故彼即照舊約硬令商人入城鎮居住倘滋事端是中國違約惟中國是問等語雖係恫喝之詞然亦不可不防刻尚未接香帥覆電容俟香帥電到再當力與磋磨如彼不受範圍再當電商
尊處指示一切尚求
審察為幸米穀照會准駁併求
迅賜裁覆日使已催問數次矣昨又與議第三四款內港行輪彼注意欲使我破
鈞署原定章程第二款非行海式樣輪船之禁因英約先已駁拒而此項輪船久為東海關粵海關稅司所准行勢難挽回拒之不可明予准行既背原章又有礙英約現正駁論一俟議訂再行電請
鈞示其第一二款論加稅免釐事已據日使續開節略係擬駁英約第八款各節進口稅仍只允值百抽十反勸我再加出口稅以相抵狡獪殊甚茲

将日使所開節畧先行照録
鈞閲俟開議此款力予痛駁斷不能令
與英約稍有歧異再行奉
聞謹将第四次會議起至第十三次問
答録呈
鑒閲其第一次至第三次問答前已録
陳兹不贅入専肅縷布敬請
鈞安伏乞
垂察呂海寰謹肅十一月二十日
附呈日使小田切開送商約節畧六條
又日本商約會議第四次至十三次問答
又美國商約會議第首次至九次問答

欽派代辦出使美日秘古國大臣事宜二品頂戴分省補用道沈桐 爲申呈事竊據廣東新甯縣人指
分江西試用知縣劉汝霖同知職銜伍寶光等呈稱竊思商務之盛衰國家之强弱所攸繫然
商務與船政實相表裏船政不興商務即無由而振此必然之勢也查泰西各國凡商務所到
之處必先通之以輪船以備轉輸往來之用故攬海上之權利而獨扼其機要比年日本步武泰
西四出通商帆影輪聲相望於道迹其苦心經營極力推廣駸駸乎有縱横海上雄視五洲
之意中國財產物力爲全球冠而天地無盡之藏藴而未發工師百職之業窳而未精於是洋貨
入口日多漏卮外溢之數無慮數千百萬所恃畧相抵制者除茶絲磁器各大宗外惟出洋工商
歲取外國金錢藉資彌補耳但中國向來未有商船出口出洋華人以及轉輸貨物概附外國
輪船核計每年溢出攬載之費爲數不貲且抑勒限制之例苛苦難言坐視遷移受困益甚
是不可不振作精神恢張盛業也邇者

二五

卸咋 正月到

咨呈

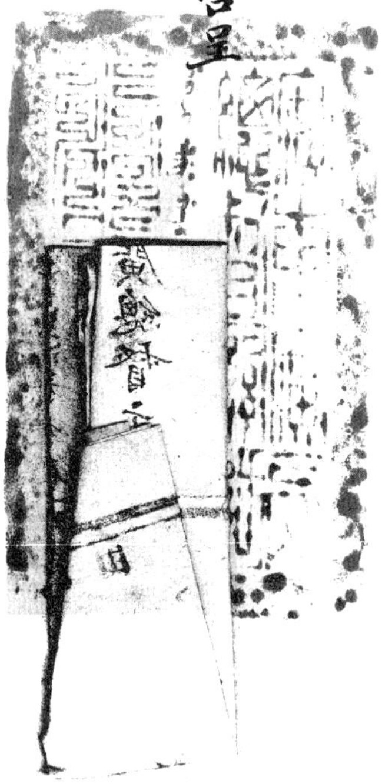

頭品頂戴署理兩廣總督德 爲

咨呈事案照承准

總理各國事務衙門咨行出使美日秘國楊大臣與美國使

署律師科士達詳酌擬定華人往美漢洋文護照程式咨

粵照辦嗣後華人往美一體仿照所擬程式飭由粵海關

發給等因茲有商民何盛請照前往美國金山埠貿易
稟由粵海關驗填護照并無驕揚假冒情弊且有殷實舖
保具結存案核與章程相符准粵海關咨請核咨前來
除咨復并照章咨行
出使美日秘國大臣駐美金山總領事查照辦理外相應咨
呈為此合咨
貴部謹請察核備案施行須至咨呈者
右　　咨　　呈

外務部

光緒二十八年十二月初五日

二六

敬肅者前肅布代字第七號函諒邀
堂鑒正月二十日奉
鈞署號電函悉西正月一號中茶入美免税是否已經舉辦希電復等因查華茶來美為數不少近年美因軍興加重茶税每磅加至十仙美磅合中權十二兩每十仙合時價中國庫平銀一錢七分二釐九納税既多銷場必滯内地茶綱之敝未始不由於此屢經將礙商病民情形向美執政詳切申論去冬議院議准將一千八百九十八年六月十三號定例第十五款抽收茶税之例自光緒二十八年十二月初三日起（即西歷一千九百零三年正月一號）作為銷除業已行文各税關知照兹奉
鈞電當即日往户部詢問華茶入口免税之例是否一律須行據稱正月一號起華茶來美一概免税業已通行各口税關遵照辦理等語查茶茗一項為日用所必需税則每磅免抽十仙旅美僑民十數萬衆固同食其福即中國業茶之商亦可望日有起色然桐

於免茶税之後有不能不鰓鰓過慮者向來華茶入美由廣州上海兩處辦運者居多五年前　伍大臣初至時茶税未重華茶來美者多屢經税關查驗茶葉香味不純中多攙雜致被扣留商人紛紛呈控當時為保護商人起見不能不極力駁論其後詳加詢訪乃知商人作偽或以劣茶充作名品或以影射假冒招牌一經發覺無可置辭甚至懲羹吹虀波及同業因一累百商本大虧識恐此後茶税雖免倘或愚民無知仍蹈前轍有礙商務實非淺鮮欲革其弊應由内地產茶辦茶等處地方官傳知各商剴切勸導將不利於己有損於人之處反覆開陳並飭各商集衆公議聯為一行定立行規申明罰款如有包攙偽飾假冒字號從嚴科罰即將罰款充作本行公會費用彼此互相稽察不准徇私並於出口處由商人自設公所隨時抽驗務期精良不雜自然獲利必豐此外應如何機器焙製以求合宜論磅裝載以歸畫一

酌立公棧以濟轉運自相保險以收利權則在各行長隨時體察情形妥籌善法不必官為經理以免胥吏留難茶為中國出口大宗如經理得宜是亦振興商務之一道上年十一月桐經備文咨照粵督滬道縷述以上各情仍望
鈞署通行南北洋通商大臣商務大臣及產茶各省運茶各關切實整頓庶幾商戰可操其勝算元氣漸復於無形是否有當尚祈
訓示祇遵以上各情乞
轉回
邸堂
列憲為荷專此肅布敬請
勛安
沈桐謹肅
光緒二十九年正月二十日 代字第八號

敬再肅者美免入口茶稅雖由迭次辯論而然實緣
美廷裁撤軍興加稅韋連併及彼自為便民起見與兩國交涉絕不相蒙現當互議商約之時誠恐彼藉此為名市德於我或別求利益或希冀酬報稍輕然諾即售其欺凡事須慎於微此節不容不慮先哲格言有云學問如逆水行舟不進則退竊謂辦理交涉理亦宜然迎拒須協機宜操縱方能悉當管見所及敬以密陳專此再請
勛綏諸惟
朗照不一
沈桐謹再肅
光緒二十九年正月二十二日 又代字第八號

二七

逕啟者本大臣接准本國外務部大臣函送紐約美華商務會董福而得來函內稱有住營口華商數行與俄國數織布局定立合同仿織花旗布斜紋布綿紗三色貨冒用美國大有名雙馬雙龍雙人等牌號及效法包捆樣式其貨價之廉較有值百減二五之數定明包銷於東三省地方等因本國外務部囑即轉為函達請
貴國政府詳查此事之有無如有其事即請將此違約冒牌獨攬銷售之權嚴行禁止即有人賣此冒牌之貨亦希

速照從前辦法一律查禁茲甚相信
貴親王於此辦法與有同心也合將福爾得洋文原函並該
商等所立合同一併照抄附送即希
貴親王查照望即
見復是荷此頌
爵祺附送洋文並抄件
名另具正月二十四日

附件

今定立草議合同茲有□□行承辦　貴國本機花旗針文綿紗三色色消奉天吉林黑龍江三省此三色貨不准轉色與他商亦不得改印擅售此三省致以每年認銷額數待將大樣收到之日照原議無錯再為訂立確實合同訂明所色年限並每色貨數目價殖銀交付日期彼此確定章程兩無較涉故此先立草議如大樣不符即作罷論如大樣照原議無錯彼此皆不得改章以此據為凭

一　某某行認色年數並某貨每月認銷若干件數必須將大樣收到照原議無錯再定准數以免錯謬

二　某某行定　貴國雙馬花旗布言明無漿淨線之貨寬華尺〡〢尺長百10碼每疋重華秤〢十斤每捆〢十疋內有青油布一層外國紙一層外蘇布布皮以白綜繩腰九道捆之雙龍針文打連布淨線之貨寬華尺〡〢尺長百10碼每疋重華秤〢十斤每捆十五疋內青油布皮外國紙各一層外皮蘇布以白綜繩七道腰捆之雙人担茶十支綿紗每小捆廿扎華秤重八斤十三兩以硬紙包封小蘇繩捆之四十小捆共一大

捆蘇皮鉄腰四道捆之以上所約之莊修係奉吉黑三省歷年暢銷之貨如不相符鉎價若干且不能暢銷

三　彼此言明三色貨按年四月十月兩季估價仿照上海大行每百兩照七拾五兩作價即以上海荳規平銀交付貨價兩不加減

四　某某行包銷　貴國之貨言明奉吉黑三省所有關稅捐輸車船苦力一切等昂之費敝行一概不認院內收貨此係兩面訂明不得改章

五　所有應交貨銀按收貨之日合算以六十日為期交到上海通商銀行之家倘因貨物銷滯壓款過巨則到期交銀不齊准于敝行自便出息按年八厘合算亦係兩面訂明不得改章

六　某某行承辦奉吉黑三省銷售花旗布斜文布綿紗三色按照該三省每年應銷確實之數作包　貴國不得在該三省售此三色貨亦不得改換牌印零招他商在此三省銷售預先訂明以免嗣後交涉

七

敝行設此生意未免資本過巨倘有疎虞資本猶關尚乞

貴大臣體恤商情轉飭該管地方官到處保護免致匪人攪擾並

華俄文告示兩道懸掛門首以符通商之至意

八

此貨路途倘有磕破水濕釘眼或成色不符分兩輕重等弊當為

驗查輕重酌奪減價

九

所議定之貨在認包年限之內照原議絲毫不得差錯恐礙銷路

所議章程後首彼此不得加減以照信實

十

以待將包年限期滿包與不包彼此各隨其便倘欲再包另立新

章此合同不得干預年限以外之事

華歷　年　月　日

俄歷　年　月　日　在見

立約　行

二八

權算司

呈為咨行事光緒二十九年正月二十四准美康使函稱接准
本國外務部大臣函送紐約美華商務會董福而得來函稱有
住營口華商數行與俄國紡織布局定立合同仿織花旗布斜
紋布綿紗三色貨冒用美國雙馬雙龍雙人等牌號及效法包
捆樣式貨價之廉較有值百減二五之數定明包銷東三省地方
等語本國外務部囑請貴國政府詳查如有此事即將此違約
冒牌獨攬銷售之權嚴行禁止等因前來查洋商與華商訂立
合同行銷貨物原為推廣商務起見惟不得假冒牌號致滋口實
相應咨行
貴大臣將軍按照該使所稱各節轉飭山海關道確切查明原委迅
速聲復本部以憑核辦可也須至咨者

北洋大臣　盛京將軍

光緒二十九年正月　日

二九

〔照三〕二月初七

照會

大葡日本英美奧韓德比日法義和俄國駐京各大臣　為

照會事案查中英津約通商章程第五款三節內云凡
米穀等糧不拘內外土產不分何處進口者皆不准運
出外國惟英商欲運往中華通商別口照銅錢一樣辦
理照依稅則納稅云云想
貴親王自必確實知悉本大臣等茲應各按本分向
貴親王聲明中國官府在沿口地方迭次禁止人販運
米糧從此口運往彼口不顧有某國大臣辯駁亦不論
約章有准運往別口之語如此禁止不惟有違津約之
意且亦使往來各口運貨之船受虧如因運糧出口果
於地方有何干係即如本處地方有糧不足用之虞出
示一律禁止在
各國政府亦不必辯駁惟每次所出示禁規條則有請

領准單准其另行加税運往别口之事此係有違天津約兩國之約即係英國津約與法國約所云聯情結行包攬貿易之語茲所照知

貴親王者係近來上海道有示禁人販運米糧出口而於願遵另加違約之税者則准其運出此係由各國領事公同詳報各國大臣公會處所本大臣等以為無須多辯即如此照會

貴親王亦已為是

貴親王可以行知各口地方官嚴飭其不得再有此違約之禁可也為此照會須至照會者 附送洋文

右　照　會

大清欽命全權大臣便宜行事總理外務部事務和碩慶親王
署理全權大臣軍機大臣體仁閣大學士外務部會辦大臣王

一千九百零叁年叁月初貳日

光緒貳拾玖年叁月初肆日

三〇

逕啟者昨接美國外務部來函囑查中國所派在上海改定商務大臣是否給有全權等因是以本大臣擬於明日下午三點鐘赴部與

貴親王面商此事切望

貴親王屆時接晤如三點鐘不克得暇請即另訂時刻見復是荷特布即頌

爵祺 附洋文

名另具 二月初六日

康格

敬肅者前肅代字第八號函諒蒙
堂鑒美議商約一事聞美商會以加稅過重恐礙美國
商務甚以英約為不然 桐 晤美外部海約翰迭經切
商始畧有轉圜之意正月間准
商約大臣呂伍來電屬探詢美外部致康使及滬領事
文於加稅免釐一事大旨云何海約翰人素坦易 桐
代辦以來遇有商辦各件皆承實告以情此次文牘
未經宣示祇可作為私談海謂他國情形與美不同
美賠款獨少又願收銀中國若一律加稅至十二五
揆之情理似欠平允前經派員查探上海商務各商
會議論均以稅重有礙商務為詞美為民主之國不
得不徇所請 桐 謂各國在華商務以英為最英既願
免去釐金加稅至十二五必已真知灼見於商務無
虧仍望主持定見加稅免釐一如英約海躊躇良久
允將各情電商京滬公使領事應許加稅惟所加各
稅不能過於進口正稅一倍於二月初一日將脩改
之約稿送來使館詳加核對大致較之英約祇有刪
節而無甚加增內有國書應准公使徑遞一條亦屬
虛文無關宏旨其第八款聲明進口洋貨所加之稅
不得逾於二十七年所定進口正稅之數查進口正
稅原是值百抽五加抽之稅不得逾至一倍計已值
百抽十較英約僅差二五之數若再由
議約大臣設法磨磋或竟能如英約亦未可知業已
撮要電達
呂伍二大臣並將原稿暨譯文照英原約用朱墨圍出
附函詳達所有美議免釐加稅情形尚乞
轉回
邸堂
列憲是所叩禱祇此肅請
勛綏
沈桐謹肅 光緒二十九年二月初十日 代字第九號

榷算司

呈為照復事光緒二十九年二月初七日接准
照稱中英津約通商章程第五款凡米穀等糧不拘內
外土產不分何處進口不准運出外國惟欲運往中國通
商別口依照銅錢納稅等語現中國官府在沿口地方迭次
禁人運米從此口往彼口不惟有違約章且使往來貨船受
虧如果地方有何干係或本處糧不足用出示一律禁止在
各國政府亦不必辯駁惟每次所出示禁規條有請領准
单准其另行加稅運往別口之事近來上海道示禁運米而
於願遵加違約之稅者則准其運出此係各國領事公同詳
報各國大臣公會處所請行知各口地方官等因查米穀出口
一事推原地方官禁運之初意亦祇為遇有荒歉民食或有匱
乏之虞現既據
來照聲明地方有何干係或糧不足用出示禁止各國必不辯
駁具見
貴大臣等公允為懷並顧兼籌之意本爵大臣等實深欽佩
當即按照
來照所稱各節咨行南洋大臣飭知該關道矣相應照復
轉達各國大臣
貴大臣等查照可也須至照會者
領銜康美使
各國駐使
光緒二十九年二月　日

三三

外務部去電　二月初七日

美約自去秋停議迄二月初二日美使忽欲彼此驗視文憑當將原奉
諭旨交閱據云祇有會議字樣並無定約及畫押之權告以屆時再請旨
英約即此辦法本日接該使照會以本大臣等所奉諭旨無全權字
樣若不與渠所授者相等即續議亦無功效已經電康使赴鈞署陳
請等語前與盛宮保與古納會議已非一次未解何以忽然中變鈞署
如何回復乞電示以便照復該使催其開議海廷陽

外務部來電　二月初九日

陽電悉昨美康使來署面稱現接本國外部函囑查中國議改商
約大臣是否給有全權字樣若無全權恐續議亦難成功等語本處當
告以呂伍大臣既奉
旨特派議約即有定在議約之權將來商約定議再當奏請給予簽字
畫押之全權與英議約即如此辦法未便兩歧希轉達貴國政府康
無異議外務部佳

照復美國商約大臣古納西門稿

為照復事照得本大臣等接准

貴大臣等照會以本大臣等所授之差使應與
貴大臣等所授者相等俾能有全權議約及定約已將此意商諸
康公使亦以爲然謂欲求敝國政府授本大臣等以全權俾議約之事
得以易辦至於續議商約之事可暫不舉行彼此所授之權若不相
等即續議亦或無功效等因當經本大臣等電達敝國
外務部頃奉復電謂
康公使昨來署面稱現接本國
外部函囑查中國議改商約大臣是否給有全權字樣若無全權恐
續議亦難成功等語本處當告以呂伍大臣既奉
旨特派議約即有定有議約之權將來商約定議再當
奏請給予簽字畫押之全權與英議約即如此辦法未便兩歧
康公使已均無異議等因相應照復
貴大臣等查照希即訂期從速開議可也須至照復者
右　照　復
大美國商約大臣古西
卜　肯萱

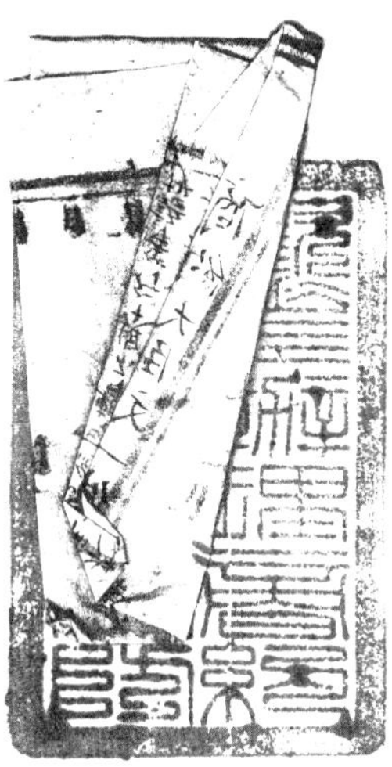

附件

欽差辦理商約事務大臣工部大堂呂
候補四品京堂伍　為咨呈事光緒二十九年二月

初七日准

美國商約大臣古納西門照會內開照得本大臣等遵敝國政府訓條業將貴大臣等所授之差使與本大臣等所授之差使細心比較在本大臣等之意貴大臣等所授之差使應與本大臣等所授者相等俾能有全權議約及定約祇候貴國

大皇帝一人核准而已本大臣等已將此意商諸敝國會辦商約大臣康公使而康公使亦以為然康公使告知本大臣等謂欲求貴國政府授貴大臣等以全權俾議約之事得以易辦本大臣等諒貴國政府必允如所請至於續議商約之事可暫不舉行蓋彼此所授之權若不相等則即續議亦或無功效也本大臣等之辦法如此諒貴大臣等亦以為然也等因准此即經本大臣等雷達

貴部旋奉復電亦即照復美使請其訂期開議相應抄錄來往電文及照

復稿咨呈

大部謹請查照備案須至咨呈者

計抄粘來往電文並照復稿

右 咨 呈

外 務 部

光緒二十九年 月 日

三四

欽差大臣太子少保參預政務大臣督辦商務大臣電政大臣鐵路大臣兵部尚書都察院右都御史辦理北洋通商事宜直隸總督部堂袁　為

咨復事前准

貴部咨開光緒二十九年正月二十四日准美康使函稱接

准本國外務部大臣函送紐約美華商務會董福而得來函

稱有住營口華商數行與俄國數織布局定立合同仿織花

旗布斜紋布綿紗三色貨冒用美國雙馬雙龍雙人等牌號

及效法包捆樣式貨價之廉較有值百減二五之數定明包

銷東三省地方等語本國外務部囑請貴國政府詳查如有

此事即將此違約冒牌獨攬銷售之權嚴行禁止等因前來查洋商與華商訂立合同行銷貨物原為推廣商務起見惟不得假冒牌號致滋口實相應咨行貴大臣按照該使所稱各節轉飭山海關道確切查明原委迅速聲復本部以憑核辦等因到本大臣准此查營口地方現在尚未交還既准前情當經札飭山海關道確切查明茲據該道稟覆如美使所稱華商與俄織布局仿造花旗等布冒用美國牌號減價包銷各節徧查營市並無其事所稱定立合同亦查無實據等

語相應咨復

貴部謹請查照須至咨者

右咨呈

外務部

光緒

日

列字　號

三五

欽命鎮守盛京等處將軍管理兵刑兩部兼管奉天府府尹事務兵部尚書都察院右都御史總管奉天旗民地方軍務兼理糧餉加三級增　為

咨呈事案照承准

大部咨開光緒二十九年正月二十四日准美康使函稱接准

本國外務部大臣函送紐約美華商務會董福雨得來函稱

有任營口華商數行與俄國數織布局定立合同仿織花旗

布斜紋布綿紗三色貨冒用美國雙馬雙龍雙人等牌號

及效法包捆樣式貨價之廉較有值百減二五之數定明包

銷東三省地方等語本國外務部囑請貴國政府詳查如

有此事即將此違約冒牌獨攬銷售之權嚴行禁止等因

前來查洋商與華商訂立合同行銷貨物原為推廣商

務起見惟不得假冒牌號致滋口實相應咨行貴將軍按

照該使所稱各節轉飭山海關道確切查明原委迅速聲

復本部以憑核辦等因承准此當經札飭山海道確切查

明迅速稟覆去後茲據署山海道李席珍稟稱遵即飭

據常關委員趙祖蔭查覆如原文所稱華商與俄商織

布局仿造花旗等布冒用美國牌號減價包銷各節遍

查營市並無其事惟上年八九月間有營口海關稅務幕
辦俄員沙羅耕因欲考察商務在營街購買中國織成
綢緞布疋並花旗斜紋各種洋布寄回該國仿樣製造其
中有無雙馬雙龍等各牌號在內礙難懸揣第當時沙羅
耕曾詢華商將來製造有成願否購買華商因貨物未
曾見面即以不便預議等詞見覆均係一時無據空談
久已置之不問實無冒銷情弊其原文所謂訂立合同
者或係因空言而疑實事亦未可知等情查明稟覆前來

職道覆查無異所有遵札訪查確實緣由理合稟請查
核等情據此除批示外相應咨覆為此咨呈
大部謹請鑒核施行須至咨呈者

右　咨　呈

外　務　部

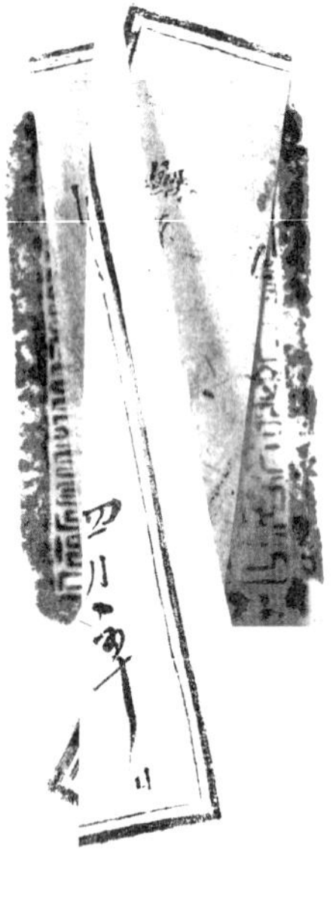

咨南洋大臣等轉咨産茶各省整頓茶務將章程咨部備案由

行

署右侍郎顧 行 三月廿三日

榷算司

呈爲咨行事。光緒二十九年三月十五日據駐美代辦使事參贊沈桐函稱：華茶來美，自西正月一號起一概免稅，中國業茶之商可望日有起色。然向來華茶入美，由廣州、上海兩處辦運者居多。五年前伍大臣初至時，茶稅未重，華茶來美者多，屢經稅關查驗茶葉，香味不純，中多攙雜，致被扣留，商人

紛紛呈控，當時爲保護商人起見，不能不極力駁論，其後詳加詢訪，
乃知商人作僞，或以劣茶充作名品，或以影射假冒招牌，一經發覆，無
可置辭。甚至懲羹吹齏，波及同業，因一累百，商本大虧，誠恐此
後茶稅雖免，倘或愚民無知，仍蹈前轍，有碍商務，實非淺鮮。欲
革其弊，應由内地產茶、辦茶等處地方官傳知各商，
剴切勸導，並飭集衆公議，定立行規，如有色攙僞飾，
假冒字號，從嚴科罰，不准徇私。並於出口處由商人自設
公所，隨時抽驗，務期精良不雜，自然獲利必豐。此外，應
如何機器焙製，以求合宜，論磅裝載，以歸畫一，酌立
公棧，以濟轉運，自相保險，以收利權，則在各行隨時體
察情形，妥籌善法，不必官爲經理。等因前來。查中國
出口土貨，茶爲大宗，前因美既免稅，自應嚴禁攙雜

以期暢銷業於正月二十六日咨行

貴

南洋大臣轉咨産茶省分遵照在案茲復據該參贊函

稱各節洵爲整頓茶務切要辦法除分咨北洋大臣商務大臣外相

除再咨行南洋大臣分咨産茶

應咨行

各省督撫轉飭各屬暨各關分别曉諭商人一體遵照辦理並將議定章程隨時呈

貴大臣查照分咨産茶各省督撫轉飭各屬暨各關分别曉諭商人一體遵照辦理並將

明咨部備案外相應咨行

議定章程隨時呈明咨部備案

貴大臣查照 可也須至咨者

南洋大臣 張

北洋大臣 伍

商務大臣

光緒二十九年三月

三七

○名

打字號內(?)

收外務部 三月廿八日收

再各國賽會之舉，在開會之國，本在博覽新奇貨物，使本國得以仿行，為農工商之進步；入會之國，則重在陳列本國貨物，視何者利於銷售，即可陸續增運，為農工商之銷路，非徒誇耀新奇之異也。各國入會者，富商大賈必親往監察，視何項暢銷，即與該國商人訂議續運。中國商人不明此義，但將貨物交付海關轉運會場代售，親自西來者絕少。據華必業(?)面稱，中國貨物本為歐人所喜悅，故當會場陳列，爭先購買，乃貨主不來，以致該人欲向訂購，無從面議，機會可惜等語。現美國將開百年大會，亟宜妥籌，擬請鳴(?)集公司親自運貨前往考察商情，廣籌(?)售，而貪一時之利，宜為久遠之謀。應請

飭下商務大臣、各直省督撫勸諭華商分投籌辦，以擴利源。愚昧之見，是否有當，謹附片具陳，伏乞

聖鑒。謹

奏。

光緒二十九年三月二十八日奉

硃批：外務部知道。欽此。

三八

敬啟者：四月初二日肅布美字第二號函，計達

冰案。初七日誠由新路易歸，接美外部來文，據稱英約所定進口稅加至一倍半一節，業經電囑議約大臣與中國議約大臣商辦，倘中國允照美稿所擬辦法，美國自當概從英約。誠觀其語意圓融，可期就範。所云倘中國允照美稿所擬辦法者，不過轉圜之詞，殆非要挾之語。呂、伍大臣婉切磋磨，必能指揮如意也。當於齊電撮要上

聞，計邀

堂鑒。誠於初八日往晤外部，道達謝忱，探詢東三省之事。外部謂已接駐俄美使覆電云：俄外部於要索東三省專利及禁開口岸，致礙美國商務兩事，皆力辯其無，即所傳約款亦謂虛誣。近日所送條款，係與中國訂立地方善後章程，直與東三省之事毫無關涉。本大臣以為語雖如此，然康使所電俄人要索各款，確是實事，幸敗露尚早，美得阻其詭謀耳。誠叩以該

使電復各節是否得之俄外部口設抑由照會表達外部謂雖是口述然接電之次日俄使喀希尼來晤所稱各事與我駐使來電相同本大臣當將喀使所言筆之於書以杜翻復應與照會無異矣誠謂貴國於東方大局素所關懷遇有事端每能公平持論實用佩慰東三省退兵一節中俄原訂章程業經明載此時賠款已定大局已平俄人按約退兵本無異議乃多方要索公理顯違現在機軸稍鬆未始非仗義執言之力仍望終始堅持顧存大局不特東方之利也外部答以俄若得志於東三省德法必將效尤大非美國之願休戚與共不得不以全力相助誠揣其宗旨確有不令俄人多事之意倘英日肯與聯絡同任艱難俄雖狡悍亦斷不能顯干衆怒妄事侵漁我得以從容布置奮發圖强千里金城自有苞桑之固矣昨日紐約西報載倫敦各報議論不一大都慫恿英廷干預之詞有謂俄人狡詐多端東三省新約雖力辯其無然舉動情形實多疑竇俄使之言久已不足取信萬望英廷勿爲所惑復歷舉俄國往事以爲證佐似此衆議沸騰英國政府想不能默爾而息也

列憲鈞衡在握操縱咸宜定能使列邦盡樂爲我用之恍俄人有知難而退之舉此間一切應如何措置聯絡尚乞

指示俾得遵循不勝翹企以上各節統乞

代回

邸堂各憲是荷肅此敬請

台安統惟

朗察

梁誠頓首　光緒二十九年四月十二日

美字第三號

敬再啟者竊新路易賽會一案先經伍大臣暨沈代辦各呈貴部在案查該地在華盛頓迤西九百四十六邁火車行二十八點鐘可達若由舊金山逕赴祇須六十六點鐘該處先為日斯巴尼亞藩屬繼而改隸法國百年前法王拿破侖窮師黷武因歐洲多事之秋恐為他國攘襲至有鞭長莫及之虞情願讓與美國管轄美酬法以千五百萬金現在事隔百年生聚教養頗臻繁盛約計丁口一千五百萬其人民既經教育土地自日臻饒沃製造亦日進精良剖其地分隸十三行省今年為隸美百年之期展至明年舉行賽會誠日前准美外部函稱於本月初四五兩日行記念禮因於初三馳赴稱賀至則美前總統及現任總統率其百僚在焉各國公使或親赴或派參贊代賀禮成誠乘便至會場閱其地址計廣六里長三里各國早經標識地段建造廠屋誠細加審度日本建廠於土山之上其意殆因西洋皆層樓傑閣東亞則屋宇平行故佔略高之地以免相形見絀誠竊恐再遲則無善地遂於大道之旁離歐洲會廠略遠預定最寬地址一段見方得英尺二十丈似可勉強敷用聞已奉旨簡派倫貝子為監督黃京卿為副監督並派嘉稅司充副總辦嘉稅司前致函美外部酌留地段以為建造華屋之用此款如經撥定自宜早日興工會期愈近貨物愈昂辦法易形支絀美國會廠約費三千萬圓按日工匠八千人此時工程業已過半各國布置亦均大致楚楚矣倫貝子明年何時啟程華民賽會百物曾否定議並望隨時示悉並將誠往賀記念禮成及點定會廠地址回明邸堂各憲詧核為荷竊維歐美賽會之舉原以考求製造之法辨別土地之宜然每藉羣雄商戰之餘兼脩列國會盟之好冠裳所集山水呈華往往未臻富饒之區賽會後驟形繁盛推原其故非惟商務因以起色即赴會之人各躡舟車飲食之資閭閻業已利市三倍所謂來百工則財用足歐美其隱師九經之義歟芻蕘所及並以附陳除稟倫貝子外肅此布達祇請均安諸惟賜照

梁誠頓首

四月十二日
美字又第三號

計呈新路易賽會廠圖一件

三九

逕啟者美國政府向以商務為緊要其中有美與中在東三省之
事尤視為極要故請
貴國在東三省另開數通商埠切欲在滬兩國所議商約數大臣
將所欲於東三省開埠地名載於商約以內而
貴國以現難再開埠推却其推却之故使本國政府不易明晰是
以本國政府囑請

貴親王將不肯允本國所求之由寔係何故明以告我並將
貴國政府於此事擬代以何法辦理
示悉如延悞商議商約之事寔爲未便兹望兩國睦誼歷久不
逾故切盼
貴親王即將
貴國於此事之意作速明以

附件

F. O. No. 500.

LEGATION OF THE UNITED STATES OF AMERICA,
PEKIN, CHINA.

May 20th, 1903.

Your Highness:

In view of the fact that the Government of the United States believes that the importance of general commerce, and of its trade in Manchuria, in particular, requires the opening of additional places therein to foreign trade, and justifies its insistence that these places be named in the Treaty now being negotiated by Commissioners of our two Governments at Shanghai, and because of conflicting statements as to the reasons why the Chinese Government finds it difficult to open such places at present, I have the honor, by specific direction of my Government, to ask Your Highness to inform me what are the real objections of the Chinese Government to complying with the request of the United States in this regard, and what it proposes instead.

That the negotiations may not be inconveniently delayed, and that the cordial, frank, and mutually friendly understanding between our two Governments may continue, I confidently trust that Your Highness will give me a clear and specific reply as soon as possible.

I improve the occasion to renew to Your Highness

the

the assurance of my very highest consideration.

E. H. Conger

Envoy Extraordinary and

Minister Plenipotentiary

of the United States.

His Highness, Prince of Ch'ing,

President of the Board of Foreign Affairs.

敬肅者前肅布第十號函諒邀
堂鑒本年三月初一日准　會議商約伍大臣電開美
允加税至值百抽十比英約少二五惟查新脩税則
係照二十三四五年貨價估計按現年貨價算實只
合值百抽四英雖名為加十二五以時價計實只合
值百抽十請密向外部剖明勸照英約辦理以免兩
歧或將來議脩税則能認真照切實抽五再減為值
百抽十於約内聲明亦無不可希電復等因奉此當
即將原電譯出面晤美外部海約翰詳達一切海謂
此事關繫通國商務不能遽定須會同户部至白宮
與總統面議方能答復　桐謂實數值百抽十與虛數
值百抽十二並無出入美廷既允值百抽十則二五
虛數不妨姑允既免與英約歧異且可為各國之倡
中國政府既紉厚誼即　伍大臣亦深感交情海躊
躇良久問如美國允從各國能一律照允否　桐答以
前經面詢日本公使已允值百抽十仍可商量至俄

法兩國則商務無多以意度之可決其必允如承許
諾似應電達康使不必遲疑海許以議定再復前派
中國幫議商約專員柔克義比來甚為外部所倚重桐
知外部必向諮訪情形當即詣柔處婉切告知且如
前説坐談未久外部果遣人促柔即往外署云有要
公面商旋據柔復稱外部謂美商會甚不樂加税過
重前允抽十業有怨言若加抽逾十外部即使概諾
上下議紳亦必有梗議者聚訟紛紛事必中寢且各國
斷難一律矇日持久似非所宜如今之計與其務加
抽十二五之虛名徒滋議論不如得值百抽十之實
際無待煩言　桐詢以新脩税則僅得值百抽四再加
一倍亦只值百抽八仍是名實不符柔謂美既應允
抽十則按實數為準紳商當亦無詞儘可將税則改
至值百切實抽五　桐詢以能否照此意照復俾得轉
復　伍大臣柔謂此言若出自我國外部恐拂商情
請由執事密電　伍大臣將切實抽十一語備文詳

晰聲明我外部諒能允諾貴國既獲實益似不必專
事虛名美既允從此外各國諒不至再有異議並稱
此是私意未便公言務祈秘密等語據此情形是加
稅十二五美外部實亦有爲難之處彼既委婉詳告
辦法大約宗旨已定難再力爭而切實加十與虛數
加十二五數目相符似亦與英約不相出入桼又謂
就本原而論釐稅一事本不宜過重　桐謂此論誠然
入口稅重名爲取之於他國之商實則取之於本國
之民故善理財者不以此爲要務但中國入美口之
稅有值十抽至五六者似亦非宜桼亂以他語不能
置辯以鄙意揆之美能加至切實抽十殆難復加惟
美入口稅重若能乘此機會要以酌減華稅一則可
示公平二則互相酬報似於商務不無裨益當即電
復伍大臣並另函詳達一切所有美國允加入口
稅切實抽十情形理合詳陳乞
轉回
邸堂
列憲察核爲禱祇此敬請
勛綏　沈桐謹肅
光緒二十九年三月初三日
代字第十一號

四一

逕啟者本大臣頃接烟台領事官來函附烟台美孚洋行
代理人萊滿稟函一紙内稱現在直隸盛京一帶海賊甚
夥實與本行生意大有阻礙因由樂亭接連之昌黎撫甯
臨榆各屬直抵錦州地面此五處賊勢猖獗曩無海賊時
均至本行販運今屆海盜厰起生意大爲減色聞前數日
有商船由煙台開行突遇海盜該商即獻免禍銀五百兩方
准開船行不三十里又遇賊衆膽敢將船中頭目水手等驅
往賊巢勒銀一萬圓或因不滿其欲是以現未放出際此
情形奉錦之商船甚屬畏葸故在烟台口岸尚有商船二十
餘艘已將貨物載滿而不敢遽行解纜者深恐路遭不測此
等情形實與本行情形大有關係故請領事官將此緣由告諸中國
貴無旁貸之員使彼保護商民化險爲平也且聞復州附近
之海島爲海賊盤踞出没之區開往錦州之商船屢有被刦
情事云云本大臣接到稟函相應轉達
貴親王刻即轉飭北洋大臣速爲設法勦滅海盜保護商情而
安民業專此順頌
近佳即希
玉復　名正肅
西歷四月初八日

四二

逕啟者，昨送
貴部美孚行所稟直奉一帶海盜猖獗情事一函，未將洋文
附入，兹特備函補送，即希
貴參議大人檢收備案可也。泐此，即頌
升祺。附所補洋文一件
名另具 五月十四日

衛理

附件

F. O. No.506.

LEGATION OF THE UNITED STATES OF AMERICA,
PEKIN, CHINA.

June 8th, 1903.

Your Imperial Highness:

I have the honor to inform Your Imperial Highness that I am in receipt of a communication from the United States Consul at Chefoo, enclosing a letter from Mr. V. G. Lyman, Agent of the Standard Oil Company at that Port, making complaint that the trade of the Company is being very seriously injured by the depredations of pirates, who infest the coast of Chihli and Shengking. Mr. Lyman says that the district most affected is that lying between Laoting and Kinchao; that these two places and those lying between them, such as Changli, Funing, and Linyu, are the destination of much cargo when trade can be safely conducted, but that when the pirates are operating it practically ceases. He further states that he is credibly informed that one native sailing vessel, which recently proceeded from Chefoo, was held up twice within thirty Li, and that on the first occasion Tls. 500 were paid as a ransom, while on the second a number of sailors were taken and held for ransom, in the sum of $10,000, the matter being still abeyance at the time of his writing.

As a result of such experiences the native craft have become very timid, and the complaint says that over twenty

vessels

vessels, ready to sail, were still lying in the harbor at Chefoo, not daring to proceed.

This condition of affairs, Mr. Lyman says, adversely affects his business to a very great extent, and he requests the Consul to make such representations to the proper authorities as may relieve the coast-wise trade of the very great danger which now assails it. He adds that an island near Fu-chao is a rendezvous for these pirates who often lie in wait at that place for vessels bound to Kinchao.

It becomes my duty to call the attention of Your Imperial Highness to the very serious condition of affairs reported above, and to request Your Highness at once to direct the Superintendent of Trade for the North to take prompt measures to suppress the piracy concerning which complaint is made, and secure the protection of legitimate trade in the Gulf of Chihli.

Hoping for an early reply, I avail myself of the opportunity to renew to Your Imperial Highness the assurance of my highest consideration.

Envoy Extraordinary and
Minister Plenipotentiary of
the United States.

To His Imperial Highness, Prince of Ch'ing,
President of the Board of Foreign Affairs.

四三

庶務司

呈為咨行事光緒二十九年五月十三日准美國康使函稱接烟台領事函稱據烟台美孚洋行稟稱現在直隸盛京一帶海賊甚夥由樂亭接連之昌黎撫寧臨榆各屬直抵錦州地面此五處賊勢猖獗曩無海賊時均至本行販運今海盜崛起生意大為減色聞前數日有商船開行突遇海盜該商即歎免禍銀五百兩不三十里又遇賊衆膽敢將船中頭目水手等驅往賊巢勒銀一萬圓因此奉錦之商船其屬畏葸烟台口岸尚有商船二十餘艘已將貨物載滿而不敢開行且聞復州附近之海島為海賊盤踞出沒之區開往錦州之商船屢有被劫情事請轉致北洋大臣速為設法勦滅等語查海盜肆行搶劫擄人勒贖最為商旅巨害亟應迅速剿捕以靖海道相應咨行

貴大臣將軍查照轉飭實力緝捕務獲嚴辦以淨根株並將籌辦情形聲復本部可也須至咨者

北洋大臣

盛京將軍

光緒二十九年五月

四四

逕啟者頃接本國駐廣州領事官來電稱有一美國人被海盜
擄去電中未將詳細情形聲敘不過云該美國人係由廣州前
往洪山被擄該海盜向其索洋九千元方能釋放等語想
貴親王聞晰此言自必行飭地方官立即嚴剿海盜以救援
美國之人特此布達即頌
爵祺 附送洋文
名另具 五月十六日

附件

F. O. No. 509.

LEGATION OF THE UNITED STATES OF AMERICA,
PEKIN, CHINA.

June IIth. I903.

Your Imperial Highness:-

I have the honor to inform Your Imperial Highness that I am in receipt of a telegram from the United States Consul at Canton, reporting the capture of an American citizen by pirates. There are no details given except that the American was said to be travelling from Canton to Hungshan, and that the pirates had demanded $9,000 ransom.

I am sure Your Highness will telegraph to the local authorities to exert themselves to suppress the piracy and secure the release of the American.

I avail myself of the opportunity to renew to Your Imperial Highness the assurance of my highest consideration.

E. H. Conger

Envoy Extraordinary and
Minister Plenipotentiary
of the United States.

To His Imperial Highness, Prince of Ch'ing,
President of the Board of Foreign Affairs.

四五

乙

五月十九日

照會

大美國欽差駐劄中華便宜行事全權大臣康　為

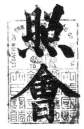

照會事適接閱領銜大臣傳單將本月十七日所降
上諭送閱内係諭飭中國在滬商訂商約大臣將商約事務來
京商辦等因本大臣茲應行聲明此節定不能照允
中政府與美政府原定於上海商訂商約茲如此不問明本國
所派商訂商約大臣自行飭中國訂約大臣將商約事務來
京商辦似非公允故
國與中國在滬訂此商約係相信中國
願在該處訂約
貴政府前亦應許俟商約商訂後必於所派商約大臣加以全
權俾得在滬簽字現已在滬商辦數月均係本相信中國願
在該處相商妥訂之意刻下商約將及訂明簽字若別國願
在京商辦應聽其便惟美國則必切請於所訂之商約須俟在

在該處相商妥訂之意刻下商約將及訂明簽字若別國願
在京商辦應聽其便惟美國則必切請於所訂之商約須俟在
滬成功如中國議約大臣必欲自行來京與會辦大臣相商可
隨其便不過仍應回轉上海與美國所派商訂商約大臣妥訂
一切也為此照會
貴親王查照須至照會者 附送洋文

右　照　會

大清欽命全權大臣便宜行事軍機大臣總理外務部事務和碩慶親王

一千九百三年六月拾叁
光緒貳拾玖年伍月拾捌日

四六

卜 六月十七日

咨呈

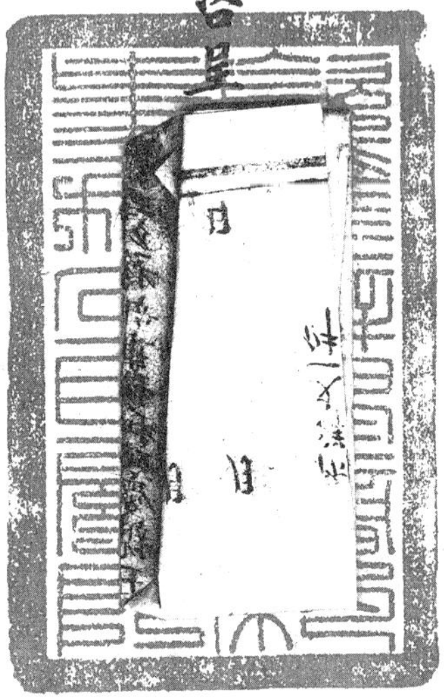

欽差辦理商約事務大臣太子少保前工部左堂盛 工部大堂呂 外務部右丞堂伍　為咨呈事照得光緒二十九年閏
五月十四日准
美國欽差辦理商約事務大臣古西門　照會內開照得本國與貴國通商以
來遇有交涉之事無不和衷持平辦理彼此應有同心庶足以昭公允即
如貴國海關辦事人員各國人均在裏理期內亦應延聘本國人幫辦至

定用人之多寡須照中國與各國貿易之大小致核施行貴國歷年會計全覽海関貿易總冊欲求美備應由商人據實報明海關進口之貨價值幾何以及貨物出場與運抵之處詳細載明按籍可稽本大臣等想貴大臣亦意見相同也相應照會請煩查照為荷計配送洋文一件等因准此查此事上年美使原送條約四十款內曾經列入第三十三款經本大臣等遵照

大部來電海關用人不必入約力行駁拒本年美使續送條約十六款已將此款刪除茲准前因復經本大臣告以海關用人行政事隸

大部主政應候咨請核奪為此咨呈

貴部謹請核酌辦理並希見復施行須至咨呈者

計附送洋文一件

右 名 呈

外 務 部

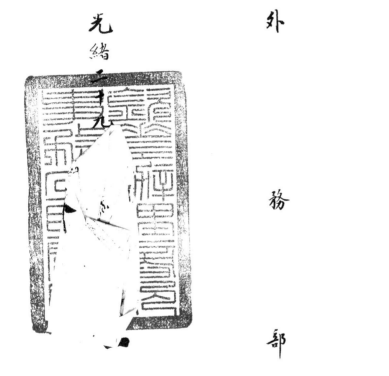

光緒二十九年 日

逕啟者，適接烟台美孚洋行代理人萊滿禀稱，直隸海岸一帶現復起有海寇，數日前有中華民船數隻，載貨開赴直隸各海口，被該寇將船與貨均行搶去，並將該船老班、水手亦行捉拏帶往，勒限索銀回贖，方能釋放。因此情形，凡有患海寇地方之客商，與本行來有數電，止發該各客所批定之貨。查每年秋季，本行與該一帶之交易，不下十萬銀兩，此大宗生意現經停止，須俟海寇肅清，方可再作。所有海寇肆擾，阻礙生意地方，即係由大沽至榆關一帶附近各河口，其最要之處係臨榆縣之秦王島、昌黎縣之甜水溝、灤州之大莊河、撫甯之洋河口、老米溝、蒲河口、樂亭縣之大清河等處云云。是以本大臣

不能不再請
貴親王切囑所應管之員，速即設法彈壓剿滅。據想似應酌派一隊
巡船，不時嚴查海岸，俟封河後再行撤去，方足以保護商民。切望
貴親王設法從速辦理，是爲至要。特此奉布，即頌
爵祺。附送洋文
名另具 七月十九日

附件

F.O. No. 545

Legation of the United States of America,
Pekin, China.

Sept. 10th. 1903.

Your Imperial Highness:-

I have the honor to inform Your Imperial Highness that I have just received a letter from Mr.V.G.Lyman, Agent of the Standard Oil Company at Chefoo, complaining that piracy is again fleurishing in the Gulf of Chihli. He reports that ten junks bound for Chihli ports have recently been captured and their cargoes carried off, and that their junkmen are being held for ransom.

As a consequence of this condition of affairs Mr.Lyman has received telegrams from the region infested by the pirates directing him not to forward merchandise already ordered until matters improve. The trade of his Company with the district mentioned amounts, he states, to fully Tls.100,000 a month at this season of the year, and all this trade is brought to a standstill until the piracy is suppressed. The ports affected are those situated near the mouths of rivers emptying into the Gulf between Taku and Shan-hai-kuan, especially the following;-

Ch'ing-wan-tao in the Lin-yü District, T'ien-shui-kou in Ch'ang-li District, Ta-chuang-ho in Lan Chou, Yang-ho-k'ou, Lao-mi-kou, and P'u-ho-k'ou in Fu-ning District, and Ta-ch'ing-ho in Lao-ting District.

I am compelled, therefore, to again request Your Imperial

Highness

2

(F.O. No.   )

Highness to issue urgent orders for the suppression of this piracy, and I suggest that it may be well to provide a patrol of gun-boats to keep constant watch along the coast during the remainder of the season.

Trusting that this important matter may receive Your Highness immediate attention, I avail myself of the opportunity to renew to Your Imperial Highness the assurance of my highest consideration.

E. H. Conger

Envoy Extraordinary and

Minister Plenipotentiary of

the United States.

To His Imperial Highness, Prince of Ch'ing,

President of the Board of Foreign Affairs.

四八

庶務司

呈為咨行事光緒二十九年七月十九日據美康使函稱煙台美孚洋行代理人萊滿禀稱直隸海岸一帶現復起有海寇數日前有中華民船數隻載貨開赴直隸各海口船與貨均被搶去並將水手等捉拏勒贖因此各客商向本行批定之貨來有數電停止不發查每年秋季該一帶之交易不下十萬兩此大宗生意須俟海寇肅清方能再做所有寇擾地方係由大沽至榆關靠近各河口其最要之處係臨榆縣之秦王島昌黎縣之甜水溝灤州之大莊河撫甯之洋河口老米溝蒲河口樂亭縣之大清河等處是以本大臣再請切囑該管官速即設法彈壓勒戒以應酌派一隊巡船不時嚴查海岸俟封河後再行撤去方足以保護商民等因查大沽至榆關一帶海盜肆擾甚至捉人勒贖實為行旅之害本年五月間曾據美使函請設法勒辦業經

本部咨行

貴大臣實力搜捕在案茲復准該使函稱前因相應再行咨達

貴大臣查照迅飭勒限嚴密踹緝救出事主獲盜起贓按律懲辦一面酌撥巡船不時查緝以靖海面而安商旅仍將辦理情形

電復本部以便轉復該使可也須至咨者

北洋大臣

光緒二十九年七月　日

四九

敬復者前聞美國商約新議一事奉到本月二十三日
復函將來往電語詳爲
示復不勝感謝所有答復美國議約大臣之言均甚妥
協所論應視美國商務多寡酌用美人暨貿易册中
應將數目種類價值來源去路開明禀報又考選税
司在英京有傷國體又海關無華人充當税司等四
端亦可謂之有此事亦可謂之無此事容俟面商時
即可詳論也專此佈復順頌
升祺
名另具 光緒貳拾玖年柒月貳拾陸日

欽差大臣太子少保會辦練兵大臣參預政務大臣督辦商務大臣電政大臣鐵路大臣兵部尚書都察院右都御史辦理北洋通商事宜直隸總督部堂兼管長蘆鹽政袁　為

咨呈事。光緒二十九年七月二十四日准

貴部咨開：據美康使函稱，烟台美孚洋行代理人萊滿禀稱：直隸海岸一帶現復起有海寇，數日前有中華民船數隻載貨開赴直隸各海口，船與貨均被搶去，並將水手等捉拏勒贖。因此各客向本行批定之貨，來有數電停止不發。查每年秋季該一帶之交易不下拾萬兩，此大宗生意須俟海寇肅清方能再做。所有寇擾地方係由大沽至榆關靠近各河口，其最要之處係臨榆縣之秦王島、昌黎縣之甜水溝、灤州之大莊河、撫寧之洋河口、老米溝、蒲河口、樂亭縣之大清河等處是以本大臣再請切囑該管官速即設法彈壓剿滅似應酌派一隊巡船不時嚴查海岸俟封河後再行撤去方足以保護商民等因查大沽至榆關一帶海盜肆擾甚至捉人勒贖實為行旅之害本年五月間曾據美使函請設法勦辦業經本部咨行貴大臣實力搜捕在案茲復准該使函稱前因相應再行咨達貴大臣查照迅飭勤限嚴密跴緝救出事主獲盜起贓按律懲辦一面酌撥巡船不時查緝以靖海面而安商旅仍將辦理情形電復本部以便轉復該使等因到本大臣准此查前於四月間據駐紮昌黎一帶統領毅字營郭鎮學海及山永協李副將鼎新等先後具報樂亭昌黎撫寧臨榆各屬海賊盤踞搶劫最為商民之害請調撥兵船在奉直沿海各口巡緝等情飭據參謀水陸軍務葉鎮祖珪覆稱已派海容飛龍兩船

前往各處梭巡海盜業已遠颺各船戶僉稱現尚平靜遂復開輪赴沿海各口巡緝嗣於五月間准

貴部咨准美使函稱樂亭各屬直抵錦州[illegible]並復州附近之海島現有賊匪肆行搶劫擄人勒贖等

語應迅速剿捕以靖海道咨行籌辦前[illegible]船[illegible]出洋巡緝暨飭海容

程管帶仍在沿途設法購線嚴密剿捕並因錦州復州均係奉天轄境咨請

奉天軍督部堂迅速設法剿捕各在案茲准前因除再飭叅謀水陸軍務葉鎮代統北洋海軍

薩鎮酌派兵船在大沽至榆關一帶海岸來往巡查以靖海面並分飭沿海各州縣將從前劫案

勒限緝救出事主獲盜起贓按律懲辦外相應將籌辦情形先行咨呈

貴部謹請查照須至咨呈者

右咨呈

外務部

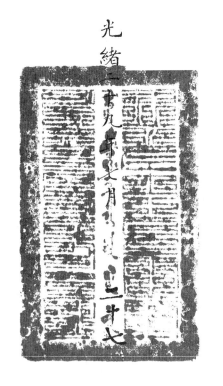

光緒二十九年七月二十七日

大清國
大皇帝
大美國
大伯理璽天德因欲推廣彼此之商務及振興兩國人民之利益又因於一千九百零一年九月七號會定議和條約之第十一款內開
大清國
國家允定將通商行船各條約內諸國視爲應行商改之處及有關通商各他事宜均行議商以期妥善簡易等

因是以
大清國
特派
欽差辦理商約事務大臣工部尙書呂海寰
欽差辦理商約事務大臣太子少保前工部左侍郎盛宣懷
大美國
特派
欽差修定商約事宜駐滬總領事古納
欽差修定商約事宜駐劄中國便宜行事全權大臣康格
欽差修定商約事宜駐滬商董希孟
各將所奉

特賜之權互相較閱俱屬妥當現將兩國從前所立之通商行船各條約會議修改及議定增補各款以期利便通商開列於左

第一款

現照公例並因中國欽差辦理交涉大員應得駐劄美國京城其所享一切特權並優例及豁免利益均照相待最優之國所派之相等欽差辦理交涉大員一體接待享受是以美國欽差辦理交涉大員亦應得駐劄中國京城凡有呈遞國書或代遞美國

大伯理璽天德與中國
大皇帝之書即可隨時覲見其覲見之禮以及接見之地均須酌定合宜與該大員品位相當且始終相待美國交涉大員之禮儀均應按照平等之國所用者俾兩國彼此均不失體統其所享一切特權並優例及豁免利益亦按公例照相待最優之國所派之相等交涉大員一體接待享受至所有來往文函美員所發者應以英文作爲正義華員所發者應以漢文作爲正義

第二款

現因中國可派領事官員駐劄美國各地方其所享分位職權並優例及豁免利益均與別國駐美領事官員一律是以美國可按本國利益情形之所宜酌派領事官員前往駐劄中國已開或日後開爲外國人民居住及通商各地方此等領事官遇有事故應以平行之禮互敬之道隨事酌情或會晤或行文可直與該領事官員職守所及之地方官相商辦理凡華官遇此等官員均須以合宜之禮相待至所享分位職權及優例豁免之事並裁判管轄本國人之權應與現在或日後中國

施諸最優待之國相等官員者無異此國官員如被彼國官員有侮慢欺藐等情可將委曲情由禀報各該管上司務使澈底根究秉公辦理彼此所派領事官員亦不得率意任性致與駐劄之國官民動多牴牾美國領事按例妥派到中國各通商處之日應由美國駐京大臣知照外務部卽由外務部按照公例認許該領事並准其辦事

第三款

美國人民准在中國已開及日後所開爲外國人民居住通商各口岸或通商地方往來居住辦理商工各業製造等事以及他項合例事業且在各該處已定及將來所定爲外國人民居住合宜地界之內均准賃買房屋行棧等並租賃或永租地基自行建造美國人民身家財產所享之一切利益應與現在或日後給與最優待之國之人民無異

第四款

中國認悉現在於轉運時紛紛征抽貨物之稅捐其中以釐金爲甚難免阻滯貨物不能流通勢必傷害貿易

之利是以允願將通國轉運向抽之釐金以及各項行貨稅捐一概裁去並將向有征收此項行貨稅捐之局卡一併裁撤不得另行設立局卡以征抽行貨稅捐中美兩國彼此訂明所有征收行貨稅捐之局卡裁撤後不得改名或藉詞將此項局卡復行設立

美國允許美商運進之洋貨及運出外洋或運往通商他口之土貨除照當時稅則應納正稅外加完一稅以爲補償中美兩國彼此訂明進口洋貨所加抽之稅不得過於中國與各國光緒二十七年七月二十五日卽

西歷一千九百零一年九月七號簽押之和議條約所定之進口正稅一倍半之數此項進口正稅及加添之稅一經完清其洋貨無論在華人之手或在洋商之手亦無論原件或分裝均得全免重征各項稅捐以及查驗或留難情事至出口土貨所納稅之總數連出口正稅在內不得逾值百抽七五之數

本款所載各節毫無干礙中國主權征抽他等稅項之意祇須不與此款有所違背

中美兩國心存以上各節爲宗旨故允願辦法如下

中國允將十九省及東三省陸路鐵路及水道所設征收行貨釐捐及類似行貨釐捐之各項局卡概予裁撤於本款照行之時不得復設凡有在沿海及設有新關之通商處所並在十九省及東三省中國沿陸之邊界現有各常關不在此列凡有新關之地方或日後新關不論設在何處均可設立常關及沿海沿陸邊界不論何處亦可一併安設

美國允願洋貨於進口時除按照光緒二十七年所訂和約內載進口貨稅增至切實值百抽五外再加一額外稅照和約所定之稅加一倍半之數以抵裁撤釐金並行貨別項稅捐及洋貨各項稅捐並酬此款所載各項整頓之事

中國可以將現在出洋土貨稅則從新修改以值百切實抽五之例爲準凡能改者即當定爲各該貨按色應完稅銀幾何惟如欲加抽須先六個月預行通知方可現行稅則有逾估價值百抽五之數者亦須裁減無逾但因裁撤釐金及內地各項行貨稅捐之故所有土貨販運出洋或由通商此口轉運通商彼口除出口正稅

外可在起運處或於出口時加抽當時出口正稅之一半以爲抵補

凡洋貨與土貨相類者完納進口正稅及所加之稅後該口新關若據貨主請領即應逐包發給該貨已經完清各該稅項之憑單免至在內地有爭執之虞

凡民船運至通商口岸之土貨將在本地銷售者無論貨主是何國之人只應報明常關以便照中國政府稅項章程辦理

凡用機器紡成之棉紗及織成之棉布無論係洋商在

通商口岸或係華商在中國各處紡織者所應抽稅項均須一律無異惟各該機器廠製成之貨物於完稅時所用之棉花若係外洋運來者應將已完進口正稅全數及進口加稅三分之二發還所用者若係土產棉花須將已征之各項稅銀全數一併發還其出口正稅出口加稅復進口半稅概行豁免凡别項貨物與洋貨相同在中國用機器造成者亦須按照以上章程辦法辦理

由每省督撫自行在新關人員中選定一人或數人商

明總稅務司由該督撫派赴常關當差爲監察常關之辦法凡有不合例之事一經美國人民告發即由中國派相當官員一名會同美國官員一名及新關人員一名彼此職位相等查辦其事如經該人員查出寔有留難受虧各情須由新關賠還舞弊之員應責成該省大吏從嚴參辦開去其缺倘查出寔係瑣瀆或被誣原告應罰還查辦一切費用

此約一經兩國批准互換並與中國有約之各國允照本款各節後則會定此款舉行之日期即應明降

諭旨用謄黃布告於衆通傳徧國言明將向有之各項釐金及行貨稅捐全撤並將征抽此項稅捐之局卡及征收內地各項洋貨稅捐盡行裁除其征抽進口洋貨出口土貨之加稅及本款所載他等更改稅項暨整頓稅項之事須一併同時舉行所降

上諭亦須載明如有背此約文詞意之員即責成該省大吏從嚴參辦開去其缺

第五款

美國人民在中國輸納之進口貨物稅則須載錄於此

約附表之內作爲此約全體之一分如有修改之處祇可按照本約第四款所載或照中美兩國彼此日後所定辦理但訂明美國人民無論何時輸納稅項較之最優待之國之人民所輸納者不得加重或另征又中國人民運貨進美境者所納之稅不得較重於最優待之國之人民所納者

第六款

中國允許美國人民在中國各通商口岸將該管官核准之棧作爲關棧以便屯積合例貨物及拆包改裝或

預備轉運惟該棧須遵中國爲保護稅課起見隨時所定之關棧專章輸納公道規費至此項規費應納若干按棧離關遠近屯何貨物並工作早晚酌情核定

第七款

中國因知振興礦務於國有益且應招徠華洋資本興辦礦業故允自簽押此約之日起於一年內自行將美國連他國現行礦務章程迅速認眞考究採擇其中所有與中國相宜者將中國現行之礦務章程從新修改妥定以期一面振興中國人民之利益於中國主權毫

無妨礙一面於招致外洋資財無礙且比較諸國通行章程於礦商亦不致有虧美國人民若遵守中國國家所定爲中外人民之開礦及租礦地輸納稅項各規條章程並按照請領執照內載明礦務所應辦之事可照准美國人民在中國地方開辦礦務及礦務內所應辦之事至美國人民因辦理礦務居住之事應遵守中美彼此會定之章程辦理凡於此項礦務新章頒行後始准開礦者均須照新章辦理

第八款

還稅之存票須自美國商人稟請之日起如查係應領者限於二十一日之內發給此等存票可用在發給之新關按所載數銀除船鈔一項外以抵各項貨稅至洋貨入口後三年之內轉運外洋凡執持此等存票者即准任便向發給之新關按全數領取現銀倘請發存票之人欲圖混騙一經新關查出照美國天津條約第二十一款所載懲罰影射夾帶情事之辦法辦理該貨若已運出中國界外則應由本國領事將犯事人罰一合宜款項其所罰之銀送交中國查收

第九款

無論何國人民美國允許其在美國境內保護獨用合例商標如該國與美國立約亦允照保護美國人民之商標中國今欲中國人民在美國境內得獲保護商標之利益是以允在中國境內美國人民行鋪及公司有合例商標實在美國已註册或在中國已行用或註册後即欲在中國行用者中國政府准其獨用實力保護凡美國人民之商標在中國所設之註册局所由中國官員查察後經美國官員繳納公道規費並遵守所定

公平章程中國政府允由中國該管官員出示禁止中國通國人民犯用或冒用或射用或故意行銷冒仿商標之貨物所出禁示應作爲律例

第十款

美國政府允許中國人民將其創制之物在美國註册發給創造執照以保自執自用之利權中國政府今亦允將來設立專管創製衙門俟該專管衙門既設並定有創製專律之後凡有在中國合例售賣之創製各物已經美國給以執照者若不犯中國人民所先出之創

製可由美國人民繳納規費後卽給以專照保護幷以所定年數爲限與所給中國人民之專照一律無異

第十一款

無論何國若以所給本國人民版權之利益一律施諸美國人民者美國政府亦允將美國版權律例之利益給與該國之人民中國政府今欲中國人民在美國境內得獲版權之利益是以允許凡專備爲中國人民所用之書籍地圖印件鐫件者或譯成華文之書籍係經美國人民所著作或爲美國人民之物業者由中國政府援照所允保護商標之辦法及章程極力保護十年以註册之日爲始俾其在中國境內有印售此等書籍地圖鐫件或譯本之專利除以上所指明各書籍地圖等件不准照樣翻印外其餘均不得享此版權之利益又彼此言明不論美國人所著何項書籍地圖可聽華人任便自行繙譯華文刋印售賣

凡美國人民或中國人民爲書籍報紙等件之主筆或業主或發售之人如各該件有礙中國治安者不得以此款邀免應各按律例懲辦

第十二款

中國政府既於一千八百九十八年將船艘可以行駛之內港開爲特行註册之一切華洋輪船行駛貿易以便載運搭客及合例貨物美國人民行舖公司均可經營此項貿易其所享利益應與給予他國人民者相同嗣後無論何時或中國或美國如欲將當時內港行輪各章程再行修改視爲有益之舉應由中國查看所擬修改之處果爲貿易所必需且於中國有利則由中國政府應允和平採酌辦理

中國政府應允俟此約批准互換後將盛京省之奉天府又盛京省之安東縣二處地方由中國自行開埠通商此二處通商場訂定外國人公共居住合宜地界並一切章程將來由中美兩國政府會同商定

第十三款

中國允願設法立定國家一律之國幣即以此定爲合例之國幣將來中美兩國人民應在中國境內遵用以完納各項稅課及付一切用款惟彼此商明凡納關稅仍以關平核計爲准

第十四款

耶穌天主兩等基督教宗旨原爲勸人行善凡欲人施諸己者亦必如是施於人所有安分習教傳教人等均不得因奉教致受欺侮淩虐凡有遵照教規無論華美人民安分守教傳教者毋得因此稍被騷擾華民自願奉基督教毫無限止惟入教與未入教之華民均係中國子民自應一體遵守中國律例敬重官長和翕相處凡入教者於未入教以前或入教後如有犯法不得因身已入教遂免追究凡華民應納各項例定捐稅入教者亦不得免納惟抽捐爲酬神賽會等舉起見而與基督教相違背者不得向入教之民抽取

教士應不得干預中國官員治理華民之權中國官員亦不得歧視入教不入教者須照律秉公辦理使兩等人民相安度日美國教會准在中國各處租賃及永租房屋地基作爲教會公產以備傳教之用俟地方官查明地契妥當蓋印後該教士方能自行建造合宜房屋以行善事

第十五款

中國政府深欲整頓本國律例以期與各西國律例改同一律美國允願盡力協助以成此舉一俟查悉中國律例情形及其審斷辦法並一切相關事宜皆臻妥善美國卽允棄其治外法權

第十六款

美國玆允中國禁止莫啡鴉及刺入肌膚莫啡鴉之各針進口除爲醫治所必需者於進口時照則納稅應遵中國爲防有不因醫治使用起見所自定專章辦理不在此禁例此外無論由何國何地運來者均應一律禁

止毫無歧視中國亦允禁止國內之舖戶製煉莫啡鴉
或製造此項之針以杜隱患

第十七款

中美兩國彼此訂明兩國所立各約章如於一千九百
年正月一號尙行者現仍施行至其爲現立之約或中
美兩國別立之約所更改者不在此列現訂之條約須
施行十年換約之日起直行至下文所載續修改定之
日爲止兩國又訂明或中國或美國在十年限期未滿
以前均可請將現約所載之稅則及各款修改倘十年

期滿之前尙未照請修改則由該十年限期已滿之日
起算續行十年以後均照此限辦理

現訂之條約及附件三件其漢英文均經詳細校對惟
嗣後如有文詞辯論之處應以英文作爲正義

本約及附件三件畫押後須按照中美兩國之制度恭
候
御筆批准在於美京華盛頓城一年限內會晤互換以昭信
守本約立定由兩國
特派大臣在中國江蘇省之上海將本約漢英文各二分畫

押蓋印

附件第一

現因按照條約美國人民業已不准作鴉片之貿易是以本約未提征抽鴉片稅捐之事又因鹽觔係中國政府專辦之事是以本約以未提征抽鹽觔稅捐之事但彼此屢次辯論熟商訂明在內地征抽鴉片鹽觔稅捐之事及保全稅捐防範走漏之法均任由中國政府自行辦理但不得與本約第四款所載別項貨物轉運時不得阻滯各節有所干礙

中美續議通商行船條約　六

光緒二十九年八月十八日

一千九百三年十月八號

古　納

康　格

希　孟

大清國欽差辦理商約事務大臣工部尚書呂海寰

欽差辦理商約事務大臣太子少保前工部左侍郎盛宣懷

欽差修定商約事宜駐滬總領事古　納

大美國欽差修定商約事宜駐劄中國便宜行事全權大臣康　格

欽差修定商約事宜駐滬商董希　孟

中美續議通商行船條約　七

光緒二十九年八月十八日

一千九百三年十月八號

附件第二

中美兩國茲所修改通商條約第四款內載明所留通商口岸之常關應由中國政府設立分關以保中國各該處之稅餉至其與總關相距合情理之遠近分口必須各該口岸之新關華洋官員以爲征收該口岸進出貿易貨稅所必需方可設立所有此項分口及總關須照一千九百零一年和約所載辦法由新關管理

光緒二十九年八月十八日

一千九百三年十月八號

古納

康格

希孟

中美續議通商行船條約 九

附件第三

本約第五款所載進口貨之稅則爲本約之附表現彼此聲明此附表即指中美所派大臣議定之稅則係照一千九百零一年九月七號和議大綱已於一千九百零二年九月六號美國大臣中國大臣在上海所簽押者

光緒二十九年八月十八日

一千九百三年十月八號

古納

康格

希孟

中美續議通商行船條約 二十

來往照會第一

大美國欽差辦理商約事務大臣古希 為
照會事照得本大臣與
貴大臣現在修改中美兩國通商條約第四款內所載
裁去中國內地常關係為免征行貨起見並不藉此款
以裁撤北京崇文門並各城門土貨關稅及左右翼之
牲畜並房屋稅相應照會
貴大臣查照存案須至照會者
右　照　會
大清國欽差辦理商約大臣太子少保前工部左侍郎盛 工部尚書呂 商部左侍郎伍
一千九百三年六月二十三號

來往照會第二

大清國欽差辦理商約大臣太子少保前工部左侍郎盛 工部尚書呂 商部左侍郎伍 為
照會事照得本大臣等與
貴大臣會議時迭次聲明凡中英新修通商條約所載
中國自抽之銷場稅出廠稅及與
貴大臣議定由中國自抽之出產稅以抵內地常關裁
去行貨之稅均任由中國自行征抽酌辦
貴大臣雖不願將以上各節載明約內但經迭次答復
美國政府在本約內除所載各節外並無限制中國主
權之意本大臣原意將中國應可征抽以上各稅照會
貴大臣作為本約附件扃
貴大臣允照所力請於本約第四款內包括數語即毫
無干礙中國主權征抽他等稅項之意祇須不與此款
有所違背等因本大臣閱悉以上數語較原意該照會
尤為賅備是以現在重為聲明凡征抽各等稅項自應
仍聽中國自行辦理惟不得與本約第四款所載有所
違背相應照會為此照會
貴大臣請煩查照須至照會者

右　照　會

大美國欽差辦理商約事務大臣古希

光緒二十九年八月初四日

來往照會第三

大美國欽差辦理商約事務大臣古希　爲

照復事照得本大臣於九月二十四號接准

貴大臣來文已悉查此次立約本大臣願意承認中國

主權可以征抽各等稅項惟亦不得於約款有所違背

蓋欲推廣彼此之商務及振興兩國人民之利益計也

爲此本大臣照

貴大臣所請於第四款內增入一句卽毫無干礙中國

主權征抽他等稅項之意祇須不與此款有所違背等

因

貴大臣以此句自係賅備除所載明各節外並保全中

國主權與本大臣意見相同須至照復者

右　照　復

大清國欽差辦理商約大臣太子少保前工部左侍郎盛　工部尚書呂　商部左侍郎伍

一千九百三年九月三十號

五二

外務部

上 十月初三日

咨

頭品頂戴兵部尚書署理兩廣總督岑　為
咨呈事案照承准
總理衙門咨行出使美日秘國楊大臣與美國
使署律師科士達詳酌擬定華人赴美漢洋文
護照程式咨粤照辦嗣後華人往美一體仿照
所擬程式飭由粤海關發給等因茲有商民高
成李永格永湯連湯護湯照蔡子英陳葉王林
壽劉和李⿴吕任等請照前往美國金山埠貿
易讀書稟由粤海關驗填護照並無騙拐頂冒
情弊且有殷實鋪保具結存案核與章程相符
准粤海關咨請核咨前來除咨復及照章咨行
出使美日秘國大臣駐美金山總領事查照辦
理外擬合咨呈為此合咨
貴部謹請查照備案施行須至咨呈者
右　咨　呈
外　務　部
光緒二十九年十月初四日

五三

收 十月初五日

[illegible]　為
詳復事據甯紹台道惠森詳稱案奉院札光緒
二十九年四月十二日准
外務部函開以美商魯意密克斯令在甯波老
江橋夾傷一案頃准
美康使照称奉本國外部來文並來電囑請再
行會訊即係西歷一千八百八十八年四月二
十九日魯意密克斯令因管橋不讓其船過橋
被橋夾傷控索養傷賠欵銀一萬零三百五十
七兩該道訊取管橋人及数華人口供不查核

原告之供詞斷定此案謂為不應擬賠寔不公允此案已懸至十五年該原告所受之傷尚未十分全愈不應再使其久候而不從公了結請詳查案情飭應審理此案官員再行會審如欲使人調停了辦亦無不深願也等語查此案係光緒十五年吳前升道任内辦理雖經會審斷結因
美領事貝德再三照會以橋夫所供不寔藉口爭辯以致事懸未了當經詳請咨明
總理衙門在案今奉前因相應抄錄函摺札飭會同
美國領事官和平商辦刻日議結以清積牘而全外交并將辦理情形從速具復計粘抄函摺等因奉此職道遵查此案光緒十四年間先經
薛前升道查訊明確美商魯意密克斯令被橋夫傷寔係船夫貪便圖速及該商自己冒險所致並非橋夫有意加害即經照案定斷至十五年間奉飭會審又經吳前升道會同
前美國駐甯領事貝德在道署審訊各供無異貝領事亦無駁詞仍照薛升道原斷定案乃貝領事旋以橋夫所供不寔並須詳驗原告人証口供藉口辯論復據理一再照復均經抄案詳蒙
前撫憲崧　咨明
總理衙門查照有案迄已事閲十五年之久橋夫既故絶逃亡無可傳質以案情而論亦無償給傷費之理惟既奉飭前因自應設法議結以全外交即經照請駐滬美總領事古納示期商辦去後茲於八月初二日准函派繙譯官白保羅來甯商議此案職道即督飭洋務委員候補通判李炳墊與之晤商將此案情節詳細辯解

告以無可翻異彼始以原告未與會審總难折
服為詞继以魯意密克斯今當時寔受傷甚重
定須議給傷費查美康使原文内計索銀一萬
三百五十七兩與往返辯駁再三磋磨現經
議定給予撫卹關平銀陸千伍百兩另給白繙
譯川費洋二百元暫由職道衙門墊發付即
交白繙譯帶往轉給並立合同一式二紙載明
此案即此了結以後不再置議由李倅與白繙
譯簽字加蓋職道關防及美總領事印信分存
備案以昭信守合將合同照錄清摺詳候咨明
外務部照復完案等情到本部院據此相應咨
呈為此咨呈
貴部謹請察照迅賜照復完案施行須至咨呈者

計咨送　清摺一扣

右　　咨　　呈

附件

清摺

謹將美商魯意密克斯今在甯波老江橋夾傷一案議結合同錄呈
憲鑒
計開
大清國甯紹台道洋務委員李
大美國上海總領事繙譯官白　茲因光緒拾肆年美商魯意密克
斯今在甯波老江橋夾傷一案本道現奉
浙江護撫院翁　轉奉
外務部　准駐京
美國欽差大臣康　照請查辦札行到道　查此案前經
薛升道會同
美國駐甯領事貝　訊明確情因無駁詞即已定斷完案惟
聞魯意密克斯今當時雖自冒險而受傷甚重情殊可
憫既奉轉飭前因不得不由地方酌量撫卹以重邦交現
經會議妥協擬給予海關平銀陸千伍百兩即交白繙譯
官帶往轉給並立合同一式二紙蓋印簽字一由甯波道備
案一由美總領事備案此案即此了結以後不再置議
立此合同為據
光緒貳拾玖年捌月初五日　洋務委員李炳堃 押　繙譯官白保羅 押

光緒拾玖年捌月

五四

十月初八日

照會

大美國欽命駐劄中華便宜行事全權大臣康　為

照會事本大臣適接本國外部大臣來文囑即照會
貴親王俾中政府知我政府閱本年西十月八號中
美新定商約第十三條内列中國政府允願設法
立定國家一律之國幣本國政府之意應用西歷本
年正月二十二日中政府致美政府之文以會同講解此
條之意所致文内係
貴國請本國襄助
貴國所欲設之法俾得與用金用銀各國國幣可以有
一定交換之價是以本國甚望中國即行設法將所鑄
新國幣先有一定之價俾可以與金幣交換本大臣切
盼
貴親王早行籌辦此事因甚有至要關係也為此照會
須至照會者　附送洋文

右　照　會

大清欽命全權大臣便宜行事軍機大臣總理外務部事務和碩慶親王

一千九百三年拾壹月貳拾伍日
光緒貳拾玖年拾月初柒日

五五

庶務司

呈為照會事美商魯意密克斯今在寗波老江橋夾傷一案
本年四月接准
照稱此案已懸至十五年請飭調停了辦等語當經本部咨
行浙江巡撫飭屬會同領事商結並先行照復
貴大臣在案茲准浙江巡撫咨稱奉文即經照請美總領
事古納訂期商辦旋於八月初二日准函派繙譯官白保羅
來寗商議即飭洋務委員李炳塗與之晤商議定給予
魯意密克斯令撫卹關平銀六千五百兩另給白繙譯川
費洋二百元並立合同載明此案即此了結以後不再置議等
因相應照會
貴大臣查照銷案可也須至照會者

美國康使

光緒二十九年十月　日

榷算司

呈爲咨行事。光緒二十九年十月初八日准美國康使照稱，接本國外部大臣來文，囑即照會貴親王，俾中政府知我政府閱本年西十月八號中美新定商約第十三條内列中國政府允願設法立定國家一律之國幣，本國政府之意，應用西歷本年正月二十二日中政府致美政府之文，以會同講解此條之意。所致文内係貴國請本國襄助貴國所欲設之法，俾得與用金用銀各國國幣可以有一定交换之價，是以本國甚望中國即行設法將所鑄新國幣先有一定之價，俾可以與金幣交换。本大臣切盼貴親王早行籌辦此事，因甚有至要關係也。等因前來。本部查中美新約第十三款載：中國允願設法立國家一律之國幣，即以此定爲合例之國幣，將來中美兩國人民應在中國境内遵用，以完納各項税課及付一切用款。等語。於本年八月十八日由中美兩國商約大臣在上海畫押在案。至請美廷出爲主持，向歐洲用金各大國公同籌商善策維持銀價各節，所有駐美代辦使臣沈參贊來信並致美政府節略，經本部於七月十七日鈔送財政處，貴處亦在案。兹准前因，相應鈔録來往照會，咨行貴部、處酌核辦理可也。須至咨者。附鈔件。

户部

財政處

光緒二十九年十月　日

五七

權算司

呈為照會事光緒二十九年十月初八日准

照稱接本國外部大臣來文囑即照會貴親王俾中政府知我政府閱本年西十月八號中美新定商約第十三條內列中國政府允願設法立定國家一律之國幣本國政府之意應用西歷本年正月二十二日中政府致美政府之文以會同講解此條之意所致文內係貴國請本國襄助貴國所欲設之法俾得與用金用銀各國國幣可以有一定交換之價是以本國甚望中國即行設法將所鑄新國幣先有一定之價俾可以與金幣交換本大臣切盼早行籌辦此事因甚有至要關係也等因前來本部查中美新約第十三款載中國允願設法立定國家一律之國幣即以此定為合例之國幣等語此係中國自行整頓國幣之舉現經奉

旨設立戶部財政處應由該處王大臣公同酌核請

旨定奪遵行至上年十二月間代辦使事沈參贊繕具節略請

貴政府會商各國政府維持銀價事在商約之前未便據以講解約文總之金銀價值於商務最有關係果能立有一定交換之價自為有益惟中國鑄造國幣甫經議辦尚須通盤籌畫本部已將

貴大臣照會咨行戶部財政處酌核辦理相應先行照復

貴大臣查照可也須至照復者

美康使

光緒二十九年十月

五八

逕啟者、茲接本國外部來電囑催
貴國政府將近來所訂之商約早日批准、並將所批准之約、
從速送至華盛頓、即係彼此交換之處、本年美國議政會聚
集開會較早、是以美政府必欲作速批准此約、即望
貴親王咨催
貴國商約大臣、即行奏請
大皇帝批准、並將所批准之商約、迅速送至華盛頓、緣送到該
處必須數禮拜工夫、故欲不稍延時日、俾得早日交換、將
此事辦理、成功甚望
貴親王刻即催辦此事、明以何時可將此批約送往之言
見復、是所切盼、特布、即頌
爵祺、附送洋文
名另具 十一月初一日

五九

逕啟者前二日本大臣曾將本國外部所請
貴國政府早日批准所訂商約、函達在案、茲接本國外部
電稱本國議政會上院已於西本月十九號即中十一月初一日將此
商約定議批准、由此觀之、
貴國政府自不應再延時日、速即批准此約、本大臣甚望
貴親王迅速催辦此要事、向來本館每禮拜有一次寄往本
國文函信件、均裝於有鎖之皮袋內寄往、如
貴親王情願將所批准之約、交本館附於皮袋內、寄交出
使本國　梁大臣、亦可希並酌之、特此泐布、即頌
爵祺、附送洋文
名另具　十一月初三日

川

軍機處文 商約大臣呂海寰等摺

具奏中美商約議定十七款並附件照繕

進呈由

廿九年十一月十六日文

欽差辦理商約大臣商部左侍郎臣伍廷芳
欽差會議商約大臣太子少保直隸總督臣袁世凱
欽差辦理商約大臣工部尚書臣呂海寰
欽差會議商約大臣太子少保湖廣總督臣張之洞
欽差辦理商約大臣太子少保前工部左侍郎臣盛宣懷
跪

奏為美國商約定議遵
旨畫押謹將約本恭摺
進呈仰祈
聖鑒事竊臣海寰臣宣懷於上年八月英約辦竣後准美

使康格古納希孟等開送約款四十條訂期在上
海開議當經鈔寄臣之洞暨前兩江總督臣劉
坤一公同酌核查前二十七條均係舊約所有修改
字句末後兩條為立約應有之款其第二十八條
至三十八條係屬新增而無加稅免厘款文在內
詰問該使援稱未經奉有美廷訓條應俟隨後
再商康格於交送約款後旋即入都訂明由古
納希孟與臣海寰等會議因將新增十一條先
行商酌議未及半適前督臣劉坤一因病出
缺臣宣懷亦丁憂卸差美使遂暫行停議嗣
臣世凱臣廷芳來
旨會議迭催該使總以前議各款請示美廷俟接訓

條再議為期延宕至四閱月之久至本年六月
再行接議該使謂續奉美廷訓示令將修改舊
約各條仍前照行其新增者重定為十六款比照英約
辦法作為通商續約請將前送約文四十條撤銷臣等
詳加覆核加稅免釐一款雖已列入而議定賠款還
銀一條忽又刪去即與力爭該使以美國於賠款
還銀一事已照和約辦理簽字債票毋庸再入
商約所言尚屬實情自未便過事強求其所開第三
款之第二節係声明保教
諭旨當駁以和約業經載入不便再列商約之內又海
關稅司一款須歸中國自主不能入約允其咨呈外
務部飭令總稅務司酌量錄用又利益均霑一款

剔索其報施一律藉為日後弛禁華工地步彼
堅執不允遂商將以上各款一併刪除並將英約
所有之治外法權暨禁止莫啡鴉兩款援照列入
祇此議增議刪已辯論數月之久適臣宣懷在
保定復奉會議之
命遵即馳回滬上協力妥籌又磋磨三月有餘然後
就範釐定約款十七條大致與英約相同而其
中得失損益稍有區別第一款曰駐使彼制美
使原送約文声明駐使可以行文各省將軍督
撫駐紮大臣駁以美國向由外部轉行中國亦
係外務部咨轉不能兩歧駁令刪去改為中
國駐使為美國優待是以美使駐京中國亦一律

復約以昭平允。第二款曰領事權限，按照一水駐
使，而聲明美國領事按例安派，與外務部按照
公例認許。此所派不妥，我可以公例不合，我即可
不認，冀以挽回主權。第三款曰口岸利益，此係
查照日本舊約，不能不許，因即照四月約覈
改妥協。第四款曰加稅免釐，此為全約主腦，美使
初祇允加至值百抽十，並請我裁內地常關，又
不提明銷場、出廠等稅，以為中國主權所係，不
欲有所干礙之處，堅執屢費磋商，方始稍進，動
幾決裂。臣等往復電商，合謀抵拒，不遺餘力，彼
始允加至十二五。其所裁內地常關之稅，任我改
抽出產稅以為抵補。留界內地常關不過十

餘處，各省土貨未必盡所經由。按照英約載
明進出口貨加稅後均得全免重徵，則內地常關亦
祇能徵土貨運出第一道之二五半稅。若經第
一常關，則並無稅可收，至土貨未經第一常
關徵過二五半稅，其出口時仍須徵足七五之數，
是常關雖裁亦無大礙。今既任我改抽出產稅，
則從源頭處抽收，轉無遺漏，似更合算。當
時尚以與英約兩歧為慮，該使自認將來勸英照
辦，祇得允裁。至於銷場稅、出廠稅及所增之出
產稅，美使雖不願詳載名目，而於本條中聲叙
本款所載各節毫無干礙中國主權徵抽他等
稅項之意，以渾括銷場等稅，保我主權。第五款

日稅則附表彼請美國人在中國輸納稅項係
最優待之國不得加重另徵，臣等索其增入中
國人民在美國納稅亦如之一節；第六款曰准設
關棧，係照英約酌改；第七款曰振興礦務，前半
系照英約，彼請准美國人遵章開辦礦務，此
本路礦衙門定章所許，因訂明美國人民辦理
礦務居住之事應彼此會定章程以資鈐束；第八款曰
存票抵稅，第九款曰保護商標，均與英約意義
相等，而於存票款中聲明除去船鈔一項以補英
約所未及；第十款曰創製專照，此款深慮有
礙中國工藝，仿造駁論再三，改為俟中國
設立專管衙門，定有創製專律後，再予保

護其權，仍自我操；第十一款曰保護版權，即中
國書籍翻刻必究之意，與之訂明，若係美文
由中國自繙華文，可聽刊印售賣，並中美人民
所著書籍報紙等件有礙中國治安者，應各
按律例懲辦，為杜漸防微之計；第十二款曰內
港行輪，前兩節照英約大意聲明，嗣後無論
何時修改，應由我查看酌辦，末節如奉天府、安東
縣開埠事，拖定自開，而辦法略有變通；第十三款曰
改定國幣，將英約所附照會納稅仍照關平一
節增入款末；第十四款曰輯睦民教，收教民犯法不得
因入教免究，並應遵納例定捐稅，教士不得
干預中國官員治理華民之權，詳晰列明，冀

资補救第十五款曰治外法權第十六款曰禁
止莫啡鸦皆我索其增添与英約一律第十七
款曰修約換約期限係照之約通例復於約款
之外另訂附件三端一為內地徵抽鴉片鹽斤
税指之事及係全税指防範走漏之法均任由
中國政府自行办理二為所留通商口岸之常
關設立分關係持税餉之為申明第五款所載
税則附表即前定切实值百抽五之税則至內地
常關雖裁並不藉此以裁北京崇文門並各城
門及左右翼等處之税由美使備一照会存案
第四款不礙徵抽他等税项一語尚涉籠統
由我備一照会声明他等税項即係包括銷

場出廠及徵抽之出產各税應仍聽中國自行
办理彼亦復一照会言明彼此意見相同以上
附件照会分別簽押盖印彙入約本綜計約款
十七附件三照会三均經隨時電達外務部覈
准代為
進呈此臣等先後籌議美約之情形也伏思美國
修改商約無非保我利益美方極力見好謂
事事不侵我主權而其取益防損心計甚工究未
嘗放鬆一步彼有所益而我有所損不得不堅
為維持溯自開議以來京外互商電牘頻仍
務在衆論僉同期無流弊常有一字一句彼此
推究改至數次而未已復於衷於外務部諮

敢作准，會議至六十四次，歷時幾及一年，辯論不下數十萬話。臣等才疏識淺，抵制無方，惟勉勵懇惻，冀爭得一分即獲一分之益。今幸和衷商榷，得以圓成，業於八月十八日議定後，由臣海寰會電具

奏，奉

旨着呂海寰等就近畫押，欽此。遵即繕備漢文約本二分，其英文約本係臣廷芳未入都之先與美使議定原本，由美使印備二分，於八月十六日遵

旨在上海會同畫押，彼此各執漢英文一分。美使並以臣廷芳既已回京，約內不必列銜。臣海寰等初與爭持，迨電奉外務部覆准，始行照辦。所有美約議竣遵

旨畫押各緣由，理合合詞恭摺具報，並將約本漢文英文各一分，派委道員楊文駿賫送入京，交由軍機處

進呈

御覽。伏乞

皇太后

皇上聖鑒訓示。謹

奏

光緒二十九年十一月十四日奉

硃批：外務部知道。欽此。

具奏中美商約議定請用寶互換由

寶

奏

奏

左侍郎聯　十二月十九日奏

右侍郎顧　十二月十九日奏

謹

奏為中美續訂通商行船條約請

旨用

寶互換恭摺仰祈

聖鑒事竊光緒二十九年十一月十六日准軍機處鈔交辦理商約

大臣呂海寰等會奏美國商約議定遵

旨畫押謹將約本進呈一摺奉
硃批外務部知道欽此欽遵到部本年十一月初一日准美國使臣康
格函稱本國外部來電屬催貴國將兩國所訂商約早日奏請
批准並將
批准之約從速送至華盛頓即係彼此互換之處又續准該使函
稱接本國來電本國議政會上院已將此商約定議批准請將
貴國
批准之約從速寄美各等因臣等查美國商約第十六款内載
本約畫押後須按中美兩國制度恭候
御筆批准在美京華盛頓一年限内互換等語現既經美
國使臣函稱此次商約已經該國議院定議批准請從
速寄美自應及早互換以昭信守謹將漢文約本一

册咨送軍機處請用
御寶作為
批准發交臣部以便寄交出使美國大臣梁誠照會美國
外部在該國都城訂期互换俾符原議所有中美
商約請用
御寶緣由理合恭摺具陳伏乞
皇太后
皇上聖鑒謹
奏
光緒二十九年十一月具奏奉
硃批依議欽此

六二

二月

欽命外務部右堂顧大人台啟

逕啟者昨由
貴部來函以批准商約一事
慶王爺擬於二十一日具奏俟
批准用寶後送來代寄互换等因兹奉
康大臣面囑請詢是否即在上海所繕商約原本上
批准用寶並是否知照出使　梁大臣指明按向例應代中國與
美國所批准之原繕商約彼此互换即希
貴大臣查照示悉是荷特泐順頌
升祺
名另具十一月二十一日

六三

咨駐美梁大臣寄送中美新約即照會美外部訂期互換由

行 行

左侍郎聯

右侍郎顧

十一月廿一日行

十一月廿一日行

御筆

榷算司

呈為咨行事查中美新訂商約第十六款内載本約畫押後須按中美兩國制度恭候批准在美京華盛頓一年限内互換等語現本部於光緒二十九年十一月二十一日具奏將漢文約本一册咨送軍機處請用

御寶
批准
諭旨
作爲
發交本部相應鈔録原奏恭録
並將中美新訂商約一册咨送
貴大臣查收即行照會美國外部訂期互換可也須至咨
者 附中美新約一册抄稿一件

駐美梁大臣

光緒二十九年十一月 日

六四

逕復者昨晚接准
貴親王來函送到
貴國所
批准通商條約之本並云
貴部允按西本年本月十一日本大臣函内所錄本國外部來
電之意辦理等因本大臣兹已閲悉相應函復
貴親王查照可也此泐順頌
爵祺附洋文
名另具十一月二十六日

附件

F.O. No. 587.

Legation of the United States of America,
Pekin, China.

January 13th. 1904.

Your Imperial Highness:-

I have the honor to acknowledge the receipt last evening of Your Imperial Highness' note, accompanied by the ratified copy of the new Commercial Treaty between China and the United States and saying that your Government consented to the proposal for immediate exchange of ratifications as telegraphed by the Department of State at Washington and communicated to you by myself on the 11th. inst.

I avail myself of the opportunity to renew to Your Imperial Highness the assurance of my highest consideration.

E. H. Conger

Envoy Extraordinary and
Minister Plenipotentiary
of the United States.

To His Imperial Highness, Prince of Ch'ing,
President of the Board of Foreign Affairs.

美康使洋文信　十一月廿六日

January 13th, 1904.

Your Imperial Highness:-

I have the honor to acknowledge the receipt last evening of Your Imperial Highness' note, [illegible] of the new Commercial [illegible] and immediate [illegible] partment of State at Washington [illegible] by my- self on the 11th. inst.

I avail myself of the opportunity to renew to Your Imperial Highness the assurance of my highest consideration.

[illegible] Highness, Prince of Ch'ing,

[illegible] of the Board of Foreign Affairs.

[illegible]

六五

文十二月廿四日

顧大人台啟

逕啟者，適接本國外部電詢

貴國

批准商約，用

寳日期等因，兹奉

康大臣囑請詢

貴大臣商約

批准用

寳係於何日，即希查明開示，以便轉復本國，是荷。特此，即頌

日祉。

名另具 十一月二十七日

六六

逕啟者茲有佈達
貴親王一事中美新定商約已經彼此批准互換是以現在應遵按
該約而行查該約第十二條內列明俟此約批准交換後中政府應
允將盛京之奉天府又盛京之安東縣自行開埠通商訂定各國人公
共居住合宜地界本大臣故以為應請
貴親王具奏請
大皇帝明降
諭旨布告天下現將奉天府安東縣兩處開作通商之埠並請另行設
法務須遵照此條之意刻即開辦此係為中外各國至為要緊之
事切勿稍為延緩即望施行順頌
爵祉 附送洋文
名另具 十一月二十九日

六七

8

正月十六日

咨呈

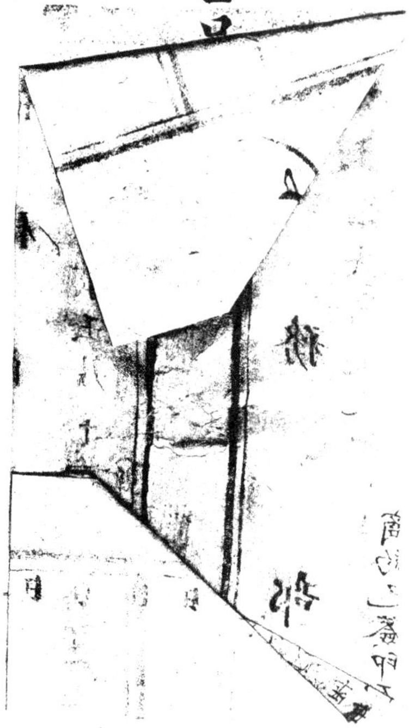

欽差出使美日秘古國大臣梁　為

咨呈事竊照光緒二十九年十一月二十二日本大臣准美外部送來節畧內開中美商約業經兩國批准擬各由駐使先與外部會同簽印換約文據各將約本寄交本國政府作為互換業經電達康大臣商辦等語當於禡電咨請

貴部察核在案二十五日承准

貴部有電内開禡電悉康使亦以奉外部電來商辦法本部允其照

辦約本已交康使希告美外部等因承准此本大臣當即照會美外部

訂期互换旋准照復定於十一月二十六日即西歷一千九百四年正月十三日

在該外部衙門彼此簽據互换本大臣届期率同參贊官前往會晤美

外部大臣海約翰將約本察閲並將所繕英文换約文據二分彼此簽字蓋

印各執一分該外部將約本遞交本大臣接收作為互换蕆事所有約本一

分换約文據一張統交郵政局遞寄

貴部呈遞懇請驗收以期妥速而昭慎重除電達外理合備文咨呈

貴部謹請察收見復施行須至咨呈者

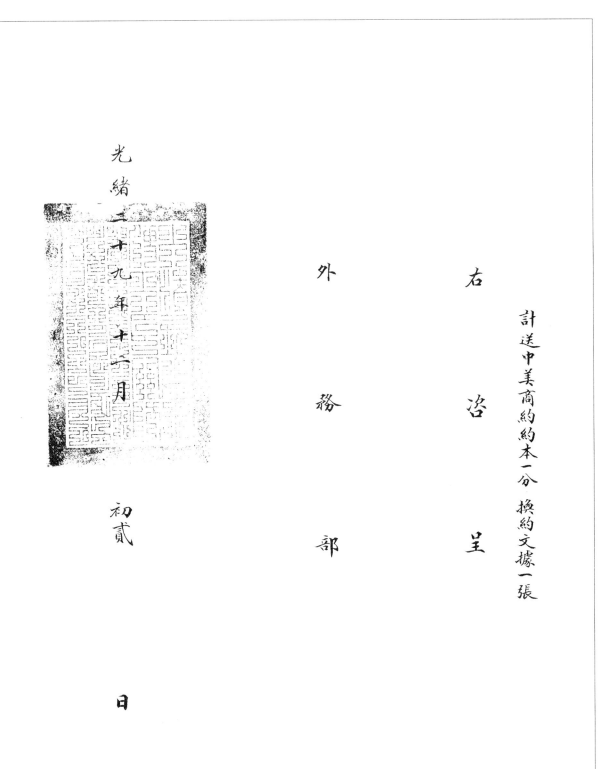

計送中美商約約本一分 換約文據一張

右咨呈

外務部

光緒二十九年十二月初貳日

六八

敬啓者：十一月二十日肅布第二十三號函，度邀
堂詧。二十二日美外部遣柔克義送來節畧，並言接康使
電，敬悉商約已經
用寶，自可照約互换。惟東方大局未定，急欲派遣領事，以固
中美兩國利權。若俟約本郵遞到美始行互换，未免
稽延時日。擬仿照英、德、美、薩摩島换約成案，由駐使
與外部簽定字據，交换收執，作爲换約，業經電知康
使，向
鈞部商辦，請誠代爲電達，以期妥速，當於即日禡電上
聞。二十五日奉
有電，允其照辦。誠遵赴美外部傳達
鈞意，訂於本月二十六日即西歷正月十三日在外部
衙門與外部大臣海約翰將繕定英文换約文據二
紙彼此簽名蓋印，各執一分，作爲互换。事竣，經於宥
電肅陳，計達
冰案。茲特備文，將美總統簽名議院批准約本一分、换
約文據一紙一併交郵政局掛號遞投
鈞部，呈遞伏乞
驗收。美總統簡派前駐京使署繙譯官哲士充駐奉天
總領事，外部書記官摩根充駐安東領事。年俸各美
洋四千圓。哲士久在中國，通曉華言，情形亦極熟悉。
摩根供差外部，資格頗深。總統特簡二人，經與外部
各大臣斟酌再三，始得定議。蓋以地方緊要，不能不
爲地擇人也。議院日内可以覆核准行。哲士等約月
中首途，遥赴任所。開辦闓美廷政策，仍主保全華疆，
廣闢商場，已有訓條，令哲士等妥慎辦理，不識能始
終堅持否。俟續探消息，再當奉布。即希
代回
邸堂列憲是荷。專肅，敬請
台安。
梁誠頓首　光緒二十九年十二月初二日　美字第二十四號

六九

逕啟者案查中美新定商約即係西上年十月八號所簽字已經批准
文換可以實在施行者該約第九第十與十一各條内載明美國人民
行鋪及公司有合例商標實在美國已註册或在中國已行用或註册
後即欲在中國行用者中國政府准其獨用實力保護又載中國政
府今亦允將來設立專管創製衙門俟該專管衙門既設並定有創製
專律後凡有在中國合例售賣之創製各物已經美國給以執照者若不
犯中國人民所先出之創製可由美國人民繳納規費後即給以專照保
護又載中政府允許凡專備為中國人民所用之書籍地圖印件鐫件者
或譯成華文之書籍係經美國人民所著作或為美國人民之物業者由
中國政府援照所允保護商標之法及章程極力保護十年以註册
之日為始俾其在中國境内有印售此等書籍地圖鐫件或譯本之專
利等因本大臣茲常據美國人稟詢此三事如何可以舉辦相應請
貴親王明以相告美國人欲得
貴國政府所應許之三項保護應如何辦理方得享此利益望即
早為查核作速
見復是荷特布順頌
爵祺 附送洋文

名另具 正月二十六日

七〇

文

照會

大亞美理駕合衆國欽命駐劄中華便宜行事全權大臣康 爲
照復事正月二十六日准
貴親王照會以准有駐華盛頓中國出使大臣電稱
散魯伊斯賽會華商來美護照違式云云現已轉飭地方
官遵照該會新章定式改正惟華商業經首途華商絡繹在道
礙難一一撤回換發新照彼等所持之照即或違式可
保其必無弊混請轉電外部原諒前情不致駁阻等因
本大臣茲已電轉外部請其辦理矣相應照復
貴親王查照可也須至照會者 附送洋文

右 照 會

大清欽命全權大臣便宜行事軍機大臣總理外務部事務和碩慶親王

一千九百肆年叁月拾肆日
光緒叁拾年正月貳拾捌日

七一

榷算司

呈為咨行事光緒三十年正月二十六日准美國康使函稱業查
中美新定商約即係西上年十月八號所簽字已經批准
交換可以實在施行者該約第九第十與十一各條內載
明美國人民行鋪及公司有合例商標實在美國已註冊
或在中國已行用或註冊後即欲在中國行用者中國政
府准其獨用寔力保護又載中國政府今已允將來設立專
管創製衙門俟該專管衙門既設並定有創製專律
後凡有在中國合例售賣之創製各物已經美國給以執
照者若不犯中國人民所先出之創製可由美國人民繳納
規費後即給以專照保護又載中政府允許凡為專備為
中國人民所用之書籍地圖印件鐫件者或譯成華文之
書籍係經美國人民所著作或為美國人民之物業者由中國
政府援照所允保護商標之法及章程極力保護十年以註冊
之日為始俾其在中國境內有印售此等書籍地圖鐫件
或譯本之專利等因本大臣茲常據美國人禀詢此三事
如何可以舉辦相應請貴親王明以相告美國人欲得貴國
政府所應許之三項保護應如何辦理方得享此利益望
即早為查核作速見復等因前來查美約第九款商牌
註冊由總稅務司擬就章程并第十款第十一款申請酌示
辦法已由本部咨行
貴部在案茲准美使函詢前因相應一併咨行
貴部查照核辦聲復可也須至咨者

商部

光緒三十年正月　日

榷算司

呈為咨行事光緒三十年正月二十六日據總稅務司申稱商牌挂號已將原訂十三條改為十四條備文申呈伏思津海江海兩關並辦此事所有列號登簿註冊亦應以洋字專字華字分列號數惟又恐兩局列號或有相混之處不若飭津局號簿均按一三五七九等單數排列滬局號簿均按二四六八十等雙數排列以清眉目而免複雜至各局挂號之標牌似應知照商部備案惟或係按件知照抑係按期知照並是否逕行商部抑應轉遞之處應請由貴部與商部酌定辦法俾有遵循再美國新約第十款內設立專管創製衙門以及美約第十一款日約第五款內書籍註冊兩事應否歸入津海江海兩註冊局併辦抑或另設專署辦理亦請酌奪為要等因前來本部查商牌註冊由總稅務司改訂章程十四條續經咨送

貴部查核在案茲復據總稅務司申請酌定註冊各辦法并美國新約第十款如何保護創製之物又美國新約第十一款日本新約第五款如何保護版權之利相應一併咨行

貴部查照酌核辦理聲復本部可也須至咨者

商部

光緒三十年正月　日

庶務司

呈為咨劄行事光緒三十年二月三十日准美國康使大臣函稱本國營口領事係該口各國領事之領袖請本大臣代各國領事轉請貴政府准將所購飲食之物由天津鐵路運至營口俾戰事外之洋人足用各該領事願發護照載明採購飲食之數由各領事自行派與不干戰事之人等語查英國營口領事曾有如此辦法業經購辦麪粉若干中國局外中立不應於不干戰事人之所用飲食禁其運往況由各該領事自行管理分派足保中國政府不致來有責言切請行知海關人員如有營口各國領事購辦食物若干發有執照隨時准其運往等因本部查營口各國領事係不干戰事之人所擬購辦食物實為日用所需自與戰國禁貨不同茲據該使康大臣聲稱由各該領事繕發護照並載明採購數目自行管理分派既經定有限制未便概行禁阻相應抄錄原函咨劄行總稅務司

貴大臣轉飭各關稅司如有營口各領事發照購辦食物應即確切查明准其運往可也須至咨劄者 附抄件

南北洋大臣

右劄花翎頭品頂戴太子少保銜總稅務司赫 準

光緒三十年三月 日

七四

逕啟者茲有江海關所辦一事達知

貴親王美商在滬茂生洋行有馬口鉄及茶箱内所用鉛片欲運至東洋横濱分行海関謂此係可製軍需之件不准運往免致為軍需應用查俄與日本所布告戰務禁止各種貨物之内未列有此二宗是以該商人欲運此項貨物不為有違局外中立之義自不應禁其運往況萬國公法及從前天下各國所已行之榜樣從無請中立國强令該國商民不將違禁貨物運往戰國如有運違戰務禁貨者該中立國惟有不行保護而已中國現與两戰國悉係均視為友邦特將該戰國所禁之物均不准運往然不應禁以上所列之馬口鉄及茶箱用之鉛片等貨此等貨係商家行常應用之物在軍務内即料物至缺之時雖或稍有用處並非要件中國與守局外他國

之交涉，亦有擔承，不應行有不當行之禁止，無故阻止他國
商民之生意，故本國政府雖與中國同係守局外中立之國，
現則來函，屬向中國辯明該商裝運此項貨物前往，係屬無
庸禁阻，希
貴親王查照，即行咨飭該海關税務司，准令茂生行運此
兩項貨物前往東洋可也。並希
速復是荷。此泐，即頌
爵祺。附送洋文

名另具 三月初八日

七五

庶務司

呈爲劄行事。光緒三十年三月初八日，准美國康大臣函稱：上海美商茂生洋行有馬口鐵及茶箱内所用鉛片，擬運往横濱分行，海關謂爲可製軍需，不准起運。查此貨係商家行常應用之物，在軍務並非要件，中國不應禁阻局外他國之生意。本國政府囑向中國辯明，希轉飭放行等因。相應照録原函，劄行總税務司，查照轉飭該關税司查驗放行可也。須至劄者。附抄

右劄花翎頭品頂戴太子少保銜總税務司赫。准此

光緒三十年三月　日

七六

榷算司

呈爲咨覆事。光緒三十年三月二十七日，接准咨稱：據出使美國梁大臣咨稱，隨員周歷各埠考察商務，外洋用度極昂，未便任其賠墊，可否准其核實開支等因。查外洋商務繁盛，亟應派員考察，此項用費擬令出使大臣於出使經費項下核實支銷，相應咨呈酌核見復等因。前來。查本部於光緒二十八年酌定造報出使經費劃一章程第三條内載，川資爲一項，出使大臣暨隨員等在外洋因公往來，照章應給川資等語，業經咨行各出使大臣有案。今該大臣所稱隨員周歷各埠考察商務，自係因公往來，准照定章於川資項下核實開支，毋庸另册造報。相應咨復貴部查照，轉咨該大臣遵章辦理可也。須至咨者。

商部

光緒三十年四月　日

收四月初七

照會

大亞美理駕合衆國欽命駐劄中華便宜行事全權大臣康　　爲

照復事。四月初三日准

貴親王照會内稱：北洋大臣、山東巡撫會奏在山東

濟南城外自開口岸，並巡東之濰縣及長山所屬之

周村、一併開作商埠、經議准具奏、奉
旨依議等因、本大臣茲已閱悉、轉報本國政府矣、相應照復
貴王大臣查照可也。須至照會者、附送洋文

右

大清欽命全權大臣便宜行事軍機大臣總理外務部事務和碩慶親王

一千九百四年伍月貳拾壹日
光緒叁拾年肆月初柒日

七八

外務部

收　四月廿九

咨呈

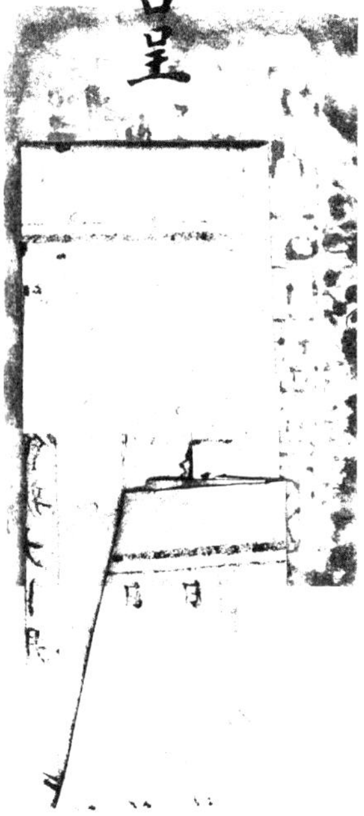

頭品頂戴兵部尚書署理兩廣總督岑　為

咨呈事案照承准

前總理衙門咨行出使美日秘國楊大臣與美國使

署律師科士達詳酌擬定華人往美漢洋文護照程

式咨粵照辦嗣後華人往美一體仿照所擬程式飭

由粵海關發給等因茲有商民雷悅陳金煒楊立鄺
禮鄺煥楊梁盛鎡蔡勝蔡樂蔡敬蔡珍蔡俊蔡閏林祺
林順林英許顕蔡佑湯邦劉林有呂發鄺祝敬劉耀
祖梁和呂埠李鰲劉其欽學生閔祥商民朱新等請
照前往美國金山埠貿易讀書稟由粵海關驗填護
照並無騙拐假冒情弊且有殷寔鋪保具結存案核
與章程相符准粵海關咨請核咨前來除咨復並
照章咨行
出使美日秘國大臣駐美金山總領事查照辦理外
相應咨呈為此合咨

貴部謹請察照備案施行須至咨呈者

右咨呈

外務部

光緒三十

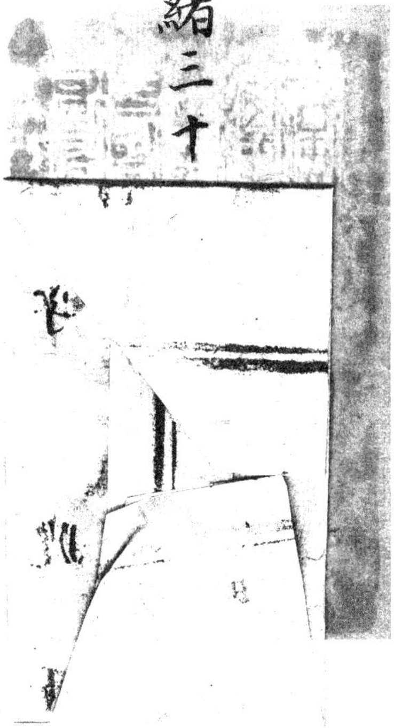

十四

日

七九

逕啟者本年四月初六日曾函致
貴親王論及保護商標及創製機器板權專利三項章
程即前本國與中國末次所定商約内列應行設立之章
云云旋於四月十四日准
復云商標外之機器板權各事宜應俟商標註册辦有端
倪即行次第興辦等因本大臣茲據美商禀詢機器一事

興辦如何並請將創製之各機器達
部註册是以函詢
貴親王機器一事現已用何法設立章程否希即
查照見復是荷此佈即頌
爵祺附送洋文
名另具七月二十日

康格

附件

F.O. #511.
C

LEGATION OF THE UNITED STATES OF AMERICA,
PEKIN, CHINA.

August 29th, 1904

Your Imperial Highness :

On the 20th May 1904, I had the honor to address Your Imperial Highness in regard to the establishment of Regulations for the Registration of Trade-Marks, Copy-rights and Patents, as provided for in the last Commercial Treaty between the United States and China.

To this, on the 28th May 1904, I had the honor to receive a reply from Your Imperial Highness, in which it is stated that " In regard to Patents and Copyrights, we shall have to wait until we see the result of the Registration of Trade-Marks, and then take up the others in succession"

I am constantly receiving inquiries from Americans interested in this matter of Registration of Patents and also applications for the same, and have now the honor to ask Your Imperial Highness what further steps, if any, have been taken towards preparing regulations covering this subject

I avail myself of this opportunity to renew to Your Imperial Highness,assurance of my highest consideration

E. H. Conger

American Minister to China

To

His Imperial Highness, The Prince of Ch'ing

President of the Board of Foreign Affairs

榷算司

呈爲咨行事。光緒三十年七月二十日准美康使函稱：本年四月初六日曾函致論及保護商標及創製機器板權專利三項章程，旋准復云商標外之機器板權各事宜應俟商標註册辦有端倪，即行次第興辦等因。本大臣茲據美商稟詢機器一事，興辦如何，並請將創製之各機器達部註册，是以函詢前來。查保護創製專利事載中美新訂商約，今機器一事現已用何法設立章程，希即見復等因。美使援前次貴部咨復本部俟商標註册辦有端倪，即次第興辦之語來函催詢，相應咨行貴部查照，酌奪見復，以便轉復美使可也。須至咨者。

商部

光緒三十年七月　日

八一

照

商部為咨復事。光緒叁拾年七月二十三日准
貴部咨稱：准美康使函稱，本年四月十六日曾函致保護商標及創製版權三項章程，旋准復云，應俟商標辦有端倪，即行次第興辦等因。本大臣茲據美商稟詢機器一事興辦如何，並請將創製之各機器達部註册，是以函詢現用何法設立章程，希即見復。查保護創製專利事載中美新訂商約，今美使援前次復文來函催詢，相應咨行查照酌奪見復，以便轉復美使等因前來。查版權創製章程，本部目前正在擬訂，其辦理宗旨亦係參酌各國通例，以期與本國情形、各國商務兩有裨益，因調查頗繁，是以編訂較需時日，俟擬有定章，即當咨送
貴部轉達康大臣查閱。相應咨呈
貴部，請煩查照轉復可也。須至咨呈者。

右咨呈

外務部

光緒叁拾年柒月叁拾日

八二

謹將所交造銀銅元機器鍋爐汽機一全份又化驗金銀銅三種用器具
化驗藥料等件又各種傢俱一份又續購鍋爐汽機抽水進鍋機等件繕
清帳開呈
憲鑒
計開
光緒二十九年十月初九日合同所定銀銅元通用機器等件廠價及平常保
各費原單列後
美國維爾德廠定購之貨
鍋爐 二個 每個一百三十匹馬力
汽機 一座 二百五十匹馬力
抽水進鍋機 一個
汽管 全份
上下皮帶輪轉軸 等件
計廠價美金洋一萬六千五百元
由美國運至天津其水脚裝箱包札等費均在價内平常保
美金洋六千一百元

共美金洋二萬二千六百元 附呈洋文廠價單一紙註明一號為記

美國常生廠定購之貨

造銀元銅元通用機器等件一全份

每天十點鐘工夫能造大小各元六十五萬餘枚

所有造各元機器等件數目及各種名目均照合同購辦

計價美金元六萬七千三百三十九元九角八分

此副機器造成完工在外洋試驗時裝安及折卸並裝箱包札等費暨

由廠裝火車運到美國紐約地方及上下火車各力等費 計美金洋四

千一百八十元零六角二分

共計美金洋七萬一千五百二十元 附上洋文廠價單一紙註明以二號為記

美國亨力湯姆那廠定購之貨

精細天平 十五架

大號天平 一架

二號天平 一架

三號天平 二架

共十九架 計價美金洋五千五百元 附呈洋文廠價單一紙註明以三號為記

自行天平　二架

計美金洋二千元　此廠價單俟貨運津交收時再行呈　局

所定自行天平二架價值已核於我價之內該天平外洋早經動工製造祇候　貴局準幣式樣發下即寄外洋配好機関趕緊運津敝行今另稟信附呈　貴局為據

美國孟甯愛格士廠定購之貨

修理機器房項下各件及大小車床刨床鑽床磨機模機等件其合四

名目及各種數目均照原訂合同購辦

計美金洋三千二百七十八元　附呈洋文廠價單一紙註明以四號為記

美國啓卡格皮帶公司定購之貨

為供原訂合同機器用大小厚薄皮帶一全份

計美金洋四千一百六十七元二角　附呈洋文廠價單一紙註明以五號為記

美國湯賽保險公司保平常保險費

鍋爐汽機皮帶輪轉軸保險費

計美金洋三百七十五元

造銀元銅元通用機器一全份保險費

計美金洋一千一百七十元

大小天平保險費

計美金洋九十元

修理機器房項下各件及車床刨床各種機器等保險費

計美金洋五十二元五角

大小皮帶保險費　計美金洋六十七元五角

共計平常保險費美金洋一千七百五十五元 附呈洋文原單一紙註明六號爲記

美國波士德火車費

全合同機器因爲快運起見内有由常生廠裝火車運新金山裝船處之火車費

計美金洋二千零二十七元二角四分 附呈洋文單一紙以註明七號爲記

美國瑞記洋行

爲機器各件辦理裝船等事及電報等各費

計美金洋五百九十五元七角 附呈洋文原單註明以號爲記

美國波士德火車費

機器分件及皮帶天平等由廠家運送至紐約口之火車費

計美金洋六百八十元零五角三分 附呈洋文原單註明九號爲記

美國羅伏爾達厚水脚

所有合同内除鍋爐汽機皮帶輪抽水進鍋機器管等件外其餘各器等件由美國運津之水脚費

計美金洋一萬零五百六十一元三角三分 附呈洋文單註註明十號為記

以上總共美金洋十二萬四千六百八十五元

光緒三十年二月初四日合同所定各貨件數並價值列後

化驗金銀銅三種器具一全份 隨有化驗藥料

共計合同內價值美金洋七千二百元 因合同內已議明價值故無廠價單

美國常生廠定購之貨

撞餅機器項下

撞杵一個　撞挾一個　為一付

造一兩重至五分重銀元用　五種每種五付共二十五付

造七錢二分重至五分重銀元用五種每種五付共二十五付

造四錢重至五分重銅元用四種每種五付共二十付

總共七十付 每付由美運津交收運保費在內計美金洋四十八元

計價美金洋三千三百六十元

印花機器項下

坯子筒一個　拑子一付　拑子挾一個　為一付

造七錢二分重至五分重銀元用五種每種一份共五份

造四錢重銅元用　一份

造二錢重銅元用　四份

造一錢重銅元用　一份

造四分重銅元用　一份

總共十二份 每份由美運津交收運保費在內 美金洋五十五元

計價每金洋六百六十元

印邊機器項下

坯子筒六個　坯子筒挾六個

共計十二個 每個由美運津運保費在內 計美金洋三十三元

計價美金洋三百九十六元

銀条模管　五個 為造七錢二分至五分重銀元用每個由美運津運保費在內 計美金洋二百六十二元 計價美金洋一千三百十元

共計美金洋五千七百二十六元 附呈廠價單一紙 註明第十一號爲記

總共美金洋一萬二千九百二十六元

美國福仕德廠定購之貨

造各種銀元銅模坯子分別數目列下

造七錢二分者　一千個

造半元者　五百個

造二角者　五百個

造一角者　五百個

造各種銅元鋼模坯子分别數目列下

造四錢重者　五百個

造二錢重者　一千個

造一錢重者　五百個

造四分重者　五百個

總共五千五百個　共計二百条合六十把

共計重九千一百三十六磅　每磅由美運滬運保費在内計美金洋三角五分

共美金洋三千一百九十七元六角　附呈廠價單一紙註明第十二號爲記

光緒三十年三月十七日合同所定之貨價值列後

各種傢俱等件　照發下洋文單購辦

計合同價值美金洋一千九百三十元　因合同已議明價值故無廠價單

光緒三十年八月初五日憑函續購之貨價值列後

維爾德廠續購之貨　列後汽機鍋爐等件數目式樣馬力尺寸均照二十九年十月初九日所定一式

汽機　一座 二百五十匹馬力
鍋爐　二個 每個一百三十匹馬力
抽水進鍋機器　一座
各種汽管　一全份
上下皮帶輪並轉軸掛脚一全份
　計美金洋一萬六千五百元
外加由美運津水脚包扎裝箱大車平常保險及各力等費計美金
洋六千二百五十元
　共美金洋二萬二千七百五十元 附呈原價單一紙註明第十三號為記
統共計價美金洋十六萬五千四百八十八元六角
除双九五扣計除美金洋一萬六千一百三十五元一角四分
　净計定價美金洋十四萬九千三百五十三元四角六分

西歷一千九百三年十二月十九號
光緒二十九年十一月初一日
收二十九年十月初九日机器合同頭批三分之一定價計美金洋
萬七千五百元

西歷一千九百四年十二月十九日
華二十九年十一月初一日收存款行平化寶銀十四萬六千一百九十九兩三錢四分 西歷一千九百四 華三十年五月

遵　諭將該存款均買妥美金洋（按每行平化寶銀一百兩買美金洋六十五元一角二分半）共買妥電匯美金五千二百十二元三角一分，是日曾經稟請　貫局備案在案矣

所有机器各件自西歷一千九百三年六月十五日以後，即華二十九年五月初六日以後，由外洋陸續裝運，各節曾於上年六月十三日稟報在案。是以西一千九百四年八月一號，即華三十年六月二十日，應付机器第二批三分之一價值之期，全數存款利息亦應於西八月一號截算

收全數存款之存息，自（西歷一千九百三年十二月十九日　華二十九年十一月初一日）起，至（西歷一千九百四年八月一號　華三十年六月二十日）止，計二百五天，係全數存款美金洋九萬五千二百十二元三角一分之存息，按西歷常年百六十五天以六厘核算，計存息美金洋三千五百二十一元五角四分，以上截算息日期原委另簽聲明

以上存款美金洋九萬五千二百十二元三角一分，於（西歷一千九百四年八月一號　華三十年六月二十日）應扣機器第二批外洋裝船時三分之一價值美金洋三萬七千五百元外，尚餘存款美金洋五萬七千七百十二元三角一分

所有机器各件及化驗器具、撞扦撞挾印花坯子筒、起邊坯子筒、鋼模坯子盤各種傢俱，並續購鍋爐、汽机等項，均已陸續運津交收清楚，曾於本年六月初十日稟明在案。所餘存款之利息，理合於六月初十日停止

收餘數存款之存息，自（西歷一千九百四年八月一號　華三十年六月二十日）起，至（西歷一千九百五年七月十二號　華三十一年六月初十日）止，計三百四十五天，係餘數存款美金洋五萬七千七百十二元三角一分之存息，按西歷常年三百六十五天以六厘核算，計存息美金洋三千二百七十二元九角八分，以上[illegible]息日期原委另簽聲明

以上共收頭批定價及存款並兩筆存款利息，統計美金洋十三萬九千壹百零六元八角三分

除收尚應找付美金洋九千八百四十六元六角三分

附呈洋文廠價並各費原單二冊一冊計十紙一冊計三紙又爲自行天平事憑信一封

戶部造幣廠憲鑒

光緒三十一年七月初六日

西歷一千九百五年八月初六日

謹稟

謹將敝行自運來津蒙貴局購留之撞餅機器價值清帳單開呈

憲鑒

撞餅機器　一架

計價美金洋一千三百九十元運津交收保險在內

附呈洋文原價單一紙

戶部造幣總廠鑒

光緒三十一年七月初六日
西歷一千九百五年八月初六日

謹將洋文價单照譯呈

鑒

撞餅机器一架 計價美金洋一千三百九十元
運津交收運保費在内
天津瑞記洋行已具譯呈

價單匯册

光緒二十九年十月初九日合同所定造銀元銅元通用機器及汽機鍋爐抽水進鍋機鐵汽管等件一全份之廠價並水脚平常保險費火車費暨辦理裝船等事及電報等費各洋文原單共十紙

天津瑞記洋行謹呈

第一號

照譯美國維爾德廠價單

鍋鑪 二個
汽機 一座
抽水進鍋機 一個
汽管 全付
上下皮帶輪轉軸等件

計價美金洋一萬六千五百元
由美國運至天津其水脚裝箱包札等費均在價内其平常保險費在外
美金洋六千六百元六千一百元
共計美金洋二萬二千六百元

第二號
照譯美國常生廠價單
造銀元銅元通用機器等件一全份
每天十點鐘工夫能出大小各元六十五萬餘枚
所有造各元機器等件之各種名目均照合同購辦
計價美金洋六萬七千三百三十九元九角八分
機器造成完工在外洋試驗時裝安及拆卸費暨裝箱包扎等費又小工由
裝火車運到美國紐約地方並上下火車各力等費
計美金洋四千一百八十元零六角二分
共計美金洋七萬一千五百二十元

第三號
照譯美國亨力湯姆耶廠價單

精細天平　十五架
大號天平　一架
二號天平　一架
三號天平　二架
　共十九架　計價美金洋五千五百元

第四號
照譯美國孟甯麥格士廠價單
修理機器房項下各件
大小車床刨床鑽床磨機模機等件
所有分别名目及各種數目均照原訂合同購辦
　計價美金洋三千二百七十八元

第五號
照譯美國督卡格皮帶公司廠價單
為供原訂合同機器用大小厚薄皮帶一全份
　計價美金洋四千一百六十七元二角

第六號

照譯美國湯賓保險公司原單

平常保險列後

鍋爐汽機皮帶輪轉軸保險費

計美金洋三百七十五元

造銀元銅元通用機器一全份保險費

計美金洋一千一百七十元

大小天平保險費

計美金洋九十元

修理機器房項下各件及車床刨床各種機器等件保險費

計美金洋五十二元五角

大小皮帶保險費

計美金洋六十七元五角

共計保險費美金洋一千七百五十五元

第七號

照譯美國波士德火車費

全合同機器因爲快運起見內有由常生廠裝火車運送新金山

處之火車費
計美金洋二千零二十七元二角四分

第八號
照譯美國瑞記洋行
為機器各件辦理裝船等事及電報等各費
計美金洋五百九十五元七角

第九號
照譯美國波士德火車費
機器各件及皮帶天平等由廠家運送至紐約口之火車費
計美金洋六百八十元零五角三分

第十號
照譯美國羅伏爾達厚水脚單
所有合同内除鍋爐汽機皮帶輪抽水進鍋機器汽管等件外其餘各
機器等件由美國運津之水脚費
計美金洋一萬零五百六十一元三角三分

價單匯册

光緒三十年二月初四日合同所定化驗金銀銅三種器具一全份洋文廠冊
光緒三十年三月十七日合同所定各種傢具等件洋文廠價單一紙
光緒三十年八月初五日憑函續購汽機鍋爐抽水進鍋機等件洋文廠價單一紙

第十一號

照譯美國常生廠價單

撞餅機器項下

撞杵一個　撞挟一個為一付

造一兩重至五分重銀幣用五種每種五付共二十五付

造七錢二分重至五分重銀幣用五種每種五付共二十五付

造四錢重至五分重銅元用四種每種五付共二十付

總共七十付每付由美運津交收運保費在內計美金洋四十八元

共美金洋三千三百六十元

印花機器項下

坯子筒一個　拑子一付　拑子挟一個為一付

造七錢二分重至五分重銀元用五種每種一份共五份

造四錢重銅元用　一份
造二錢重銅元用　四份
造一錢重銅元用　一份
造四分重銅元用　一份
總共十二份每付由美運津交收運保費在內計美金洋五十五元
共美金洋六百六十元
印邊機器項下
坯子筒六個　坯子筒扶六個
共十二個每個由美運津運保費在內計美金洋三十三元
共美金洋三百九十六元
銀條模管為造七錢二分至五分銀元用每個由美運津運保費在內計美金洋二百六十二元
共美金洋一千三百十元
總共美金洋五千七百二十六元

第十二號

照譯福仕德廠價單

造各種銀元鋼模坯子分別數目列後

造七錢二分者　一千個

造半元者　五百個

造二角者　五百個

造一角者　五百個

造五分者　五百個

造各種銅元鋼模坯子分別數目列後

造四錢重者　五百個

造二錢重者　一千個

造一錢重者　五百個

造四分重者　五百個

總共五千五百個

共計二百条合六十把計重九千一百三十六磅

每磅由美運津運保費在內計美金洋三角五分

共美金洋三千一百九十七元六角

第十三號

照譯維爾德廠價單

列後汽機鍋爐等件數目式樣馬力尺寸均照二十九年十月初九日一式

汽機 一座 二百五十匹馬力

鍋爐 二個 每個一百三十匹馬力

抽水進鍋機器 一座

各種汽管 一全份

上下皮帶輪並轉軸掛脚一全份

計美金洋一萬六千五百元

外加由美運津水脚包札裝箱火車平常保險費計美金洋六千二百五十

共美金洋二萬二千七百五十元

照錄瑞記洋行來函
敬稟者竊天津瑞記洋行已具所有光緒二十九年十月初九日合同蒙
委購銀銅元通用機器鍋炉汽機等件一全份又三十年二月初四日合同定購化驗金銀銅三種
用器具一份並化驗藥料以及另購續購項下撞杵杵挾威各元坯子筒銀銅元銅模坯子以
購銀模條管又三十年三月十七日合同定購各種傢具又三十年八月初五日憑函續購鍋
炉汽機抽水進鍋機器鐵汽管皮帶輪轉軸等件敝行均已陸續運交業蒙
貴局驗收清楚早已安設完工曾於六月初十日稟報在案亦開華文清賬單一册並附洋
文原單二册共十三紙統共價值美金洋十六萬五千四百八十八元六角双九五扣除外計淨
價美金洋十四萬九千三百五十三元四角六分除光緒二十九年十一月初一日收銀銅機器定價美
金洋三萬七千五百兩又收存款行平化寶銀十四萬六千一百九十九兩三錢四分所買美金洋九
萬五千二百十二元三角一分又收存款頭筆利息計美金洋三千五百二十一元五角四分又收
存款二筆利息計美金洋三千二百七十二元九角八分以上共收美金洋十三萬九千五百零
六元八角三分外尚應找付美金洋九千八百四十六元六角三分所有自行天平二架、
值已核於以上找價之内矣查該天平外洋業經動工製造祇候
貴局準幣式樣發下即寄外洋配好機圖趕緊運送來津敝行今已另行具稟聲明為
妥至敝行自行運售蒙
貴局購留安用之撞餅機器一架計價美金洋一千三百九十元附洋文價單一紙今已另開
單呈

鑒仰祈

憲台將該償款一並發給是叩再所有銀銅元全份機器代保兵險一節曾於上年七月十一日稟明在案即如湖南且輪船被俄水師所截之錫炉汽機等件能以索回者實係有兵險之益也至以上所保各貨兵險費共需若干一俟接到外洋來單再行呈請此合並聲明為此肅稟敬請

鈞安

巴貝謹稟

附呈華文清賬單一册又一紙洋文價單二册又一紙

照錄瑞記洋行來函

敬稟者竊天津瑞記洋行巴貝於二十九年十月初九日合同內所蒙

委購自行天平二架緣該須有一定準則之幣樣方能配造機關曾於上年三月二十日稟請

發給準幣圖樣在案現在該天平大概早經動工製造惟其中機關靜候

貴局發下準幣式樣以憑配造也其價值請與合同內機器價值一同核給是叩而該天平敝行當隨時聽信一俟

發下準幣樣當即寄往外洋照幣樣配好機關赶緊運送來津交收特此肅稟聲

為據再所有以上自行天平價值美金洋二千元其廠價單俟貨運津時再行

閱合並聲明為此敬請

八三

榷算司

呈為咨劄行事光緒三十年八月初八日准美康使 康大臣

照稱本國外部文稱將在巴那麻地腰合衆國所屬

地方開作各國通商口岸並於安故那及克瑞

斯多巴二處設稅關稅司各一員等因除照復

外相應咨劄行總稅務司查照轉飭各關稅務司知悉

貴部大臣查照轉飭各關道知悉可也須至咨劄者

商部　南洋大臣　北洋大臣

右劄總稅司赫　准此

光緒三十年八月　日

八四

大伯

榷算司

呈為照復事光緒三十年八月初八日接准

照稱本國外部來文西歷本年六月二十四號奉

理重天德諭將在巴那麻地腰合衆國所屬地方

開作各友邦通商口岸並於安故那及克瑞斯多

巴二處設稅關稅司各一員等因本爵大臣俱已閱

悉相應照復

貴大臣查照可也須至照復者

美康使

光緒三十年八月　日

八五

榷算司

呈為咨行事。修改商標章程，函催英、德等國各使速復一事，已於本月十八日咨達

貴部在案。兹准美國固署使函復稱：查所定原章，美國政府因該章内已聲明如試辦有不合宜之處，可再商改，故均照允本署大臣，刻於未接有所擬改新章以前，無庸酌商。是以現無更改之處。惟望貴部於所改新章，詳加審慎，無礙於已照原章呈請註册人之利益等因前來。相應咨行

貴部查照可也。須至咨者。

商　部

光緒三十一年正月

八六

欽差出使美秘古墨國大臣梁 為

咨呈事據駐小呂宋總領事官鍾文耀詳稱小呂宋商董邱秉鈞林嘉楧蔡資深許孝
嗚洪輝煌林代彬等稟稱竊以富强之道首重理財而興利之源端資商務小呂宋為南
洋蕃庶之區閩粤商民經營於外屬者以斯為最近故商業之盛由來已久自改隸美轄以後
禁工例行商塲大受影響重以奢靡成風繁費無等既少組織改良之遠圖復無保護提倡
之實力於是商與商各不相謀暫致工業物産風俗人心無不競趨所薄商等竊讀
列憲示諭每以振興商務圖維殖民為要旨於是不敢自安固陋爰邀集華僑各商妥立善章
擬設商會一所名曰小呂宋中華商務局其大要總以興利除害為宗旨除在美官立案外合
將擬辦情形稟請俯賜察核並呈章程一分可否仰乞詳請使憲轉咨分别備案以便互
相聯絡等情據此查外國商民所至之處必立商會互相維持故商業日起飛律濱羣

島與中國相距最近華商散處各埠較各國爲最多該商董等擬仿各國設立中華商
務局若辦理得法籌畫有人果能聯絡於華人商務實有裨益理合據情詳請憲台
察核轉咨立案伏乞批示施行等情據此查設立商會研究商業保護商民疊經
商部奏明咨行由本大臣札飭各領事轉飭籌辦在案兹准前因除批復暨咨明
商部外理合備文咨呈
貴部將小呂宋華商設立中華商務局准予立案以資稽核爲此咨呈
貴部謹請察照施行須至咨呈者
右　　咨　　呈

外務部

光緒叁拾壹年伍月初捌日

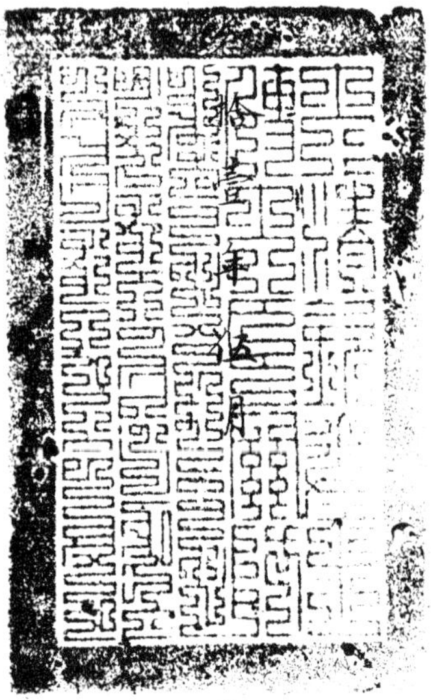

八七

和會司

呈爲咨行事准吏部知照出使美秘古墨國梁
大臣奏奬三年期滿在洋人員一摺暨奏奬外洋
各埠商董一片均於光緒三十一年七月初五日欽奉
諭旨
允准應即欽遵註冊惟該員等報捐各執照應令
送部查驗等因分別知照前來相應咨行
貴大臣查照辦理可也須至咨者

駐美梁大臣

光緒三十一年八月　日

八八

務部

頭品頂戴兵部右侍郎署理兩廣總督兼署廣東巡撫粵海太平兩關事務岑　為

咨呈事案照承准

前總理各國事務衙門咨行出使美日秘國楊

大臣與美國使署律師科士達詳酌擬定華人

往美漢洋文護照程式咨粵照辦嗣後華人往

美一體仿照所擬程式飭由粵海關衙門發給

等因今粵海關事務由本部堂兼管現據東莞

縣商民王紹熏請給照前往美國貿易除驗填

赴美護照查無騙拐假冒等項情弊并有殷實

美一體仿照所擬程式飭由粵海關衙門發給
等因今粵海關事務由本部堂兼管現據東莞
縣商民王紹稟請給照前往美國貿易除驗塡
赴美護照查無騙拐假冒等項情弊并有殷實
舖保具結附繳存案核與章程相符除照章咨行
出使美秘古墨國大臣駐美金山總領事查照
辦理外擬合咨呈爲此咨呈
貴部謹請察照備案施行須至咨呈者

右咨呈

外務部

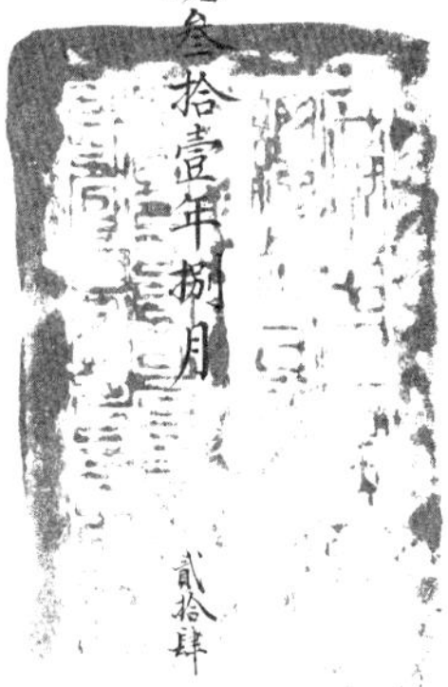

光緒叁拾壹年捌月貳拾肆日

八九

逕啟者據本國商人寶文禀欲赴廣東一省游歷請給護照等
因茲繕就洋漢文合璧護照一張送請
貴親王查照轉交順天府盖印並希印訖送還以便發給收執
是荷此泐即頌
爵祺 附護照一張

名另具 十月十五日

柔克義

尚書銜鎮閩將軍統轄福建[illegible]兼管閩海關印務兼船政大臣兼署閩浙總督兼署福建巡撫事[illegible]將軍宗室[illegible]爲

咨呈事據洋務局詳稱案奉憲行光緒二十三

年五月十九日承准

欽命總理各國事務衙門咨准出使美日秘國楊大

臣咨稱案查西一千八百八十四年七月五號

美國議院增修一千八百八十二年五月六號

限制華工新例第六款内開凡華人非屬傭工

必先由中國政府所准授權發照之官查明應

將來美之人確有證據者給予執照將其姓名

年歲身材相貌事業等項逐一填註明晰本官

親簽漢洋文名字並交駐紮該處之美國領事

簽押作爲來美確據等語咨請此後專歸出口

處海關道發照如無海關道即由海關監督經

理擬定華洋文護照程式送請核奪分咨仿辦

等因應准如請辦理將該大臣所擬護照程式

咨行一體仿辦等因到院行局奉經遵式編號

刊印存局並妥議辦法詳奉批准分咨照會各

在案兹據商民李璧李遵李翁李拱鄭賓等禀

擬前赴小呂宋貿易經商請給護照並據保人

李端帶同該商民到局請驗均經查詢確實照

章摯填執照并飭繙譯代繕洋文簽字完妥除
詳明
督憲會咨外合將華洋文護照具文詳送察核
蓋印照送美領事簽字發局轉給並請分咨
外務部
北
南洋大臣暨
出使美國大臣查照實為公便計詳送華洋文
護照各五紙等由到本將軍據此除將送到商
民李璧李遵李翁李拱鄭實等赴小呂宋貿易
經商華洋文各護照均由本關蓋印照送美領
事簽字蓋印照還即發交洋務局轉給承領並
分咨查照外相應咨呈為此咨呈

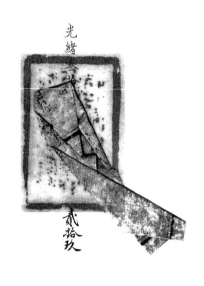

外務部謹請察照施行須至咨呈者
右　咨　呈
外　務　部
光緒叁拾　貳拾玖
日

九一

庶務司
呈為咨行事光緒三十一年十二月初十日准美柔使函稱西去歲六
月間有美商麻俐請領一千六百零四號護照由京前往熱河西八
月四號由承德府電稟本館云有人將其護照由馬鞍韂内竊去等
言嗣後從未接有音信茲接本國外部電囑查該商現居何處
並云該商離承德府後有彼之在美親屬接過該商由多倫諾爾
發信一函厥後有滙票到美國銀行該行驗係假冒麻俐之名
等因本大臣深恐麻俐游歷存款票册於護照被竊時一同失
去請轉囑熱河都統及蒙古地方官詳為訪查該商先往何處
現住何處如得確耗望速見復以便電復外部等語查本年
三月二十七日准美固署使函送美商麻俐遊歷東三省蒙古一
千零六十四號護照一紙經本部照章札順天府蓋印並咨行

貴將軍都統保護在案茲准函稱前因相應咨行
貴將軍都統查照轉飭詳查美商麻俐現在旅居何處即速聲復
以憑轉致該使可也須至咨者

盛京吉林黑龍江將軍
熱河都統

光緒三十一年十二月　日

九二

敬啟者初十日上美字第九十四號緘計荷
堂鑒竊維我國開關互市六十年來東西諸國恆以頑
固閉塞羣相非笑傳之於口筆之於書散見於新
報雜誌黠者作局外之譏評愿者發無端之感喟
甚或伏闕上書設堂講學孳孳以振興中國為事
雖其取逕不同懷抱各別然所以自便自利非為
我計則如出一轍也近年我國內政日事講求遊
學卒業日多民間智識日啟向之非笑我者已漸
轉而嫉妬我又值自辦路礦之議起抵制美貨之
會立益知利權不復易攫民氣大有可為以為風
氣甫開功效已見他日憲法宣布教育普行國勢
既強魄力愈大凡茲震旦神洲將無外人足跡向
之譏評者感喟者孳孳欲振興中國者皆羣然聚
謀思乘萌芽甫發之時作挫折大施之計或為莊
論或發危言或借事以附會或指人以發揮如連
州教案則曰仇洋之起點如會審爭鬨則曰拳亂
之再世學生偶有傳單即目為排外之行報館時
發罪言即指為挑釁之據而凡我國士夫之謀尊
國體保利權者事無大小皆以為不便於彼不利於彼而
顯然抗拒之指斥之必欲我馴伏蜷隱如數十年
來之任彼剝奪始以為能盡友誼之義務豈非古
今不平之事耶此等意識起於厲華歐人傳於歐
洲列邦日本本有同種之感情自一戰勝俄而此
種感情已漸消滅美國素假仁義之虛聲自苛例
見拒而即此虛聲且將棄置歐洲各國亦慮日美
之為我助遂日肆其鼓簧以為拒約一事為美而
實為列強也拒美而實拒外人也日本亦幸歐人
之有言得以伸張其勢力美國亦幸歐人之有言
得以保全其顏面是以東西各國無不同聲走告
以為中國仇洋遂將伺隙乘間以行其挫壓之政
策而阻我富強之萌芽矣近聞英德諸國皆有添
派遠東艦隊之說美國又增戍卒三千於小呂宋

為中國有事後備援警之師雖曰虛聲恫喝然其情事亦可想見矣誠以為我國當此絕續之交有如過灘之舟篙師用力稍偏可以立時傾覆又如久病之夫藥品為性畧烈勢必立見僵仆若任浮浪少年叫囂躁動萬一齊民編戶激於義憤滋生事端授人口實撓榮懷之全計虧興發之新機非所以安內而攘外也亟宜由

鈞部奏請

明發諭旨普勸士民以和平之志圖富強之業毋得稍涉張皇致啟疑慮宗旨既定則全國有所趨依條理既明則外人不能指摘於大局所關實非淺鮮謹就管見所及專密上陳即希

代回

邸堂列憲恕其謬妄酌核施行不勝企禱此肅敬請

均安

梁誠頓首

光緒三十一年十二月十六日

美字第九十五號

敬再密啟者頃探聞美國添派軍隊赴小呂宋實因彼處土黨滋事急於彈壓恐為議院指摘未敢明白公布故借詞防備中國以息眾議謹再密布

即乞

代回為幸再請

均安

梁誠頓首

光緒三十一年十二月十六日

美字又第九十五號

九三

照會

大美國欽命駐劄中華便宜行事全權大臣柔　為

照復事、光緒三十一年十一月初四日准

貴親王照會、以轉據陝甘總督咨稱、擬於陝甘兩省設

立羊毛駝絨皮張官行、請轉行照會各國云云、照請行

飭美商遵照、見復等因、本大臣當即照抄分行美商、願

否按照辦理、去後、茲接數商稟復內稱、彼等均定不願設

此官行、緣彼等所派往辦貨之華人、如設有官行、不能如

現在可以面同牧戶直接購買、運到本行、若必先由官

行經手、恐不免彼有隨意偏袒之處、價目亦定必增

漲、該督雖聲稱概不重征稅項、亦不抽收行用、想該行
所需經費勢必不能不取之於牧戶、牧戶既多出此費、
自不能不增漲貨價、是此經費不啻仍出之於洋商、既設
官行、洋商牧戶只可照官行所定之價交易、別無他法、是立
此官行近於壟斷、故美商仍願照從前辦理、不應設立新
法、據來文云、將銀兩交與鄉民訂買土貨致滋擾累云云
查購買貨物付給定銀、不但購買毛皮、即購他貨亦係如
此、在各行交易亦均無不然、如遇有無賴短販、不按照訂買
合同辦理、該督應飭地方官嚴辦、不應設行管理、如欲商

務暢旺、須准人自由買賣彼此賽價定購、如設官行、則
行銷滯塞賽購不能裕如、等稟、查此事、本大臣意以設立
官行、係有違中美望廈和約第十五款內列各國通商舊
例、歸廣州官設洋行經理、現經議定將洋行名目裁撤、所
有合衆國民人販貨進口出口、均准其自與中國商民任便
交易、不加限制以杜包攬把持之弊、云云、茲按美商所云、
可知該督擬設官行於美國商務、係有意包攬把持、本
大臣故不能允該督舉辦此事、是以即請
貴親王行囑陝甘總督、不得設此官行、應聽商家照前交

易可也須至照會者附洋文

右　照　會

大清欽命全權大臣便宜行事軍機大臣總理外務部事務和碩慶親王

一千九百陸年　月貳拾叁

光緒叁拾壹年拾貳月貳拾玖日

九四

卅一

清摺

謹將光緒三十一年九月初三日起至十二月初四日止西歷三個月第一百八十一結期滿九江口岸現駐各國領事姓名及洋商行棧各字號開摺申送

查核須至摺者

計開

英國領事官倭訥

英商太古行行主富萊

英商怡和行行主士孿

英商太古行 行主當 萊

英商怡和行 行主士 灣

英商鴻安行 行主嗋地士現駐上海

英商麥邊行 行主司密記

英商勝昌行 行主白敦學

英商勝冢行 行主畢 禄

英商德隆行 行主畢 禄

英商晉和源行 行主海則生

德商瑞記行 行主藍 葵現駐上海

俄商阜昌行 行主都摩梳手

俄商順豐行 行主辦西漫

美商新義泰 行 行主李湯姆

日商大阪行 行主角田隆郎

此外各國並無領事行棧理合登明

日商大阪行行主角田隆郎

此外各國並無領事行棧理合登明

光緒三十一年十二月　日

遵用空白

九五

咨陝甘總督甘[illegible]絨皮張官行事美使照復以有違條約不能允辦附抄照會查照由

行　行

左侍郎聯

署右侍郎唐

正月初二日

正月　日

榷算司

呈為咨行事甘省開設毛絨皮張官行一事前准

來咨當由本部照會各國使臣轉飭各洋商遵

照辦理嗣准英國薩使照復以與條約未符不能

首肯并請將肅州所出告示收回各等情業

於三十一年十二月二十七日咨行

貴督在案茲復准美國柔使照稱設立官

行係有違中美望厦和約第十五款内列各

國通商舊例歸廣州官設洋行經理現經議
定將洋行名目裁撤所有合衆國民人販貨
進口出口均准其自與中國商民任便交易不加
限制以杜包攬把持之弊云云可知該督擬設官
行於美國商務係有意包攬把持故不能允該
督舉辦此事即請行囑陝甘總督不得設此
官行應聽商家照前交易等因前來相應鈔
錄美柔使照會咨行
貴督查照可也須至咨者 附抄件
陝甘總督
光緒三十二年正月 日

九六

仁

欽命頭品頂戴[illegible]巡撫部院周　爲

咨送事。據九江關道王貴申稱：案奉札准

總理衙門咨飭將各該口岸現駐各國領事姓名並

洋商行棧各字號一律查明按結咨送備查等因。奉

飭遵辦在案。茲自光緒叁十一年九月初三日起至十二

月初四日止，英月三個月第一百八十一結期滿，查九江口

岸惟英國派有領事官駐劄，其洋商開設行棧亦

只英、俄、美、德日數國，此外各國既未派設領事，亦無洋商

行棧，遇有交涉事件，如俄、美二國均歸漢口領事

官兼管，俄國仍係赦領事，美國現係馬墩，德國係歸

江甯領事蓋薩特管理，法國現係喇領事官印伯第，

丹國係歸上海鳳克司密甫兼管，荷國雖派有駐潯

副領事，然向係英商兼充，其人亦來去靡常，日本國

現係漢口領事官水野所有九江本口現在各國領事

姓名及洋商行棧各字號，理合照案查明，開摺申報

察核轉咨等情，並清摺到本大臣。據此，相應將

清摺咨送，爲此咨呈

貴部，謹請查照施行。須至咨呈者。

計咨送清摺壹扣

右　咨　呈

外　務　部

光緒叁[illegible]叁[illegible]　日

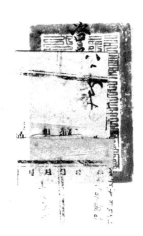

九七

奏 呂海寰

〇交外務部

正月二十九日

辦理商約事務大臣兵部尚書臣呂海寰跪

奏為密陳商約情形恭摺仰祈

聖鑒事竊自商約開辦以來議竣者僅英美日葡四國去年八月德國派駐滬總領事克納貝在滬開議磋磨月餘大致就緒以彼要求特別利益數事臣等往返電商堅持未允適克納貝因病德廷已允給假回國急於啟行遂彼此商明將已議定及未允各款先行互換照會暫作結束以為日後續議根據即經臣等電商外務部暨督臣袁世凱張之洞均以為然業經互換照會存案此外尚有俄法義奧比荷等國迭經電由外務部照會各駐京使臣催其政府速行派員來議現惟義大利國駐滬總領事聶臘濟民函知該總領事已奉有本國議訂商約全權之據俟訓條到日即請開議等語臣又迭晤比奧荷蘭等國駐滬總領事言及議約事宜大意均俟德國訂約後方能開議彼既視德為從違如將來德約續議簽押

比與諸國富可接蹤而至惟俄法有陸路商務恐
難悉如英美日葡之規轍似此任意拖延不知何日始
能蕆事局勝焦灼臣揣各國之意以外洋在中國商
務雖推英為巨擘而列強講求商戰爭圖推廣利
權殆將於英美日葡各約所獲均霑利益外別有請
求故為是互相觀望更番嘗試之術而不亟亟與我
議也況和約大綱許以修改通商行船不便之處
各國即思乘此機會爭佔便宜當議英約時經
前督臣劉坤一督臣張之洞會同與盛宣懷竭
力駁拒幾費磋商始行定議嗣後接議之
美日葡國臣等皆執英約以相繩斷難過今更
改以示限制而杜要求但能補救一分即獲一

分之益此數年來歷辦商約之情形也竊維加
稅免釐本為互換利益起見自馬凱訂約後在
滬英商即有違言旋因英約互換遂亦無可如
何繼見互換數年尚須俟各國商約議竣始能
舉行又見各省另改釐章載諸報紙疑我預為
變易名目將來裁釐未必實行去夏在滬英商
遂又集議電彼政府責我違約思設變計重
申推廣三聯單種數之說並非欲使內地土貨
皆可任其請單採買但只納一半稅擠我釐金兼
法使我釐金不免自免加以內港行輪章程一再
擴充援據煙台條約解釋內港字義無論內
河外海均可駛行遂至夾帶走私莫可究詰中

國未獲加税之益而現辦厘務諸多受虧其流
弊伊於胡底言念及此憂憤莫名顧論者謂後
不加税我即不能免厘於我似無所損不知遷延
日久洋貨暢行勢必至厘金收數日見其絀而
加税之説徒託空談且行厘一日不裁既慮有
外人責言亦隱妨小民生計將來出産營業
等税勢難踵行其關繫於財政者良非淺鮮
再查英約内載照十年後重修今計互换宣佈
已逾三稔其加税免厘一款須俟各國全允方能舉
行而各約所索種種利益則已按期照辦若
再任其拖宕年復一年恐各國之約未竣英約
又至期滿屆時必將更費唇舌臣竊以爲現在

各國既互相延捱若惟是一再催議適足以開
其要挾之端但商約爲全國財政所關儻未議
各國始終不肯陸議臣等再當察看情形妥
籌辦法會商外務部代
奏
請
旨遵行所有密陳商約情形理合恭摺具
奏伏乞
皇太后
皇上聖鑒謹
奏
光緒三十二年正月二十九日奏
硃批外務部知道欽此
正月初六日
封興

八

禁令類

大亞美理駕合衆國欽命駐劄中華便宜行事全權大臣柔　爲

照會事。茲接本國駐厦門領事官電稱，該處海關人員禁止人載運牛隻出口，有商人已買牛數百隻，欲出口運往斐利濱，該商所立買牛合同，與已買牛隻，均在關員出此禁令之先，因已買妥牛隻，預備上船，若不准其出口，該商受虧不淺，在商家意見，以爲於欲禁出口之先數月，海關應限定至某月日牛隻不准出口，方爲公道云云。查此事，本大臣則以商家意見爲合理，故於海關未出此禁之先期，凡有人或立買牛合同，與所已買牛隻，不

應禁其裝運出口、相應照會

貴親王查照，請即行囑該關准該商在禁令之先

所立買牛合同及已買牛隻，按照准其出口可也。

須至照會者。附送洋文

右　照　會

大清欽命全權大臣便宜行事軍機大臣總理外務部事務和碩慶親王

一千九百陸年貳月貳拾陸日

光緒叁拾貳年貳月初肆日

榷算司

呈為照復事光緒三十二年二月初四日准

照稱接本國駐廈門領事官電稱該處海關禁止載運牛隻出口有商人已買牛數百隻欲出口運往斐利濱該商所立買牛合同與已買牛隻均在関員出此禁令之先若不准其出口該商受虧不淺在商家意見以為於欲禁出口之先數月海関應限定至某月日牛隻不准出口方為公道云此事本大臣以商家意見為合理應請即囑該関准該商在禁令之先所立買牛合同及已買牛隻准其出口等因本部查中國牛隻向來專備耕種之用甚少用為食品即各國條約內附税則所列出口貨物亦無牛隻在內凡販運牛隻實為中國向例所禁地方官原有隨時查禁之責上年十二月間因福州將軍來電稱洋人在漳泉買牛往小呂宋一帶銷售每帮約五六百隻有妨農務等語當經本部電福州將軍轉飭廈門道出示禁販倘是海船所需祇可准三五隻出口並札總税務司轉飭該関遵照在案茲准前因該商所立買牛合同並非地方官允准在先其已買大批牛隻實屬有干中國向來例禁本部礙難轉飭准其出口相應照復

貴大臣查照可也須至照會者

美柔使

光緒三十二年二月 日

一〇〇

X 二月十二日

照會

LEGATION OF THE ... STATES OF AMERICA TO ...HINA.

大亞美理駕合衆國欽命駐劄中華便宜行事全權大臣柔　為

照復事：西本月一號准

貴親王照復上月二十六號照會，以所論商人在廈門欲運牛隻出口一事，云中國牛隻向係專備耕種之用，甚少用為食品，在出口稅則亦無牛隻在內，販運牛隻係中國向例所禁，地方官原有查禁之責。上年臘月間，聞有洋人在漳泉地方買牛多隻，由本部電福州將軍轉飭廈門道出示禁販，並云該商所立合同並非

地方官允准在先是以本部碍難按照其訂立合同准
其出口等因本大臣則不能以
貴親王所云不允照准出口之原由係為合理中國有
處畜養牛隻雖係特為耕種然亦有地用為食品該處
牛隻係由農家售與洋人該農應知牛隻可否敷其售
賣在一千八百五十八年所訂出口貨約章曾未列有
牛隻稅則章内亦列有若不在進出口章单内又不在
免稅之章該貨必按市價納值百抽五之稅此等牛隻

條約並未經載明禁止出口是以應行准其出口如欲
禁其出口應行先期示定期限方可禁止至上年西十
月間
貴部意見亦係如此因彼時有烟台美總領事官云地
方官不准商販牛隻運往海參崴恐違從前戰時禁例
嗣亦經
貴部囑烟台道先准出口有成案可証本大臣固知有
時某處情形牛隻須禁出口然須先將其情形宣示於

有關係之商家庶免致受虧損方為公道
貴親王意以該商家應先詢明地方官再立買牛合同條
約內並無此意買牛合同與買別物合同均係一律合
法是以不能以
貴親王所云足能使不先布告而猝然禁止為公道故
本大臣必將上月二十六號之照會內本大臣有不滿
意之言再行聲明特盼
貴親王改囑廈門道於商人在禁止牛隻出口以先之

合同按照所買之牛隻准其出口可也須至照會者附送洋文

右　照　會

大清欽命全權大臣便宜行事軍機大臣總理外務部事務和碩慶親王

一千九百陸年叁月初陸日

光緒叁拾貳年貳月拾貳日

照復美柔使廈門禁牛事洋商在未禁之先已買妥之牛隻通融准其出口由

行　行

左侍郎聯 二月十六日

右侍郎唐 二月十六日

行

榷算司

呈為照復事光緒三十二年二月十二日接准

照復所論廈門禁牛出口一事業已閱悉查此事原

係出自廈門商會所請由廈門道轉稟福州將軍電

請本部飭禁在案未便遽行更改惟既准

貴大臣於商人在禁止出口以先定有合同按照所買

之牛隻一再請准出口茲即由本部電達福州將軍

轉飭查明該洋商因定有合同在厦門道未經出

示禁止之先已買妥之牛隻通融准其出口以後則一

概禁止相應照復

貴大臣查照可也須至照會者

美桑使

光緒三十二年二月　日

一〇二

逕啓者，以厦門禁牛出口一事，西本月初十日由
貴親王照復，謂已電達福州將軍轉飭查明，該洋商因定有合同，在厦門道未經出示禁止之先已買妥之牛隻，准其出口等因。本大臣深謝
貴親王如此通融優待該商，兹特再請
貴親王將中國何口不准販出牛隻，或他有准販之處及有何出口之章，開列一單送來本館，以便直達與此有關之美商，是荷。特函布，謝順頌
爵祺。附洋文

名另具 二月十九日

附件

AMERICAN LEGATION,
PEKING, CHINA.

To F.O. No. 102
W.

March 13, 1906.

Your Imperial Highness:-

I have the honor to acknowledge the receipt of Your Imperial Highness' despatch of the 10, inst. referring to the recent prohibition to export cattle from Amoy, and I have to thank Your Highness for the consideration shown the merchants concerned in permitting them to export such cattle as had been already purchased in fulfillment of contract before the Taot'ai of Amoy issued his prohibition.

In connection with this matter I have the further honor to request Your Imperial Highness to furnish me with a list of the ports from which the export of cattle is not allowed, and a copy of the Regulations, if any, controlling the shipment from other ports, so that I may communicate the information to American merchants interested.

I avail myself of the occasion to renew to Your Imperial Highness the assurance of my highest consideration.

W W Rockhill

Envoy Extraordinary and Minister Plenipotentiary of the United States.

To His Imperial Highness, Prince of Ch'ing,
President of the Board of Foreign Affairs.

一〇三

太子少保頭品頂戴兵部尚書兼都察院右都御史兩廣總督兼署廣東巡撫粵海太平兩關事務岑　為

咨呈事案照承准

前總理各國事務衙門咨行出使美日秘國楊

大臣與美國使署律師科士達擬定華人往美

漢洋文護照程式咨粵照辦嗣後華人往美一

體仿照所擬程式飭由粵海關衙門發給等因

今粵海關事務由本部堂兼管據香山縣學生簡年、新寧縣商民鄺金潤、新寧縣商民鄺仕蛟

稟請給照前往美國讀書、貿易、貿易查無騙拐假

冒等項情弊并有殷實鋪保具結附繳存案核

與章程相符除驗填赴美護照並照章咨行出

使美秘古墨國大臣暨駐美金山總領事查照

辦理外擬合咨呈為此咨呈

貴部謹請察照備案施行須至咨呈者

右　咨　呈

外　務　部

光緒叁拾貳年貳月貳拾壹日

一件

咨

附一

太子少保頭品頂戴兵部尚書湖廣總督部堂兼署湖北巡撫事張 為

按季摺報事據湖北荆宜道宜昌關監督陳夔麟申稱案奉前

南洋大臣曾 札准

總理衙門咨各國在通商口岸派設領事設立行棧相應咨行

飭將各該口岸現設各國領事姓名並洋商行棧各字號及並

總理衙門咨各國在通商口岸派設領事設立行棧相應咨行
飭將各該口岸現設各國領事姓名並洋商行棧各字號及並
無領事行棧之國或無領事而有别國領事兼辦者一律查明
咨復嗣後仍按季咨送備查飭即遵照辦理等因歴經按季查
明摺報在案兹於光緒三十一年冬季分所有宜昌關英美日
德四國領事姓名並洋商行棧各字號理合具文申請核咨等
情到本部堂據此相應咨呈為此咨呈
貴部謹請查照施行須至咨呈者
計咨呈清摺一合

右咨呈

外務部

光緒廿二年十二月十　日

附件

清

摺

二品頂戴湖北荆宜道監督宜昌關稅務謹將駐宜英美日德肆國領事姓名並洋商在宜設立行棧各字號開摺呈

覽須至摺者

計開

英國駐宜領事兼管沙市領事官傅夏禮

美國駐漢兼管宜昌領事官馬[redacted]

日本駐沙署任領事兼管宜昌領事官石原逸太郎

德國駐漢兼管宜昌領事官樂斯磊

英商行棧太古字號

英商行棧怡和字號

英商行棧公泰字號

英商行棧立德字號

日商行棧大阪字號
德商行棧美最時字號
此外有約各國均未在宜設立領事亦無別國開
設行棧理合登明

日商行棧大阪字號
德商行棧美最時字號
此外有約各國均未在宜設立領事亦無別國開
設行棧理合登明

一〇五

卅二年四月初四日　函　咸字五百四十九號　一百六

〇日初〇

照會

大亞美理駕合衆國欽命駐劄中華便宜行事全權大臣柔　爲

照會事。茲將廈門於美禁工外繕發赴美華人執照事之人員所有情弊照知

貴親王。在一千九百零四年三月十號，康前大臣曾奉外部訓條，請

貴親王將有權按美政府所願繕發赴美執照之人員係何職銜姓名查明開送。於是年四月四號准函復開送該繕發華人執照之官員各銜名，又聲明此項執照中國各省督撫及各海關道員並監督均有權發給云云。查廈門道並非關道，應不在此列。一千九百零五年七月十八號駐廈門美領事來函云：福州將軍兼海關監督署閩浙總督與

貴部商定廈門道亦有繕發此項執照之權
貴部則未將此節知照本館現接駐廈門領事函稱
廈門道並非自行將所繕之執照親身發給請領該
照之人惟印就空白未填寫執照若干張鈐印發給
廈門商會該商會可以隨便發照收費該會若有錯
處廈門道即無從查問難保無有情弊等言廈門道
如此錯辦係甚失其職守所應為相應照會
貴親王知照本國政府決不能以中國何處商務會
認其有代應管官員發此項執照之權並請刻即設

認其有代應管官員發此項執照之權並請刻即設
法禁此情弊可也須至照會者 附送洋文
右　照　會
大清欽命全權大臣便宜行事軍機大臣總理外務部事務和碩慶親王

LEGATION OF THE UNITED STATES OF AMERICA

一千九百陸年肆　貳拾陸
光緒叁拾貳年肆　初叁
日

榷算司

呈為照會事案查中美續議通商行船條約第十二款內載中國政府應允俟此約批准互換後將盛京省之奉天府又盛京省之安東縣二處地方由中國自行開埠通商等語茲准日本駐京大臣照稱中日商約訂將奉天省城及大東溝兩處開埠又中美商約訂將奉天省城及安東縣兩處開埠該三處地方開放因偶有日俄戰事未克施行惟日俄兩國於上年業經媾和今撤兵事務漸有端倪該三處之開放不久將至無庸異議之時機應請中國政府遵照中日及中美各條約所訂條款從速施行即由日歷五月一日起開放安東縣及大東溝又由六月一日起開放奉天省城為要等因前來本部查該三處開埠通商自應按照所定各該約辦理惟查中美中日各商約該三處商埠訂定地界並一切章程須與立約之國會同商定勢難急切訂妥定期開埠現已由本部迭次電達北洋大臣暨奉天將軍從速辦理據復稱已飭開埠局員赶即勘畫地段妥擬統章約估工價並派員前往安東縣大東溝勘地估工等語一俟各該處勘地估工等事預籌妥善章程即當會商訂定開辦以上各情除已由本部照復日本駐京大臣外相應照會

貴大臣查照可也須至照會者

美柔使

光緒三十二年四月　日

一〇七

大亞美理駕合衆國欽命駐劄中華便宜行事全權大臣柔　爲

照復事西四月二十七日准
貴親王照會內稱查中美續議通商行船條約第十二款內載
中國政府應允俟此約批准互換後將盛京之奉天府又盛京省之
安東縣二處地方由中國自行開埠通商等語茲准日本駐京大臣照
稱中日商約訂將奉天省城及大東溝兩處開埠又中美商約訂將
奉天省城及安東縣兩處開埠訂定三處地方開放因偶有日俄戰
事未克施行惟日俄兩國業經媾和請中國政府從速施行即由日
歷五月一日起開放安東縣大東溝又由六月一日起開放奉天省爲
要等因查中美中日各商約該三處商埠訂定地界並一切章程須
與立約之國會同商定勢難急切訂妥定期開埠現已由本部電達
北洋大臣及奉天將軍從速辦理據復稱已飭開埠局赶即勘畫地段
妥擬統章約估工價並派員前往安東縣大東溝勘地估工等語一
俟各該處勘地估工等事預籌妥善章程即當會商訂定開辦
等因前來查與
貴親王所換中美商約條款內列所欲開商埠訂定外國人公共

居住合宜地界並一切章程須由立約國會商後訂定本國政府因甚欲按此條所列者辦理是以願兩國早有得便之期俾美國與中國派員會同商訂惟應行聲明約內雖云訂定奉天等處爲洋人居住租界因爲洋人方便寔已於奉天城内或附近城外地方作爲通商之埠安東縣亦與奉天相同該二處設立洋人居住租界美國各領事均仍有居住該各城内之權緣附近官署較爲方便又美商雖應居訂定地界以内實不能廢其在該各城内按約貿易應有之權本大臣甚望早日定期會商該二處洋人居住租界與按約所列訂定一切章程是盼相應照復

貴親王查照須至照會者 附送洋文

右 照 會

大清欽命全權大臣便宜行事軍機大臣總理外務部事務和碩慶親王

一千九百六年肆月叁拾日

光緒叁拾貳年肆月初柒日

榷算司

呈為咨行事光緒三十二年四月初七日准美柔使照稱中美商約條款内列所欲開商埠訂定外國人公共居住合宜地界並一切章程須由立約國會商後訂定本國政府因甚欲按此條所列者辦理是以願兩國早有得便之期俾美國與中國派員會同商訂惟應行聲明約内雖云訂定奉天等處為洋人居住租界因為洋人方便實已於奉天城内或附近城外地方作為通商之埠安東縣亦與奉天相同該二處設立洋人居住租界美國各領事均仍有居住該各城内之權緣附近官署較為方便又美商雖應居訂定地界以内實不能廢其在該各城内按約貿易應有之權甚望早日定期會商一切章程等因前來除咨行盛京將軍北洋大臣外相應鈔錄照會咨行

貴將軍大臣查照可也須至咨者附鈔件

盛京將軍

北洋大臣

光緒三十二年四月

由

一〇九

欽差大臣太子少保頭品頂戴參預政務大臣會辦練兵大臣督辦電政大臣鐵路大臣兵部尚書都察院右都御史辦理北洋通商事宜直隸總督部堂袁　為

咨呈事。據代理津海關道蔡紹基詳稱：現准新關稅務司墨賢理函稱，茲據美國人羅涵稟稱，現派馬夫胡冋生往蒙古一帶買馬三十匹，運津以備跑賽之用，祈轉請核發護照等情，前來。據此，相應函致，即希貴道查照，轉詳北洋大臣核發護照一紙，送閱為荷等因。准此，除函復外，理合詳請憲台查核，飭繕護照一紙，批發下道，以便轉給，實為公便等情。到本大臣。據此，除給護照並咨行外，相應咨呈

貴部謹請查照須至咨呈者

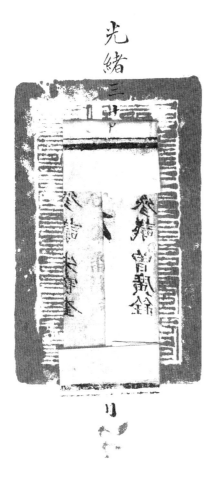

右咨呈

外務部

光緒三十　　月　　日

大亞美理駕合衆國欽命駐劄中華便宜行事全權大臣柔 為
照會事。本大臣將閩省司道設立總公司壟斷熬腦
情節達知。查該公司章程，即知係按照有限公司辦
法，其股本以司道所集為官股，以商所集為民股，並
除由總公司發給憑單外，不准有何公司或何人
設灶熬腦，如欲另設，須遵守定價，將樟腦售與總
公司，由此觀之，
貴親王可知其壟斷並阻碍商人自由購賣權，違
背中美一千八百四十四年和約第十五條云：所有合
衆國民人販貨進口出口，准其自與中國商民任便
交易，不加限制，以杜包攬把持之弊云。又於一千
八百五十八年中法條約第十四條內載：將來中國
不可另有別人聯情結行包攬貿易，倘有違例，領
事官知會中國設法驅除，中國官宜先行禁止，免
敗任便往來交易之誼等語。近今皆悉
貴親王辦事素最注重按照約章，所以本大臣甚信
貴親王見此，即能迅囑閩省疆臣轉飭將該公司所有
包攬之權與阻碍商人自便之意急速收回，本大臣
望早
見復可也。為此照會，須至照會者。附送洋文

右　照　會

大清欽命全權大臣便宜行事軍機大臣總理外務部事務和碩慶親王

一千九百伍年陸月貳拾壹
光緒叁拾貳年肆月貳拾捌
日

榷算司

呈為咨復事光緒三十二年閏四月初四日接准
咨稱案准咨開准美桑使照稱奉天安東二處設立
洋人居住租界美國各領事仍有居住該各城內之權
又美商雖應居訂定地界以內實不能廢其在該各城
內按約貿易應有之權甚望早日定期會商一切章程
等因查奉天安東兩處自開商埠應照中美原約訂定
外國人公共居住合宜地界既有訂界之約即不能於界
外有任便之權至領事係在商埠界內照料其本國商
務之員公署自應設在界內若有事與地方官交涉往
來係屬應有之方便洋商既定有居住地界凡租地
建屋開設行棧均應在定界以內自不能涉及界外
其餘照條約應有之往來貿易原可按約辦理但
應聲明凡外國官商均無在商埠界外之各城內
賃屋長住之權除訂定地界並一切章程應俟奉
省開埠局辦理就緒再由中美兩國定期派員會
同商定外相應會銜咨呈請煩查酌先行照復美
使等因前來本部查此事前經美桑使來署談
及本部答以可派員會商並告以奉天各城內貿
易一節係因
盛京地方
祖宗宮殿所在最當尊重必須再加商酌等語業經鈔錄
問答函達在案現在既已派員與美撤總領事會
商一切計以上各節當已議及布將所議情形辦
法達部以憑核定相應咨復
貴將軍大臣查照可也須至咨者

盛京將軍　北洋大臣

光緒三十二年閏四月　日

一一二

欽差大臣太子少保頭品頂戴參預政務大臣會辦練兵大臣督辦電政大臣鐵路大臣兵部尚書都察院右都御史辦理北洋通商事宜直隸總督部堂袁　為

咨呈事。四月二十八日准

熱河都統咨開：光緒三十二年四月十三日准貴督部堂咨

開：轉准美國總領事官撒門司照會内稱，請將美商麻俐由

豐寧縣如何起程，所派護差是何姓名，該差護至何處不見，

並在該縣境内如何丢失，一切情形，務轉飭逐一查明等因

前來。查此案前於光緒三十二年三月二十六日准

外務部咨：轉准美使函稱，麻俐之弟麻卓志已至北京，於下

禮拜二三日起程前往承德府訪查伊兄麻俐形跡等情，一

俟麻卓志到境時，務須飭屬保護並幫同訪查確情等因。當

經札飭熱河道交涉局一體保護並幫助訪查去後，旋據交

涉局委員程廷鏞禀稱：麻卓志即麻俐，又名茂來之弟，暨德

商多爾來局呈驗護照，據麻卓志等面稱，擬明晨赴平泉、赤

峯、烏丹城、毛山東等處查訪伊兄，送來麻俐即茂來相片三

張，松樹嘴子教堂所致英文信稿一件。當即將教堂函件譯

呈前來。據此，該洋人麻俐已出熱河境前往巴林，除將美商

麻卓志送到英文信稿咨覆

外務部查照，飭查該府飭查美商麻俐有無在該旅境遊歷，

詳查明確再行咨覆外，所有美商麻卓志送到英文信稿相

應抄錄咨送。為此合咨貴部，請煩查照轉致美使知照施行等因

到本大臣。准此，相應咨呈

貴部，謹請查照，照會美國公使知照。須至咨呈者。

計抄單

右　咨　呈

外　務　部

光緒

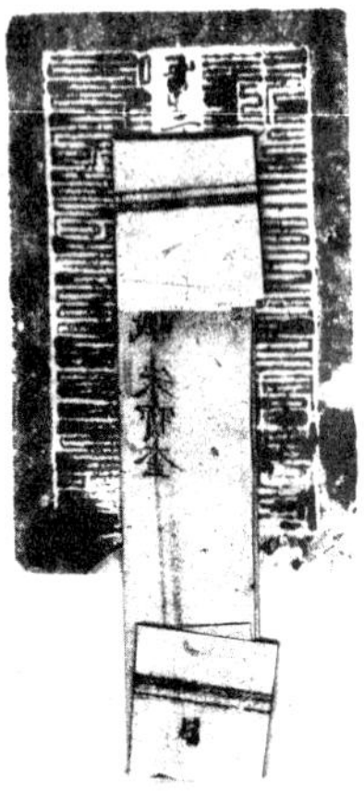

日

附件

鈔單

謹將麻卓志即麻俐又名茂來之弟送來教堂之函譯呈

憲鑒

計開

松樹咀子西歷一千九百零六年四月三號中國北方法國主教來函所得大畧謂麻俐即茂來同伴洛飛而傑遊行住於堂內與我之神父一人晤談嗣與杜魯威神父在附近熱河之老虎溝教堂别後麻俐尤復北行屆時仍與洛飛而傑北行離熱河五六日之遥查該處有敝教堂數所此兩人住在童家營子馬架子毛山東敝教堂內數日一千九百零五年九月一號麻

俐與洛飛而傑同離毛山東前往烏丹城查該處係一大城鎮離毛山東之東僅一百二十里從該處起洛飛而傑即與同伴分手而回天津由赤峯經過該處有敝教堂告知敝神父一人謂麻俐決意遊行蒙古草地因乏款致將手槍售去照洛飛而傑所言勇敢之麻俐獨自與蒙古跟人一名引路業已前往巴林草地矣

[illegible]　閏四月十日

咨

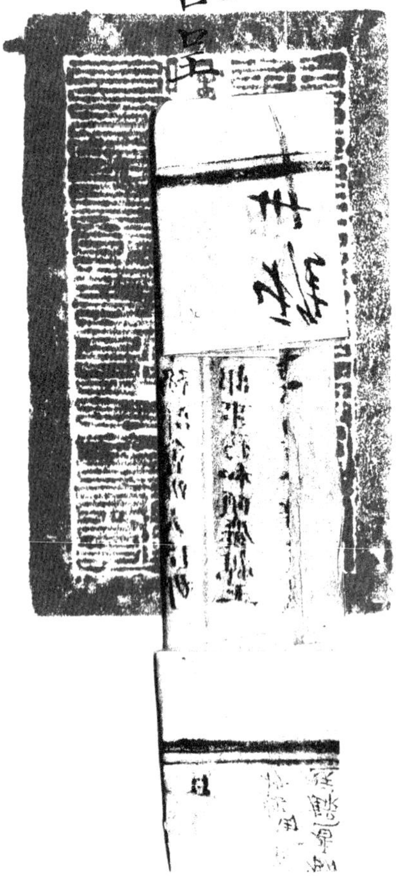

一一三

逕啓者，茲有美國商人馬爾紹禀擬游歷直隸、奉天、吉林、黑龍江等省，請將其由美國外部領來護照填寫游歷省分等因。本大臣茲即填就送請
貴部大臣查照，轉交順天府蓋印，即希印訖，務於明日送還是盼。特泐，順頌
日祉。附送外部護照一張。

名另具

五月二十七日

一一四

榷算司

呈為照復事光緒三十二年六月初六日准

照稱駐營口美總領事官照會奉天交涉局詢其在安東縣設立海關之事已辦至如何地步開埠總局照復云現正趕緊商辦俟擬定如何辦理即將應行設立之海關隨時設立等語此等浮泛之言不合貴部允許本大臣之語請急囑管理此事之員必當按照商約條款所載急在安東縣設立海關等因查此事前准

貴大臣來署會晤面交節畧當經本部轉達奉天將軍北洋大臣囑其務將設關一事從速籌畫旋准該將軍等復電稱安東大東溝二埠應照各海關章程速設稅關擬即奏派東邊道監督安東海關以大東溝為安東分關祈即飭總稅司迅派稅司前往籌建一切會商監督暨埠員妥辦等語復經本部咨行稅務大臣查照辦理去後茲准稅務大臣復稱已札總稅務司選派稅司前往該處籌辦等因前來相應照復

貴大臣查照可也須至照會者

美柔使

光緒三十二年六月

一一五

権算司

呈為照復事光緒三十二年六月二十八日接准來照論及上海租界外開闢華人市場並設工程局一事業已閱悉當經本部電查上海道去後茲據復稱閘北自闢華界始於二十九年冬今歲議設馬路工巡局仿南市成例官督興修該處北接寶山昔年早有洋商租地二十四五年間上海議擴租界時各國本欲擴至寶山境內各前道以約載上海通商寶山並非口岸礙難劃入祗定緊鄰上海之寶邑結一結九等圖准洋商租地雜居地方一切仍歸華官治理此次議闢新界本准洋商一體居住與華民同享利益界內以警察實行保護此係主國自治地方保商衛民之政與約章本不相涉等語本部查上海閘北地方既在各國租界之外由中國自行開闢市場設工巡局係屬治理地方應辦之事且准洋商一體居住可見並無限制抵阻之意闢界後實行辦理巡警不惟與洋商利益無損正可以保護洋商產業以期益敦睦誼相應照復

貴署大臣查照可也須至照會者

英嘉署使

美柔使

光緒三十二年六月　日

一一六

榷算司

呈為照會事案查中美商約第十二款中日商約第十款載明奉天府安東縣大東溝三處由中國自行開埠通商迭經本部電咨北洋大臣

盛京將軍籌辦開埠一切事宜在案現由北洋大臣

盛京將軍會同奏明安東縣大東溝兩處均已開埠應於安東縣設立海關名為安東關以東邊道監督關務其大東溝距安東僅數十里未便設立一關應由安東關樹設分卡歸該關道兼轄等因相應照會

貴大臣署大臣查照可也須至照會者

各國駐京大臣

光緒三十二年七月　日

一一七

照會

大亞美理駕合衆國欽命總理全權事務大臣莫　爲

照會事、茲聞北洋大臣袁、同奉天將軍趙、已會擬奉天安東兩處開埠章程如下

第一節宗旨 查奉天府安東縣二處係於中日美商約內載明由中國自行開埠通商是該二處均應作為自開商埠與各處約開口岸不同一切應照自開章程辦理 第二節定界、奉天府安東縣二處開埠每處各劃定一區四址如下 一奉天府一安東縣 以上劃定界內均作為華洋公共通商四址豎立界石為憑凡有約各國均准在該處設立照料商務之官員各國商民均准在界內任便往來照章租地建造屋宇棧房與華商一體居住貿易在商埠定界以外各處城關以及附近華商之地均應照內地章程洋商不准租地賃房開設行棧

第三節職掌、奉天府安東縣二處應即設稅關由監督會同稅務司管理奉天府一埠擬
奏請即以驛巡道作為監督安東縣一埠擬奏請即以東邊道作為監督其商埠以內
工部局巡捕廳均應由中國自行設立各國商民居住該處均須遵守工部局及巡捕章程
與居住各該處華民無異（工巡章程另有詳訂）所有衛生清道防疫救火及地方一切保安各事宜均
由中國自設之工巡兩局辦理至審判案件亦應由中國委員設局專理內埠華洋另星
雜案如鬥毆小竊及違犯埠章之類重大案件仍歸地方官裁判洋人犯案則送請就
近之領事官審判　第四節租地凡商埠以內各地先由地方官酌中定價收買後
轉租以免彼此居奇抑勒凡民間私相授受者概行作廢劃定界內繪有全圖分作
三等編號上等每畝每年租五十元中等每畝每年租三十元下等每畝租十五元租契以

三十年為期期滿之日另行換契其時再酌核情形增減租價定立年限至租建專章另行詳定專章未頒以前無論華、洋人均不得爭先租地　第五節造建、商埠界内築馬路修溝渠建碼頭砌駁岸建廨署設押所立市場開井泉種樹木均次第由中國自行籌辦俟界内地址分别測定陸續籌款分極要次要又次要依次興辦

第六節捐項、商埠界内應抽之房捐舖捐碼頭捐行捐車捐船捐巡捕捐執照捐等項捐款由監督及工巡兩局隨時察核情形分别抽收屆時華洋各商一體遵照

第七節禁令、商埠界内不准搭蓋草房暨儲火藥或堆積各種易燃之物無故施放大小洋槍非在官弁兵身帶利器併一切與公衆衛生及治安有礙等事違則各照本國律例懲辦如或工程須用炸藥等物先須由官核准仍不得久存在埠　第八節

郵遞、商埠界内一切郵政電報電話等項由中國自行設立以便中外商民

第九節 以上各條係屬大綱所有未盡事宜及一切細章仍隨時擬議詳定其或有因地制宜之處亦可續議辦理云云 本署大臣將以上章程照送

查閱、並聲明若照此法定章、寔屬有違中美商約、按此事本署大臣

合再聲明於本月十七日函署大臣曾照會

貴親王所云即係按照商約必由中政府同美政府會同勘定該兩處租界四址及兩處界内管理一切章程、本署大臣深望

貴親王速飭委員同美國所派官員按照商約所載查勘兩處租界地勢訂劃四址、會商辦理一切事宜、可也須至照會者 附送洋文

右照會

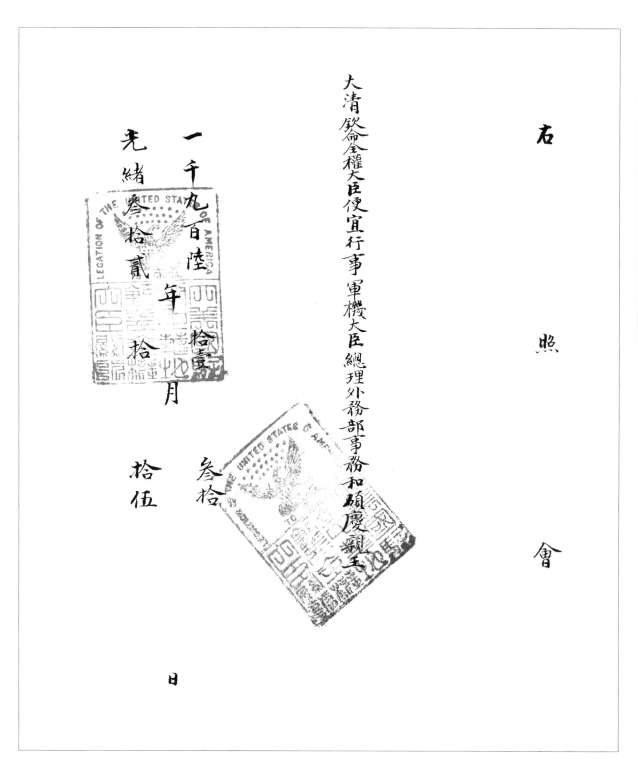

大清欽命全權大臣便宜行事軍機大臣總理外務部事務和碩慶親王

一千九百陸年拾壹月叁拾日

光緒叁拾貳年拾月拾伍日

朱

卅年十一月初四日

附字第十六号

大亞美理駕合衆國欽命駐劄中華便宜行事全權大臣康　　爲

照會

照會事。茲將福州設立溥安擔保公司事照會

貴親王。該公司係代領欲往斐利濱華人之執照。現據駐厦美領事

來文云：該公司又欲在厦分設公司，係經中國官員允辦此事，據管理

該公司人聲稱、已由署閩督海關監督允准、並稱駐北京美國公使悉
知此事等語、按其定章領照之人應繳費十元、惟實有交百元至二百
元者、始得此執照、從前有至厦請領執照、因非在禁工例外、碍難照准、
嗣遂往福州恃公司之力、騙得執照、故近有厦門華人六十八名、於禁
工例内不應赴美者、均經福州公司代其得有執照、現將該、公司章程
八條寄送等因、本大臣茲將該章華英文二分録送
查閲、至公司所云駐京公使悉知之言、係屬虚妄、該公司為此言、似謂本
大臣係已允准、暫著因與公司似已定此辦法、

貴親王應確悉西本年四月間曾照會聲明不能允廈門道將此項執照之權付由商會定其可否給發嗣經復稱署閩督海關監督已飭由道逕給無庸再由商會轉發云云本大臣以此事即係在會素識之商商務會尚不便任查考之責豈能聽格外有何公司代為領照之人辦理此事緣該公司之意只圖增其入款是以竭力俾人多得執照在美國論此事之律例載明如有華人並非華工前往美國即係按約與律例准入美須先由中政府允諾並給與憑証方准前往等言按此條例本國政府係以中政府特派之員自行考查應否請照之人發領執照並非

准有何公司替代辦理，現本國政府知閩督發給公司諭帖，准其任保請照之人，並聞該公司與閩督署合辦發照事，本國政府不能以該督所發照內之言係爲可靠，恐致有應得執照之人於福州得照後前往美國，反致留難，因福州所發之照，難免使人多疑，現已有多人藉公司之力助欺騙官員，足見係有憑證領照人能用公司爲誆騙之由，且誆該公司並無他意，只爲圖財，實非可靠，應將該諭收回，不准公司辦理，是以本大臣即請

貴親王行囑閩督海關監督，將該公司諭帖收回，不准辦理，並可囑其

若有人請照往美、必由監督自行查考可否給與執照、至請照發照時、必應直接、不准有何經手人間接任保可也、為此照會、須至照會者、

附送洋文並華洋文二抄件

右 照 會

大清欽命全權大臣便宜行事軍機大臣總理外務部事務和碩慶親王

一千九百陸年拾貳月拾捌日

光緒叁拾貳年拾壹月初叁日

LEGATION OF THE UNITED STATES OF AMERICA TO CHINA

附件

附件

帥字九十六號

抄件

一公司僉名曰溥安擔保公司設立在南台觀歧巷地方所有辦事之人開辦時須報明
海關監督衙門備查並轉送領事署存案
二所有公司冊簿隨時由地方官察核領事官若到查閱亦必遵從
三監督照送護照之時由本公司所請照之人並保家姓名同時開送
四公司代請小呂宋經商護照每人准定照費墨銀十員以充本公司各公所筆墨紙張費用係
屬一律公道以後每名每年應納二元以充本公司局費
五公司擔保之人無論在省或到小呂宋後如經查出所稟情形確有不實譬如前往小呂宋埠
改充作工之事本公司應擔保責成願罰繳墨銀一千員否即將所領諭帖立即吊銷
六請照赴小呂宋經商之人如在華商行棧棧內帮理事務自非尋常工作之輩固在禁例之
外理應照章遵行
七設使有人在領事官或地方官衙門稟控格外勒索照費情事無論經理人或其中當差
所為應監督傳案訊確視所勒之數加倍繳納若請照之人到呂赴美國係經該處官吏不
登岸其前日所納各費公司當即如數認還
八在呂之人執持護照必須本公司蓋有印據方可為憑如無本公司蓋有印據無論作
何工業不涉本公司之事

一一九

太子少保頭品頂戴兵部尚書湖廣總督部堂兼管湖北巡撫事張 為
按季摺報事據代理湖北荊宜道宜昌關監督繆嘉玉申稱案奉札准
總理衙門咨各國在通商口岸派設領事設立行棧相應咨行飭
將各設口岸現設各國領事姓名並洋商行棧各字號及並無領
事行棧之國或無領事而有別國領事兼辦者一律查明咨覆嗣
後仍按季咨送備查飭即遵照辦理等因歷經按季查明摺報在
案茲光緒三十二年秋季分所有宜昌關英美日德丹五國領事
姓名並洋商行棧各字號理合具文申報核咨等情到本部堂據
此相應咨呈為此咨呈
姓名並洋商行棧各字號理合具文申報核咨等情到本部堂據
此相應咨呈為此咨呈

貴部謹請查照施行須至咨呈者
計咨呈清摺一合
右咨呈
外務部

光緒三十二年十月十六日

附件

清

清摺一合咨呈

卅十

外務部

清

摺

高領戴代理湖北荆宜道監督宜昌關税務謹將駐宜英美日德丹伍國領事姓名並洋商在宜設立行棧各字號開摺呈

覽須至摺者

計開

英國駐宜領事兼管沙市領事官傅夏禮

美國駐漢兼管宜昌領事官馬[redacted]

日本國駐沙署任領事兼管宜昌領事官本部岩彦

德國駐漢兼管宜昌領事官樂斯磊

丹國駐漢兼管宜昌領事官晋蘭特

英商行棧太古字號

英商行棧怡和字號

英商行棧公泰字號

英商行棧立德字號

日商行棧大阪字號

德商行棧美最時字號

此外有約各國均未在宜設立領事亦無別國開設行棧理合登明

英商行棧立德字號

日商行棧大阪字號

德商行棧美最時字號

此外有約各國均未在宜設立領事亦無別國開設行棧理合登明

尚書銜閩浙總督[illegible]

呈送事據洋務局詳案奉憲行承准
欽命總理各國事務衙門咨准前出使楊大臣咨稱
美國議院增修新例華人來美擬定華洋文護
照程式如粵海關道即由海關監督經理咨行
閩海關監督一體仿辦等因奉經遵照詳辦在
案兹奉
商部咨准駐美梁大臣咨稱現擬發照章程辦
法十一條送請核咨各省一律照行復經查照
詳奉批准又在案續據溥安公司稟請設局具
結擔保當經美領事照准
駐京公使覆准各在案職局伏查華人赴美應
給護照閩省前奉
前憲台諭飭局刷印空白凡遇各府州縣請
照之人均令赴局請驗照章填用兹奉前因應
再查照新章由職局將華洋文護照刊刷三聯

單式選擇堅細潔白照紙編列號數填列監督
官銜俟請照時飭繙譯詳細繹送並令公司詳
查該民人籍貫事業明白確切擔保取結邀仝
赴局驗明身材尺寸照章填給並將照邊加蓋
發照委員銜名圖戳呈請閩海關監督蓋印照
送駐劄福州美領事簽字蓋印發局交公司轉
給承領並將副照隨文詳請監督衙門咨送
駐美使臣以便照料入境合將現奉核定章程

遵辦情形録案詳請分咨
外務部及
商
出使美国大臣察核立案以昭妥協計詳送華
洋文三聯單式護照各四紙等由到本將軍據
此查華人赴美屬各埠地方游歷經商向用閩
海關監督護照歷辦在案現准
商部咨准駐美梁大臣咨中美續定禁工條約
所有華人來美應領護照由各海關監督給發

擬發照章程辦法改用三聯單式係爲嚴防假
冒以便稽查嗣後閩省各府州縣民人赴美請
照自應查照新章辦理所有華洋文護照如非
改用三聯式樣或非蓋用海關監督官銜關防
核與新章不符即使截留以杜假冒除咨
出使美國大臣查照辦理認真查驗外相應將
華洋文三聯單式護照呈送爲此咨呈
外務部謹請察照立案施行須至咨呈者

計呈送華洋文三聯單式護照各一紙

右　咨　呈

外務部

光緒叁拾貳年拾壹月拾柒日

附件一

(Vise)

I, the undersigned duly authorized diplomatic (or consular) officer of the United States Government for the territory within which the person named in the above certificate resides, have made a thorough investigation of the statements contained in the foregoing certificate and have found them to be in all respects true, and accordingly attach my signature and official seal in order that the bearer may be admitted to the

United States upon identification as the person represented by the attached photograph, over which I have partly placed my official seal.

Signature of United States official.

Photograph.

No. H. ORIGINAL.

商人執照
Merchant's Certificate.
Form of Chinese Certificate.

In compliance with the provisions of Section 6 of An Act of the Congress of the United States of America, approved July 5, 1884, entitled An Act to amend an Act to execute certain Treaty stipulations relating to Chinese, approved May 6, 1882-

This certificate is issued by the undersigned, who has been designated for that purpose by the Government of .... to show that the person named hereinafter is a member of one of the exempt classes described in said Act and as such has the permission of said Government to go to and reside within the territory of the United States, after in investigation and verification of the statements contained herein by the lawfully constituted agent of the United States in the country,

The following description is submitted for the identification of the person to whom the certificate relates :

Name in full, in proper signature of bearer : ....

Title or official rank, if any : ....

Physical pecularities : ....

....

Date of birth : ....

Height : .... feet .... inches.

Former occupation : ....

When pursued : ....

Where pursued : ....

How long pursued : ....

Present occupation : ....

When pursued : ....

Where pursued : ....

How long pursued : ....

Last place of actual residence : ....

(Note. If a merchant, the following blanks should be filled out)

Title of present mercantile business : ....

Location of said mercantile business : ....

How long said business has been pursued : ....

Amount invested (gold) in said business : ....

Present estimated value of said business : ....

Specific character of merchandise handled in said business : ....

....

(Note.-If bearer is a traveler the following blanks should be filled out)

Financial standing of bearer in his own country, ...

Probable duration of his stay in the United States : ....

Issued at .... on this .... day .... of ....

....

Signature of Chinese official.

(Vise)

I, the undersigned duly authorized diplomatic (or consular) officer of the United States Government for the territory within which the person named in the above certificate resides, have made a thorough investigation of the statements contained in the foregoing certificate and have found them to be in all respects true, and accordingly attach my signature and official seal in order that the bearer may be admitted to the

United States upon identification as the person represented by the attached photograph, over which I have partly placed my official seal.

....

Signature of United States official.

Photograph.

No. H. DUPLICATE.

照執人商

Merchant's Certificate.

Form of Chinese Certificate.

In compliance with the provisions of Section 6 of An Act of the Congress of the United States of America, approved July 5, 1884, entitled An Act to amend an Act to execute certain Treaty stipulations relating to Chinese, approved May 6, 1882-

This certificate is issued by the undersigned, who has been designated for that purpose by the Government of .... to show that the person named hereinafter is a member of one of the exempt classes described in said Act and as such has the permission of said Government to go to and reside within the territory of the United States, after in investigation and verification of the statements contained herein by the lawfully constituted agent of the United States in the country,

The following description is submitted for the identification of the person to whom the certificate relates :

Name in full, in proper signature of bearer : ....

Title or official rank, if any : ....

Physical peculiarities : ....

....

Date of birth : ....

Height : .... feet .... inches.

Former occupation : ....

When pursued : ....

Where pursued : ....

How long pursued : ....

Present occupation : ....

When pursued : ....

Where pursued : ....

How long pursued : ....

Last place of actual residence : ....

(Note. If a merchant, the following blanks should be filled out)

Title of present mercantile business : ....

Location of said mercantile business : ....

How long said business has been pursued : ....

Amount invested (gold) in said business : ....

Present estimated value of said business : ....

Specific character of merchandise handled in said business : ....

....

(Note.-If bearer is a traveler the following blanks should be filled out)

Financial standing of bearer in his own country, ...

Probable duration of his stay in the United States : ....

Issued at .... on this .... day .... of ....

....

Signature of Chinese official.

(Vise)

I, the undersigned duly authorized diplomatic (or consular) officer of the United States Government for the territory within which the person named in the above certificate resides, have made a thorough investigation of the statements contained in the foregoing certificate and have found them to be in all respects true, and accordingly attach my signature and official seal in order that the bearer may be admitted to the United States upon identification as the person represented by the attached photograph, over which I have partly placed my official seal.

....

Signature of United States official.

Photograph.

No.　　H.　　　　　　　　　　　　　　　　**TRIPLICATE.**

商人執照

Merchant's Certificate.

Form of Chinese Certificate.

In compliance with the provisions of Section 6 of An Act of the Congress of the United States of America, approved July 5, 1884, entitled An Act to amend an Act to execute certain Treaty stipulations relating to Chinese, approved May 6, 1882-

This certificate is issued by the undersigned, who has been designated for that purpose by the Government of .... to show that the person named hereinafter is a member of one of the exempt classes described in said Act and as such has the permission of said Government to go to and reside within the territory of the United States, after in investigation and verification of the statements contained herein by the lawfully constituted agent of the United States in the country,

The following description is submitted for the identification of the person to whom the certificate relates :

Name in full, in proper signature of bearer : ....

Title or official rank, if any : ....

Physical pecularities : ....

....

Date of birth : ....

Height : .... feet .... inches.

Former occupation : ....

When pursued : ....

Where pursued : ....

How long pursued : ....

Present occupation : ....

When pursued : ....

Where pursued : ....

How long pursued : ....

Last place of actual residence : ....

(Note. If a merchant, the following blanks should be filled out)

Title of present mercantile business : ....

Location of said mercantile business : ....

How long said business has been pursued : ....

Amount invested (gold) in said business : ....

Present estimated value of said business : ....

Specific character of merchandise handled in said business : ....

....

(Note.-If bearer is a traveler the following blanks should be filled out)

Financial standing of bearer in his own country, ...

Probable duration of his stay in the United States : ....

Issued at .... on this .... day .... of ....

....

Signature of Chinese official.

附件二

坿文　卅三年八月初六日　服字一百九十二號

[redacted]

謹將護照洋文譯呈
鈞覽

為發給護照事案照　美國議院於西歷一千八百八十四年七月五號訂立新例頒之日此例乃改訂一千八百八十二年五月六號所訂之例為奉行華人入境約章而設其中第六款專指發給執照而言照約中國地方官有發給護照之權故給此照以證明後開之人係不在禁例之内已經本國政府允許函詳照例可在美國居住仍候美國派來代表官員將此照内開列各條逐條考驗屬實方可前往須至護照者

計開

一領照人姓名　由本人親寫
二其人有何官銜
三其人有何異相
四生年月日
五身高若干尺寸
六前此作何事業
七何時作此事業
八何處
九營業之時　指久暫言
十現時事業
十一何時作此事業
十二何處
十三營業之時　指久暫言
十四籍貫住址

其人如係巨商應照下開各條逐一填寫明確

一該商字號
二在何處
三開張幾年
四開張資本以美金計
五該號生理估值若干
六該號作何生理
其人如係游歷，應照下開各條逐一填寫明確
一其人在原籍家道是否殷實
二擬在小吕宋游歷久暫
華歷　年　月　日在廈門發
茲有商民某人呈繳護照前來，欲赴小吕宋經商，本領事查該商民以上所寫各項均屬相符，應於照相上簽名蓋印，准其前往該埠，到時呈驗護照，如無假冒等情，應即准其登岸，須至執照者。
謹附陳者，查關照內所載之華文洋文，匪特迥不相同，而年月日亦相去十年之遠，查西歷一千八百八十四年即光緒十年，洋文所載乃一千八百八十四年七月所訂之約，華文所載乃光緒二十年二月所訂之約，光緒二十年即一千八百九十四年，華洋文之不相同者職是之故。且查光緒二十年所訂禁止華工續約，不過僅限華工前往美國，若學習貿易之人亦准前往。茲據美領事函稱，如欲往美境之華人，必須在美在華均有生意方准前往，似此情形，則無論如何上等華商，倘或在美或在華一無生意，則不能准其前往，格外挑剔，然以去歲之伶人皆得前往美國，彼輩并非商人，且在華在美均無生意，何以又不禁其前往耶？其中情形，已詳前稟，無庸贅陳。

一二一

駐劄韓國總領事為申覆事竊於光緒三十二年六月二十五日奉

鈞部 劄開光緒三十二年五月二十六日准駐美梁大臣咨稱禁外各項華人赴美由中國出口應由各海關監督等官按照美例第六款辦法發給護照執持前往以為例准入美之據歷經照辦有案惟此項華人赴美由別國出口者應由何項官員發給執照迄未指定以致行人裹足諸多不便昨准美外部來文請將禁外華人由別國來美應由何項官員給照早日指定通告各處以便憑認本大臣當與磋商議定辦法凡禁外華人由別國來美應由中國駐紮公使或代辦公使或總領事或領事官按照美例第六款執照款式詳細填給送交美國公使或領事官簽印即作例准來美之據其無中國公使領事地方即由美國公使領事按例給發所有前項官員授權給照緣由應由中國外務部照會駐京美使歸報政府並由外務部咨行駐美華使照會美外部轉行工商部立案理合備文咨請照會柔使轉知各駐使劄飭各領事一體查照辦理等因前來除由本部照會駐京美使並咨復梁大臣知照美政府備案外相應鈔録護照款式一紙劄行駐韓總領事官遵照嗣後遇有華人赴美由韓國出口者即行照章辦理以便行旅等因並護照款式奉此業經傳諭各商董知照在案惟查僑

理以便行旅等因並護照款式奉此業經傳諭各商董知照在案惟查僑韓華民以山東籍十居其八廣東福建兩省人數無多故請照赴美華人殊不恒見玆於十二月初六日復奉

電飭除再行分飭仁川等各口領事遵照嗣後遇有華人赴美經韓國出口者即將該人姓名年貌身材詳細報由職道隨時照章填給護照外理合備文申請

鈞部鑒核須至申者

右　　　申

外　務　部　憲

光緒三十二年十二月初九日總領事馬廷亮

堂閱 閱定 十二月十一日

為咨行事。案查華商赴美發照一事，光緒
三十二年十二月初六日接准
洛稱：接洋務局詳稱：華人赴美，應給護照，閩
省前奉前憲台札飭局刷印空白，凡通九府
州縣請照之人，均令赴局請驗，照章填用，並將
護照刊刷三聯單式，編列號數，填列照背，安
衙保請照時，飭繙譯詳細譯送，並令另行詳
查該民人籍貫、事業，明白確切，擇保取結，繳同
赴局驗明身材尺寸，照章填給，並將照送加蓋
發照委員銜名圖戳，呈請閩海關監督蓋

印，照送駐劄福州美領事簽字蓋印，發局交
[illegible]月轉給承領華商。據此，應將華洋文三聯單
式護照呈送，咨請察照立案施行等因。前奉
正核辦間，復准美柔使照稱：接駐廈美署
領事官電稱：該處署廈門道於赴美華人發
照事不按所定自行查驗，請照人情形而發，執
照之規則辦理，乃備英白款照轉給，照繳署
填給等因。貴親王確悉如此，殊係背定章者
數日，曾派本館漢務衙參贊達知貴部，現閩

有又不按章發照彼時貴部咨行本部已咨
行福州將軍飭其詳細查照章程轉飭廈門
道按照自行發給云云旋接以來電云該道實
係不遵飭諭是以本大臣即請貴親王再飭該
道務須確遵定章照辦並囑其發照時須直
接面給請領之人庶免一經到美因此執之照
非係按章發給轉致為難等因本部查
此事於本年十一月間接准美柔使來照以續
本部以嗣後發給華人赴美執照仍應照向章
辦理無庸由該委員代領等語咨行
貴督存案並飭該道照辦前因相應

辦理無庸由該委員代領等語咨行
貴督存案並飭該道照辦前因相應
咨行
貴督查照前咨轉飭該道於發照時務須直
接以符向章而免流弊並希聲復本部以
憑轉復該使可也須至咨者
咨閩浙督 華人赴美發照事仍照前咨轉飭廈道
直接由

合 江

光緒卅三年 十一月十九日

欽差出使美秘古墨國大臣梁 為

咨呈事光緒三十三年正月二十日承准

貴部咨開准農工商部咨准粵督咨轉據廣東出口草蓆行商何敬崇等稟美

國草蓆入口稅重金價無常虧累甚重聞日本商部已遣使往美磋商挽救美國明

年改例恐日本獨沾利益尤可憂慮應請咨行設法磋救前來相應鈔錄來咨咨行

貴大臣查核辦理等因承准此竊查美國修改稅則議案南北政黨各執一詞經歷數

年尚無成說現在政府諸人對於此事意見亦屬參差每年國會聚集之始必有以

修改稅則為言者往往辯論數回輒復置之不議明年能否決定現在實難逆料

至於磋商稅務係屬外交事件日本商部遣使磋議固為情理所無探訪駐美日

使亦稱不聞是說大抵商部派員來美考查銷路粵省蓆商因之誤會亦未可知就

今日本政府果有遣使商辦稅則之舉，則必美日兩國彼此允願各將入口貨物指定某項彼此減免征稅，此互相酬報之事，非第三國所能援以為請者也。我國入口稅則已為條約規定，無從提出另定辦法與人交換利益，則又事勢所迫，急切難圖矣。儻美國國會自行改稅則，必無論何國苟係同等貨物，自照同等辦法，既非另訂酬報專條，斷無此輕彼重之別。從前茶葉入口一律免稅，即國會自定之例，非有偏厚於一國也。

明年果能脩改稅則，草蓆果在免稅之列，固不虞日本之獨沾利益，而我商之獨抱向隅也。此改稅之事之辦法應為分別疏解者也。若夫金價無常，易受虧折，百貨皆然，不獨草蓆；萬國皆然，不獨華商。此中消息固極細微，是在爭勝商場者之善為操縱，又非局外所能代謀矣。該商等稱美商購蓆不問成本如何，訂價不肯逾十仙士，靳免輸上則稅等語。美國稅關征稅皆由鑑定官將貨驗估按質定稅含混倖免十不得一美商苟納重稅自可抬高售價以取盈於購貨之家於彼絕無絲毫之損又何必勒抑華商以為快然其所以勒抑華商者其故有二一則華人蓆行從無自設行棧運貨出洋直接交易不得不仰洋商之鼻息為之居間也一則華蓆陋劣艱於銷售往往運至彼國勢須貶價求沽自不得不於訂購貨物之先預為減輕成本之地也查美國銷蓆為數最多前時

華蓆獨擅勝場乃自日本蓆輸入以來時閱十年日蓆年增華蓆年減近三年日蓆銷數比較華蓆竟有兩倍半之多攷其價值則華蓆賤者每碼九仙士至貴者每碼五角日蓆賤者每碼一角二仙至貴者每碼一元二角五仙士價之貴賤相差甚遠而彼中人民購用日蓆日見其多豈獨好貴而惡賤耶毋乃一適用一不適用一美觀一不美觀遂至相形見絀也日蓆尺寸等差不一式為客

座所宜或爲寢室所用無不先向美國調查適確脩短務求合度而華蓆則自有此物以來即有此一定尺寸祇率我之所安而不問人之適用日蓆花樣月異日新或投時趨或仿古製恆向美國調查當年壁紙地毯之新式刻意摹倣以冀悅目而華蓆則獨有專一之花紋數十年如一日日蓆則選料匀淨機軸完美華蓆則任意編織疏密不均日蓆則色澤新鮮華蓆則黯淡無采凡此種種皆華蓆滯銷之真原因實爲寰球各國所共認若不深自警醒急求改良而徒責人之苛征詈人之攙奪再閱十年中國草蓆且無銷路僅乃滯銷猶爲幸事彼日本草蓆何嘗不同苦重稅而彼之銷數乃反日增以彼觀我將謂之何且世之苦重稅者落地稅也出口稅也出之自己而不能取償於人也他國所無而己國所獨有也至於入口稅非稅入口之貨直有稅用貨之人耳此尋常商務之公

言該商等貿易有年當自知之何必戚戚[illegible]言
爲取法自戕生機致誤大局也應請
貴部咨行兩廣總督飭下廣東農工商局轉諭該商等迅速於草蓆製造妥
籌善策保全銷路免受擠奪至於美國國會果否議改稅則有無關涉草蓆
一項以及日本政府果否遣使商訂稅則專約概由本大臣隨時查探確實先行遲
咨兩廣總督分行曉諭再當陳請
貴部指示辦法理合備文聲復爲此咨呈
貴部謹請察核俯賜施行須至咨呈者
右　咨　呈

外務部

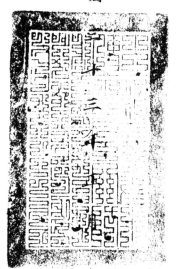

光緒十三年十月貳拾肆日

一二四

榷算司
呈為咨行事商標章程一事前經本部
於本年二月初二日照催英法美德義奧
各使迅即照復去後茲准美柔使復稱
此事各國大臣現正會商未經酌定未
能以何定見作覆等因除俟英法德義
奧等使復到續行咨達外相應鈔錄美
使原文咨行
貴部查照可也須至咨者
農工商部
光緒三十三年二月　日

一二五

榷算司
呈為照復事接准
照稱茲奉本國外部文寄美國議政國會於本
年正月十九號議定將一千八百八十九年在華
盛頓會議所立之萬國行船章程議改以
免在洋面互碰該章定於一千九百八年正
月一號實行等語現將該章程附送查照等
因前來除將該章程咨行南北洋大臣查照
外相應照復
貴大臣查照可也須至照會者
美柔使
光緒三十三年二月　日

一二六

欽差大臣太子少保陸軍部尚書都察院都御史辦理北洋通商事務直隸總督部堂袁　為

咨呈事。為照旅美華人商務向稱繁盛，現在北洋商品逐
漸考求，亟應廣籌銷路。茲查有代辦波士頓華領事彌格
臣情形熟悉，應即派令考查商務，並酌帶北洋商品前往
考求美洲各埠情形，能否行銷，隨時報告，以期擴充。除札
委該員遵照並分咨外，相應咨呈
貴部，謹請查照。須至咨呈者。

右　咨　呈

外　務　部

光緒三十三年二月二十一日

一二七

榷算司

呈為咨行事。光緒三十三年二月十三日，准駐京美國
使臣照稱：茲奉本國外部文，寄美國議政國會於
本年正月十九號議定，將一千八百八十九年在華
盛頓會議所立之萬國行船章程議改，以免在洋
面互碰。該章定於一千九百八年正月一號實行
等語。本大臣將該章程附送查照等因前來。相應
照錄萬國行船洋文章程，咨行
貴大臣查照可也。須至咨者。附洋文章程

南北洋大臣

光緒三十三年二月　日

一二八

榷算司
呈為咨行事前於光緒三十二年十二月初三日接准
貴部咨稱粵省蓆行因於美稅請商改稅則轉咨
駐美大臣按照日本在美磋商草蓆辦法等因當
經本部咨行駐美梁大臣查核去後茲准復稱廣東
草蓆應勸諭該商急求改良妥籌善策保全
銷路免受擠奪至於美國國會果否議改稅則有
無關涉草蓆一項以及日本政府果否遣使商訂
稅則專約應隨時查探確寔再行陳請貴部指
示辦法等因前來相應抄錄原文咨行
貴部查核辦理可也須至咨者
農工商部
光緒三十三年三月　日

一二九

農工商部為咨呈事案查粵省蓆行請改稅則
一事前經本部咨呈
貴部咨商駐美大臣磋商辦法茲准
咨開光緒三十二年十二月初三日接准貴部咨稱
粵省蓆行因於美稅請商改稅則轉咨駐美
大臣按照日本在美磋商草蓆辦法等因
當經本部咨行駐美梁大臣查核去後茲准復稱
廣東草蓆應勸諭該商急求改良妥籌

善策保全銷路免受擠奪至於美國國會
果否議改稅則有無關涉草蓆一項以及
日本政府果否遣使商訂稅則專約應隨時
查探確實再行陳請指示辦法各等語并
抄錄梁大臣原文咨請核辦等因前來查本
部先於三月初四日接准梁大臣咨同前因業
經抄錄原咨咨行兩廣總督轉飭農工商局
勸諭該商等迅即改良草蓆以保利源相

應咨呈
貴部查照可也須至咨呈者
右咨呈
外務部
光緒叁拾叁年叁月拾貳日

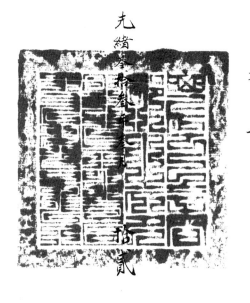

一三〇

咨農工商部美使請允改商約第十一款版權一事即酌核見復由

行　行

左侍郎聯

[redacted]

三月十五日 行

三月十五日 行

榷算司

呈為咨行事光緒三十三年三月十二日准美柔
使照稱中美商約第十一款保護版權之事本國
政府不能滿意囑請中國政府允將此款商改或另
定版權條約由中政府派全權大臣會同本大臣商
酌此事請早日見復等因前來查保護版權一事

曾准美康使迭次函催速行舉辦均經本部隨時
咨行
貴部三十年四月間准
咨復稱專利版權各事宜應俟商標註册辦有端倪
即行次第興辦等語當即據咨函復美康使在案茲
准美康使照稱前因事關商改成約且另定版權辦
法於學務最有關涉相應鈔錄照會咨行
貴部轉商學部酌核辦理並希見復以憑照復美
使可也須至咨者　附抄件
農工商部
光緒三十年　月　日

頭品頂戴陸軍部尚書都察院都御史兩廣總督兼署廣東巡撫粵海太平兩關事務周　　為

咨呈事。竊照粵省民稠地瘠，全恃商務調劑，而

出洋貿易尤為振興商務之一端。自美國限制

華工，凡出洋游歷經商者，由關繕給護照，送與

廣州口美領事簽字蓋印，方能起程前往。而美

領事留難壓擱，往往無理駁回，恒有欲行不得

之苦。此項赴美照費，至金山大埠者，每照繳費

玖拾貳元，至小呂宋、檀香山者，每照繳費肆拾

陸元，均為前監督留作內署津貼。自岑前部堂

接管關務，即已化私為公，歸入新增盈餘報部。

現值

朝廷嘉惠僑民，維持保護，無間遐邇，如仍取費過重，

不足以示體恤。茲擬赴美商民照費一律減半，

在官款所損有限，而小民遠適異國，舟車所需

不無小補。除飭關務處登報宣布外，為此咨呈

貴部，謹請察照施行。須至咨呈者。

右　咨　呈

外　務　部

光緒叁拾叁年叁月拾肆日

一三二

農工商部為咨呈事光緒三十
三年三月十五日接准
咨稱准美柔使照稱中美商約
第十一款保護板權之事本國政
府不能滿意囑請中國政府
將此款商改或另定等因事關
商改成約且另訂版權今學務
最有關涉擬除會咨行轉商
學部酌核[illegible]復等因前來
查國際板[illegible]
條約辦理美國係已有此等條
約之國其能否磋商免改應由
貴部主持茲准前因除已抄錄
原文暨抄件咨行學部核復外
相應咨復
貴部查照可也須至咨呈者
右咨呈
外務部

光緒[illegible]四[illegible]日

一三三

欽命護理察哈爾八旗都統副都統顔　為
呈覆事。本年三月十九日承准
外務部咨開：爲咨行事。光緒三十三年三月初十日，准美國柔
使函稱：本國商人施題文赴直隸、湖北、奉天、蒙古等省游歷，繕
就漢洋文執照一張，送請蓋印等因。除由本部札行順天府蓋
印訖，並函復柔使轉給外，相應咨行查照，飭屬於該商人施題
文持照到境時，照章妥為保護，並將入境出境日期聲復本部
等因。承准此，遵即札飭張家口、獨石口、多倫諾爾撫民同知、萬
全縣知縣、洋務局、察哈爾各旗羣總管等遵照，於該商人施題
文持照到境時，照章妥為保護，並將入境出境日期呈報，以憑
轉呈。除照會口北道、宣大二鎮轉飭照章妥為保護外，相應先
行呈覆。

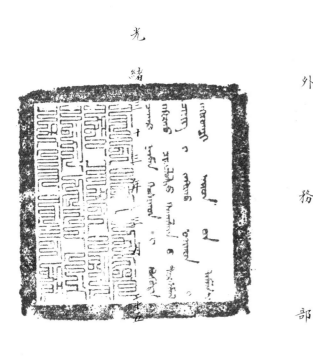

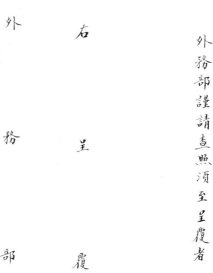

外務部謹請查照須至呈覆者

右呈覆

外務部

光緒三十三年三月二十五日

一三四

欽命督理稅務大臣　為

咨呈事光緒三十三年三月二十九日接准兩廣總督咨稱竊照粵省民稠地瘠全恃商務調劑而出洋貿易尤為振興商務之一端自美國限制華工凡出洋游歷經商者由關繕給護照送與廣州口美領事簽字蓋印方能起程前往而美領事留難壓擱往往無理駁回恒有欲行不得之苦此

項赴美照費至金山大埠者每照繳費玖
拾貳元至小呂宋檀香山者每照繳費肆
拾陸元均為前監督留作內署津貼自今
前部堂接管関務即已化私為公歸入新
增盈餘報部現值
朝廷嘉惠僑民維持保護無間遐邇如仍取
費過重不足以示體恤茲擬赴美商民照費
一律減半在官款所稍有限而小民遠適

異國舟車所需不無小補除飭関務處登

報宣布外咨請查照等因前来相應咨呈

貴部查照可也須至咨呈者

右咨

呈

外務部

光緒三十三年四月初陸日

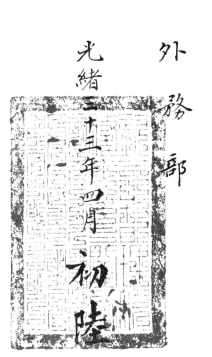

監印委員候選布理問唐佔衡

一三五

欽差大臣辦理南洋通商事務頭品頂戴陸軍部尚書兩江總督部堂端　為
咨送事。據九江關道文炳申稱：案奉
前憲曹　札准
總理衙門咨：近來各國在通商口岸派設領事不時更調，設立
行棧開歇無常，遇有辦理交涉事件，倉猝無可稽查，咨飭
將各該口岸現駐各國領事姓名並洋商行棧名字號一律查
明，按結咨送備查等因，奉經遵辦在案。茲自光緒三十二年十
一月十七日起至三十三年二月十八日止，西歷三個月，第一百八十六
結期滿，查九江口岸惟英國派有領事官駐劄，其洋商開設
行棧亦只英、俄、美、德、日數國，此外各國既未派設領事，亦無真

有外洋店東大班之洋商行棧，遇有交涉事件，如俄、美二國
行棧亦只英、俄、美、德、日數國，此外各國既未派設領事，亦無真
有外洋店東大班之洋商行棧，遇有交涉事件，如俄、美二國
均歸漢口領事兼管。俄國仍係敎康夫，美國現係馬墩，德國
領事官蓋薩特已回江甯本任，法國現係駐滬喇領事官，邵伯
第丹國現係駐漢副領事晋蘭特管理，荷國雖派有駐
滬副領事，然向係英商兼充，其人亦來去靡常，日本國現係

漢口領事官山崎所有九江本口現在各國領事姓名及洋商
開設行棧各字號理合照案查明開具清摺申報察核轉咨
等情並清摺到本大臣據此相應將清摺咨送爲此咨呈
貴部謹請查照施行須至咨呈者

計咨送　清摺壹扣

右　　咨　　呈

計咨送　清摺壹扣

右　　咨　　呈

外　務　部

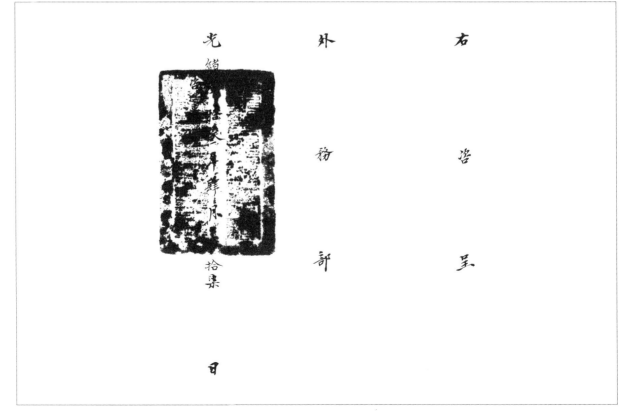

光緒貳拾叁年肆月拾柒日

附件

附件

清摺

謹將光緒三十二年十一月十七日起至三十三年二月十八日止西歷三個月第一百八十六結期滿九江口岸現駐各國領事姓名及洋商行棧各字號開摺申送

查核須至摺者

計開

英國領事官倭訥

英商太古行行東阿貝

英商怡和行行東士灣

英商太古行行東阿貝

英商怡和行行東士灣

英商鴻安行行東咭地士現駐上海

英商麥邊行行東司客記

英商勝昌行行東白敦學

英商信隆行行東都約翰

英商晉和源行行東海則生

德商瑞記行行東藍葵現駐上海

俄商阜昌行行東都摩梳乎

俄商順豐行行東辨西漫士

美商美孚行行東劉懋恩

美商新義泰行行東李湯姆

日商大阪行行東角田隆郎

日商横川洋行又名九三大藥房行東長太郎

日商大阪行行東角田隆郎

日商橫川洋行又名丸三大藥房行東長太郎

此外各國並無駐滬領事及有外洋店東大班之行棧理合登明

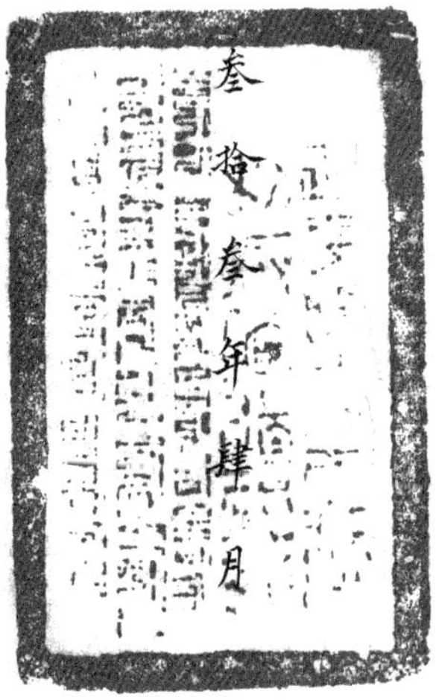

光緒叁拾叁年肆月　日

榷算司

呈為照復事光緒三十三年三月十二日接准

貴大臣照稱一千九百零三年中美所訂之新商約第十一款中國政府至今尚未有實行此款之章又於批准互換此約之後中國情勢甚有變更因而中國現有多人欲用美國所著書籍地圖等件本國政府擬以上所列保護美國板權之款為不能滿意囑請將商約第十一款商改或另訂一板權條約等因查中國政府與

貴國政府訂立條約既經畫押即為彼此實行之証據本無庸更定實行此款之章且訂此條約為時未久中國情勢尚不至甚有變更至謂中國現有多人欲用

貴國所著書籍地圖等件查約內本有除專為中國人民所用之書籍地圖印件鑄件外無論美國人所著何項書籍可聽中國人任便翻印等語是中國人翻印美國之書籍等件茍非專為中國人所備者即為條約所不禁以上各節本係當時彼此磋商而定

貴國政府既經滿意故肯畫押今尚未到十年換修約之期忽欲任意商改另訂按之各國訂立條約之理似無如此辦法所云由中國政府特簡大臣賜與全權會同

貴大臣商酌之處本部碍難照允

貴大臣深明公理當必以此言為然也相應照復

貴大臣查照須至照復者

美國柔使

光緒三十三年四月　日

一三七

榷算司

呈為咨覆事美柔使請允改商約第十一款板權

一事前於本年三月二十四日准

復稱國際板權互保本應按照條約辦理美

國係已有此等條約之國其能否磋商免改

應由貴部主持等因除由本部照復美柔

使外相應鈔錄復該使照會咨行

貴部查照可也須至咨者　附鈔件

農工商部

光緒三十三年四月　日

大亞美理駕合衆國欽命駐劄中華便宜行事全權大臣柔 為

照會事茲有數美商集鉅款於廣州府分設行棧
以為於中國南方分銷美貨之場因西江口岸所
定經過口岸停泊章程難與駐香港之商相較按
以上所云章程由香港馬口及外國口岸運到西
江之貨即在運至之地納稅一次或係欲運至停
泊之處該貨即在江門或三水與廣州納稅一次
由此觀之駐香港商人將其貨物運至西江口岸
與停泊處不過只納稅一次惟駐廣州之商則須
納一次半之稅即係進廣州府應納稅一次再由
廣州運至西江商埠又應須納一半稅是以本大
臣不能不照請
貴親王查照按光緒二十三年中英約附件及二
十八年中英續商約十款所列允將西江一帶之
三水梧州江根墟及江門等四處開作商埠並將
白土口羅定口都城甘竹灘肇慶府德慶州等六

處作爲停泊上下貨物之處一律按照長江停泊
之章辦理云云請
閱一千八百九十八年所定長江停泊章程自應
洞悉西江停泊之章確與長江之章甚不相符故
必請
貴親王行飭該管税員即將西江停泊之章改定
與長江之章無少差異方爲妥洽即希照允早爲
見復可也須至照會者 附送洋文

見復可也須至照會者 附送洋文
右　照　會
大清欽命全權大臣便宜行事軍機大臣總理外務部事務和碩慶親王
一千九百柒年陸月拾玖
光緒叁拾叁年伍月初玖日

附件

AMERICAN LEGATION,
PEKING, CHINA.

To F.O. No. 266

M.

June 19, 1907.

Your Imperial Highness:

Certain American merchants have established themselves at Canton, China, and have erected at great expense godowns, warehouses, etc., for the sale and distribution of American merchandise in southern China. These merchants find themselves unable to compete with the foreign merchants of Hongkong in trading at the open ports and "ports of call" on the West River, by reason of the "Regulations of Trade on the West River".

According to these Regulations goods carried on steamers from foreign ports, Hongkong, Macao, etc., and intended for West River Treaty Ports, pay a single import duty at the port of destination, and at Kongmoon, Samshui, or Canton if destined for a port of call. Merchants at Hongkong, therefore, can ship merchandise to any of the ports of call by paying a single duty at either of the three treaty ports just mentioned The foreign merchant at Canton, however, must pay full duty and a half, i.e. full duty at Canton, and the half duty for a transit pass to ship his goods to West River ports.

It becomes my duty, therefore, to call the attention of Your Imperial Highness to the fact that by the Special Article in the British Treaty of 1897, and by Article X. of the British Treaty of 1902, Samshui, Wuchoufu, Kong Kun, and Kongmoon, have been opened as Treaty ports, and that in addition to these, six other places, viz: Kumchuck, Paktauhau, Shui-

To His Imperial Highness, Prince of Ch'ing,
President of the Board of Foreign Affairs.

柔 741

(2)

hing, Lotinghau, Takhing, and Dosing, have been opened as ports of call, "where", it is stipulated, "British steamers shall be allowed to land or ship cargo and passengers, under the same regulations as apply to the ports of call on the Yangtze River"."

A most casual reference, however, to Article IV. of the Regulations of 1898 governing trade on the Yangtse River, will show that the Regulations of Trade on the West River are greatly at variance with those in force on the Yangtze, and I have the honor, therefore, to request Your Imperial Highness to issue instructions to the end that the former Regulations be altered to agree in all points with the latter.

Trusting that I may receive an early and favorable reply to this reasonable request, I avail myself of the occasion to renew to Your Imperial Highness the assurance of my highest consideration.

W. W. Rockhill

榷算司

呈為咨行事光緒三十三年五月初十日准美柔使照稱美商於廣州府分設行棧因西江口岸所定經過口岸停泊章程難與駐香港之商相較按以上所云章程由香港馬口及外國口岸運到西江之貨即在運至之地納稅一次或係欲運至停泊之處該貨即在江門或三水與廣州納稅一次由此觀之駐香港商人將其貨物運至西江口岸與停泊處不過只納稅一次惟駐廣州之商則須納一次半之稅即係進廣州府應納稅一次再由廣州運至西江商埠又須納一半稅

按光緒二十三年中英約附件及二十八年中英續商約十款所列允將西江一帶之三水梧州江根墟及江門等四處開作商埠並將白土口羅定口都城甘竹灘肇慶府德慶州等六處作為停泊上下貨物之處一律按照長江停泊之章辦理云云故請行飭該管稅員即將西江停泊之章改與長江之章無少差異方為妥洽即希見復等因前來相應咨行

貴大臣查核聲復以憑轉復美使可也須至咨者

稅務處

光緒三十三年五月　日

一四〇

十

照會

大亞美理駕合衆國欽命駐劄中華便宜行事全權大臣柔 為

照復事西六月二十八號准

照稱茲查奉天省之鳳凰城遼陽吉林省之甯古塔

琿春三姓黑龍江省之海拉爾愛琿日俄軍隊各已撤

退應即先行宣布開放商埠照請查照等因本大臣

茲已閱悉相應照復

貴親王查照可也須至照會者 附洋文

右 照 會

大清欽命全權便宜行事軍機大臣總理外務部事務和碩慶親王

一千九百柒年柒月初陸日

光緒叁拾叁年伍月貳拾陸日

一四

頭品頂戴兵部尚書兼都察院右都御史總督閩浙等處地方軍務兼理糧餉鹽課兼署福建巡撫事松 為

咨會事據福建興泉永道詳稱奉憲台札准

農工商部咨接駐美梁大臣函開美國工黨勢

力方張禁例日言改良一時未能決議自應先

為禁外諸人力籌寬待之法美國本境執行禁

例較為認真祇允於禁外五等之中一体優待

而凡此五等之外尚無一定辦法誠以美國屬

島如飛獵濱等處情形本有不同工黨亦未干

涉若從彼處入手破除五等界限辦理一有頭

緒然後設法推廣務期美國全境除工人外概

得任便往來去春與兵部大臣搭扶氏切商數

次初允華字日報主筆入境繼允報館印書館

檢字人入境又允優伶入境行之半年絕無阻

礙正擬陸續磋商將酒館工廠人等概許放入

不料假冒優伶入境之案層見疊出據該兵部

函開由厦門赴呂優人一百八十八人之多現

在演戲者定得二十六人其餘皆四散傭工又

有女伶六十六人之多定在演唱者二人其餘

皆營作醜業必須永遠禁止入口以杜冒濫等

語又經誠與面商暫緩禁阻飛咨閩海關及厦

門道將所發護照認真稽查毋貽口寔去後昨聞兵部已發電禁止因復晤塔扶詰問反復緣由搭扶謂外部路提堅持禁外五等併無優待之說所有美屬一律遵行故有此電誡告以禁外五等係光緒二十年條約所載今該約已廢不應照行按工商部現時認有光緒六年條約並無五等名目即按美國禁工條例亦無限出五等之事似此辦法殊不公平搭扶謂條約既廢不應再行照限當俟下期闔議提出此事請總統交司法大臣解釋決定以便遵行誠旋晤

外部將此意說明外部亦謂應交司法大臣解決等語俟解決如何再行奉聞此事費數月經營始得就緒乃以顧全大局之舉徒便奸人牟利之私鄉之所為策畫無遺者至今已成泡影而駐使之信用既已不彰則外交之能力必有牽動所關匪淺上年美國國會已有華官售照牟利之語今又授人口寔似未便再事姑容此後給發護照應如何明定章程嚴行懲罰之處務請核奪施行見復等因前來查美國禁阻華工入口條例綦嚴經梁大臣再四磋商從飛猶

濱等處入手破除五等界限設法推廣以期除
工人外概得任便往來辦理甫有端緒乃假冒
優伶之案層見疊出致外人疑有華官售照牟
利之舉未免貽人口實[illegible]
國際交涉兩有關礙[illegible]嚴[illegible]
關道及所屬地[illegible]
查核預防流弊[illegible]
照及出口人數按期詳細彙報本部以憑稽核
可也等因同[illegible]
外務部來咨[illegible]美[illegible]前因查華人
出洋本應認[illegible]竟

[illegible]
出洋本應認[illegible]竟
有濫售護照藉以牟利情事致生枝節嗣後華
人出洋營生務由該管官員考核詳晰確係正
業合例之人始准填發執照不得再有前項濫
售情弊致貽口實除函復美大臣外咨行查照
轉飭廈門道切實遵辦可也各等因承准此飭
道即速查核妥籌辦理詳復察奪等因奉此遵
查華人出洋營生請給護照向來由道查明籍
貫年貌填入照內送請領事官簽字給發辦理
甚為嚴密並無濫給情事所收照費前為保商

之用現自上年十月起改作學堂及巡警經費
亦無借此牟利情弊至前給優伶各照乃曾前
道任內所給我道未奉文之先內有[illegible]任後
僅據出洋商人請領護照之據再查所有洋文
與華文兩不相符與美領事往商更改未定
議至今該照所填各節業經前因優伶請發華
商出洋請照仍由道確查並取具保結如果並
非正業合例或有假冒優伶者一概不准給發
每年所發護照及出口人數彙飭按期冊報以
昭慎重合將籌辦情形詳請轉咨等情到本部

堂據此除詳批示外相應咨會為此合咨
貴部謹請察照施行須至咨者
右　　咨
外務部
緒　年　月初四　日

一四二

[redacted]

十一

咨呈

頭品頂戴護理兩廣總督兼署廣東巡撫兼管粵海關稅事務廣東布政使司胡　為

咨呈事案照承准

前總理各國事務衙門咨行出使美日秘國楊

大臣與美國使署律師科士達擬定華人往美

漢洋文護照程式咨粵照辦嗣後華人往美一

體仿照所擬程式飭由粵海關衙門發給等因

今本護部堂兼管粵海關事務據香山縣孀婦

盧梁氏稟請給照前往檀香山查核賬目查無

騙捐假冒等項情弊並有殷實舖保具結附繳
存案核與章程相符除驗填赴檀香山護照並
照章咨行
出使美秘古墨國大臣暨駐紮檀香山領事查
照辦理外擬合咨呈為此咨呈
貴部謹請察照備案施行須至咨呈者

右　咨　呈

外　務　部

光緒叁拾叁年陸月初柒日

一四三

欽命督理稅務大臣 為

咨呈事光緒三十三年五月十三日接准

咨稱准美柔使照稱美商於廣州府分設行棧因西江口岸所經過口岸停泊章程難與駐香港之商相較按以上所云章程由香港爲口及外國口岸運到西江之貨即在運至之地納稅一次或係欲運至停泊之處該貨即在江門或三水與廣州納稅一次由此觀之駐香港商人將其貨物運至西江口岸與停泊處不過只納稅一次惟駐廣州之商則須納一次半之稅即係進廣州府應納稅一次再由廣州運至西江商埠又須納一半稅按光緒二十三年中英約附件及二十八年中英續商約十款所列允將西江一帶之三水梧州江根墟及江門等四處開作商埠並將白土口羅定口都城甘竹灘肇慶府德慶州等六處作為停泊上下貨物之處一律按照長江停泊之章辦理云云故請行飭該管稅員即將西江停泊之章改與長江之章無可差異方為妥洽等因前來

本處查光緒二年七月二十六日中英會議條款第

三端通商事務內有沿江安徽之大通安慶江西之湖口湖廣之武穴陸溪口等處輪船准暫停泊上下客商貨物皆用民船起卸仍照內地定章辦理洋貨半稅單照章查驗免釐云云等語是洋貨由通商口岸進口完一正稅再運往長江停泊商埠又須完一子口半稅乃係向章今美柔使所指駐廣州商人在廣州應納稅一次再由廣州運至西江商埠又須納一半稅之辦法正與長江章程相符並無差異所請更改之處應無庸議相應咨呈

貴部查照轉復美使可也須至咨呈者

右咨呈

外務部

光緒三十三年六月十四日

應　之件

承參上行速酌而諭　月　日

監印委員分省候補知縣白育良

一四四

榷算司

呈為照復事光緒三十三年五月初十日准照稱茲有數美商集鉅款於廣州府分設行棧因西江口岸所定經過口岸停泊章程難與駐香港之商相較按以上所云章程由香港馬口及外國口岸運到西江之貨即在運至之地納稅一次或係欲運至停泊之處該貨即在江門或三水與廣州納稅一次由此觀之駐香港商人將其貨物運至西江口岸與停泊處不過只納稅一次惟駐廣州之商則須納一次半之稅即係進廣州府應納稅一次再由廣州運至西江商埠又應須納一半稅按光緒二十三年中英約附件及二十八年中英續商約十款所列允將西江一帶之三水梧州江根墟及江門等四處開作商埠並將白土口羅定口都城甘竹灘肇慶府德慶州等六處作為停泊上下貨物之處一律按照長江停泊之章辦理云云請閱一千八百九十八年所定長江停泊章程自應洞悉西江停泊之章確與長江之章甚不相符請行飭該管稅員即將西江停泊之章改定與長江之章無少差異方為妥洽等情當經本部咨行稅務處查核聲復去後現准復稱查光緒二年七月二十六日中英會議條款第三端通商事務內有沿江安徽之大通安慶江西之湖口湖廣之武穴陸溪口等處輪船准暫停泊上下客商貨物皆用民船起卸仍照內地定章辦理洋貨半稅單照章查驗免厘云云等語是洋貨由通商口岸進口完一正稅再運往長江停泊商埠又須完一子口半稅乃係向章今所指駐廣州商人在廣州應納稅一次再由廣州運至西江商埠又須納一半稅之辦法正與長江章程相符並無差異應無庸更改咨呈轉復等因前來相應照復

貴大臣查照可也須至照復者

美柔使

光緒三十三年六月　日

稱税務處所云雖係無錯然尚有不周之
處係只申明該關向章大略之情形惟未
論本大臣照內所牴駁之意即係洋貨船
能在西江停泊埠起貨單繳進口正税一次
該洋商常按此辦理惟洋貨如先由廣州
進口再運至該停泊埠不惟在廣州交
進口正税一次迨至停泊埠又須完半税
一次可知在西江停泊埠由外洋口岸運
來之洋貨較由廣州中國口岸運來
之洋貨反至多得利益本大臣實不
能照允緣本大臣係定欲更正務使廣
州經由西江停泊埠之洋貨貿易與
由外洋運經停泊埠之洋貨貿易税
項無所分別並所有洋貨經過廣州運
往西江停泊埠應與香港澳門運往該
停泊埠之洋貨一律免納半税或香
港與澳門運往該停泊埠之洋貨亦按
約照章完納半税請詳細酌奪見復
等因前來相應鈔錄美使來照咨行
貴大臣再行查核聲復以憑轉復該
使可也須至咨者 附抄件

税務處

光緒三十三年六月 日

一四六

頭品頂戴[illegible]巡撫山西[illegible]太原城守尉[illegible]為

咨送事據山西洋務局司道詳稱案據調署陽曲縣
知縣葉學韓詳稱光緒叁拾叁年伍月貳拾捌日准
太原總商會移稱案照本商會查得省城橋頭街哭
於本年肆月間有美商勝家公司出售縫紉機器有
該公司自印機器圖說壹本外列商標題曰美商勝
家公司內載條記有日本公司在美紐約開設字樣
彰明較著通國皆知確有証據案通商條約洋商不
准在內地開設行棧倘有違約開設等情即宜照章
禁止夫該商既曰美商其為外人可知商標既曰美
商公司其為[illegible]其非通商
口岸又可無[illegible]忌其確為
違約冒禁無[illegible]外人商號
正擬稟請援例查禁以維後患旋蒙洋務局憲傳該
商諭令出境不得在晉省開設嗣聞該商將前次商
標削去美商貳字又聞該公司有改稱信生昌之說
以圖朦混似此刁滑狡詐既犯禁於先復矯飾於後
實屬肆然無忌違背約章若不將該公司庻為禁絕
誠恐此端一開勢必至藉口該商紛設行棧輾轉蔓
延潛形匿跡防不勝防究無可究齟齬既多交涉日
甚為此移知尊處照章禁止特飭該公司速為閉歇
以符定章本會為大局起見以事關交涉不得不照
章呈請查禁以維商務而靖地方等因准此卑職查
此案曾蒙面諭前因查晉省既非通商口岸又無租
界處所洋商不准在內地開設行棧載在條約今該
美商在晉開設勝家縫紉機器公司與行棧無異自
應禁止以符約章即經諭令該公司立即閉歇並限
半月內將貨運回限至陸月拾伍日止一面諭令該

房主盧師古催令該公司依限騰房如有逾限逗遛
情事除將房屋入官外定將該商驅逐在案正詳報
間接准總商會前因理合併請查核俯賜批示備案
為此備由具呈伏乞照詳施行等情到局據此查通
商條約内載若非通商口岸及有租界處所不准洋
商在内地任便分設行棧今該美商勝家公司遽來
省城橋頭街開設分行出售縫紉機器並到處送閱
自印機器圖說實屬有違約章前經局查知即諭飭
該縣前往照約禁阻勒令歇業運貨出境去後茲據
該縣以查禁情形詳覆前來除批示外所有美商勝
家公司違約來晉分設行棧業已諭令閉歇勒限運
貨出境緣由並該商機器圖說壹冊理合具文一併

詳呈查核等情據此擬合咨送為此咨呈
貴部謹請查照施行須至咨呈者
計送美商勝家公司機器圖說壹本
右咨呈
外務部
光緒　　日

一四七

照會

大亞美理駕合眾國欽命駐劄中華便宜行事全權大臣杰　為
照會事、據美國駐滬總領事官、函送住上海美商豐泰公司稟
稱、西六月二十九號、該公司有麥粮二千三百噸、由阿里干省所屬波
兒特蘭地方、裝載克克利輪船、運到上海、西七月二十四號、該公司因
欲將該麥復運至香港中克貝地方、請海關給予復運出口單、據海
關按條約文義、復云該麥粮入口落岸已逾十五日、不能給予復出
口免單等因、此項麥粮落岸、雖於一千八百五十八年英國所定通商
章程善後條約第五款第三節內、有不准運出外國之語、惟此項麥

粮另有別情若不准其出口該公司定須受虧緣該麥粮係住滬華
商所購是以該公司將貨卸棧並無他意不過欲將麥粮交付原購之
商詎意華商因其運至愆期不肯照收然實因有意料不及情事竟被天
時所阻是以該貨到遲是該公司毫無過處當時華商若願告該公
不肯照收該公司即不將該麥落岸自無復行出口請發免單之舉
由此觀之則此項麥貨應如未落岸之貨一律允按所請運往香港
即請
貴親王詳核此情按照公平辦法行飭該海關給予復出口免單

可也須至照會者　附送洋文

右　照　會

大清欽命全權便宜行事軍機大臣總理外務部事務和碩慶親王

一千九百柒年捌月貳拾玖

光緒叁拾叁年柒月貳拾壹

日

附件

LEGATION OF THE UNITED STATES OF AMERICA,
PEKING, CHINA.

To F.O. No. 299
W.

August 29 1907.

Your Imperial Highness:-

I have the honor to inform Your Imperial Highness that I am in receipt of a despatch from the American Consul General at Shanghai, transmitting a communication from the American firm, Frazar & Co. of that port relative to the re-export of 2,300 tons of American wheat, which arrived from Portland, Oregon, per s.s."Kirklee" on June 29th.

Application having been made to the Customs on July 24th for a permit to re-export the wheat to Junk Bay, Hongkong, the same was refused on the technical ground that the wheat had been imported into China for a period of more than 15 days.

While it is true that the grain was landed and therefore falls within the category of grain whose export is forbidden by section 3. of Rule V. of the Regulations annexed to the Tariff of 1858, there are certain circumstances connected with the case which make the refusal of permit to re-export a real injustice to the firm in question.

The wheat was contracted for by Chinese at Shanghai and was landed in good faith to be delivered to the buyers, but

To His Imperial Highness, Prince of Ch'ing,
President of the Board of Foreign Affairs,
etc. etc. etc.

but was refused by the latter because of the late arrival.

The late arrival, however, was not due to any fault on the part of Messrs Frazar & Co. but was caused by force majeure. Had the Chinese concerned informed the American firm that they would not take delivery, the grain would not have been landed, and there would have been no question of its right to be exported.

It is no more than fair, therefore, that the wheat should be treated as though it had not been landed , ~~and~~ permission be given for its re-export to Junk Bay, Hongkong, as requested. I have the honor, therefore, to request Your Imperial Highness in view of the circumstances and as a matter of equity to direct the Imperial Maritime Customs to issue to Messrs Frazar & Co. the permit to re-export the grain to the port in question.

I avail myself of the occasion to renew to Your Imperial Highness the assurance of my highest consideration.

W. W. Rockhill

榷算司

呈為照復事前准

照稱美商豐泰公司代華商由外洋定購麥二千三百噸運滬因過期華商不收公司欲將麥運往香港海關以該麥粮入口落岸不給復出口免單此麥到滬逾期寔非意料所及若不准出口定須受虧請照未落岸之貨給予復出口免單等語當經本部電飭滬道查復去後茲准電復稱本年五月十八日由英商仁記行叨克利輪船進口計麥五萬九千九百八十八包又麪粉一萬一千一百八十六包由增裕怡和華記三洋行先後分報提岸完訖不意六月二十日美商豐泰行來問該船所裝之麥二千三百噸現在可否運往香港當答以與章不符旋又來函追詢告以美約二十一款載有如大合衆國船隻運載外洋穀米進各港口若並未起卸亦准其復運出口等語而此項起岸洋麥不能復運外洋實屬照約辦理等因前來查外洋穀米運入各港口如未起卸准其復運出口載在約章如已入口落岸之穀粮等項其不得復運出口自無疑義今美商豐泰公司購麥運滬業經起岸又欲運出外洋與約不符滬道不給復出口免單乃係照約辦理相應

照復

貴大臣查照可也須至照復者

美柔使

光緒三十三年八月　日

一四九

柔克義

逕啓者，適有美國商人蕭格，禀稱，現時中國鉄路交通，其所辦之商務，必須輪經周歷直隸奉天山西山東河南湖北等省地方，是以請將所領護照內添寫山西山東兩省字樣，以便前往經商游歷等因，本大臣合將原照一張，送請

貴部王大臣查照，加印，並希務於明日送還是荷，此泐順頌

日祉。附送護照一張

名另具 八月初七日

一五〇

榷算司

呈為咨行事前准美使來照以洋貨由廣州運往西江停泊
埠應與香港澳門運往該埠之洋貨一律免納半稅或亦
按約照章完納半稅請酌奪見復等因當經本部於本年六
月三十日咨行查核在案茲准美使催復相應咨行
貴處查照前咨速為核復以憑轉復該使可也須至咨者

稅務處

光緒三十三年八月

一五一

榷算司

呈為照復事接准
來照以美商豐泰洋行欲將已落岸之洋麥復運出口一事
並未請照條約辦理緣此等情事最為少見請推情格外
照公平權變之法行知滬道給予復運出口免單惟應聲明此
非條約所准之權利及如此次通融辦理嗣後斷不准他商援以
為例等因查美商豐泰洋行購運之洋麥業經起卸
貴大臣請通融辦理行知滬道給予復運出口免單本部亦
極想如
貴大臣之所請惟辦理交涉不能不以約章為憑深恐此事一
經通融在美商原未必援以為例而他國遇有此事亦將援案
以請應付殊難此本部未便遽允之情形深為抱歉相應照復
貴大臣查照并望原諒可也須至照復者

美國柔使

光緒三十三年八月

一五二

榷算司

呈為照會事接准考察商務楊大臣咨稱現
派農工商部郎中王慶甲主事潘斯熾分省
補用道李經滇先往美國考察商務請照會
美國駐京大臣等因相應照會
貴署大臣查照轉達
貴國政府可也須至照會者

美費使

光緒三十三年九月

一五三

榷算司

呈為咨行事光緒三十三年九月十二日接准美費署
使照稱茲有美國哈爾發得大學堂所派之考查
動物學維洛森等於中學地方尋獲各色禽鳥
千有餘頭均經其剔除骨肉仍將皮羽裝成各原形
現擬運往該學堂內之百鳥堂該各鳥均由哈爾發得
大學堂所派之人自行尋獲以為襄助動物學之用
本署大臣查知一千八百九十九年十一月間海關總稅
務司曾接駐京各使館所請轉囑各海關不准將
禽鳥皮羽之相連者報運出口此係欲免商務營
運多傷禽鳥之意惟此次所擬運者非為商務乃
確為動物之襄助起見是以本署大臣特代本國
極有聲譽之大學堂請轉囑總稅務司行飭海關將
該各鳥皮羽作成之各原鳥允准發給出口單等因前
來相應咨行
貴大臣查照酌核辦理并聲復本部可也須至咨者

稅務處

光緒三十三年九月

一五四

權算司

呈為照會事楊大臣赴南洋一帶考查商務業

經本部照會

柔大臣在案現准楊大臣電稱本月二十日乘海

圻海容兵艦放洋由香港至飛獵濱約在月杪請

照會

美國駐京大臣電知該埠地方官為荷等語相應

照會

貴署大臣查照電知飛獵濱地方官妥為接待可也

須至照會者

美貴署使

光緒三十三年九月 日

一五五

欽命督理稅務大臣 為

咨呈事准

貴部咨稱光緒三十三年九月十二日接准美貴使

照稱茲有美國哈爾發得大學堂所派之考查

動物學維洛森等於中國地方尋獲各色禽鳥

千有餘頭均經其剝除骨肉仍將皮羽裝成各原

形現擬運往該學堂內之百鳥堂該各鳥均由哈

爾發得大學堂所派之人自行尋獲以為襄助動

物學之用本署大臣查知一千八百九十九年十一月間海
關總稅務司曾接駐京各使館所請轉囑各海關不
准將禽鳥皮羽之相連者報運出口此係欲免商務營
運多傷禽鳥之意惟此次所擬運者非為商務乃
確為動物之襄助起見是以本署大臣特代本國
極有聲譽之大學堂請轉囑總稅務司行飭海
關將該各鳥皮羽作成之各原鳥允准發給出
口單等因相應咨行查照酌核聲復前來查
前項用皮羽裝成原形之各色禽鳥既係美國

哈爾發得大學堂用為動物學之襄助自與
商務營運者不同應即准其報關出口除劄知
總稅務司查照辦理外相應咨呈
貴部查照可也須至咨呈者
右　咨　呈
外　務　部
光緒三十三年九月　貳拾陸　日

驗印　委員候選布經歷閻唐依德

一五六

榷算司

呈為照復事前准

照稱茲有美國哈爾發得大學堂所派之考查動物學維洛森等於中國地方尋獲各色禽鳥千有餘頭剔除骨肉將皮羽裝成各原形現擬運往該學堂內之百鳥堂此非為商務乃確為動物之襄助起見請轉飭總稅務司行飭海關將該各鳥皮羽作成之各原鳥允准發給出口單等因當經本部咨行稅務處核辦去後茲准復稱前項用皮羽裝成原形之各色禽鳥既係美國哈爾發得大學堂用為動物學之襄助自與商務營運者不同應即准其報關出口已劄知總稅務司查照辦理等因前來相應照復

貴署大臣查照可也須至照會者

美費署使

光緒三十三年九月　日

一五七

照會

LEGATION OF THE UNITED STATES OF AMERICA

大亞美理駕合衆國欽命駐紮[illegible][illegible]署理全權事務大臣費　為

照會事。南京華商販賣美國火油，金陵厘捐總局不按條約勒
收稅項，謂爲捐助醫院善舉一事，於西去歲九月二十七號，本館
業大臣曾照請
貴親王，飭金陵厘捐總局，如有洋貨已納内地半稅，再有別項
厘捐征收稅項者，即係違背商約條款，故應禁止征收。是年十
月二十號接准
照復，據南洋大臣電稱，此款係屬善舉，出自華商情願，與
國家所收稅厘無涉，官聽民便，絕不抑勒，亦不便阻止等云。因
而本館以此事爲可以完結。兹接駐南京美領事來函云，有華

商恆豐潤劉慎寬等現被該厘金總局拘禁勒寫樂捐書
等情是以本館雖不應干涉内地政事惟不能不復詳為駁辯
美貨已按約投納税項該貨無論在外人及華人手内均不能再
收何等税項或託為樂捐各等之名現在該厘金總局所勒收捐
項寔與征税無别不能謂因此項係為幫助善舉不入國家即不
稱為税項去歲
貴親王照稱此係華商情願令地方官於不願捐者即拘禁勒
令書捐如此辦理豈非破壞樂捐之情由此以觀可見此確係
特别税項託為他項之名是以本署大臣再請
貴親王行飭該管官員不准再行抑勒人出此託名之捐項可也

須至照會者 附送洋文

右 照 會

大清欽命全權大臣便宜行事軍機大臣總理外務部事務和碩慶親王

一千九百柒年拾壹月初陸日

光緒叁拾叁年拾月初壹日

附件

F.

AMERICAN LEGATION,
PEKING, CHINA.

To F.O.
No. 321

November 6, 1907.

Your Imperial Highness:

I have the honor to call Your Highness' attention once more to the case of the levy at Nanking of a tax on American Kerosene oil in the hands of native dealers under the name of a voluntary contribution for the support of a hospital.

On September 27, 1906 Mr. Rockhill addressed a note to Your Highness with reference to this taxation and requested Your Highness "to instruct the central likin office at Nanking that the levy of any tax whatsoever upon foreign goods which have already paid the inland transit duty, is in violation of existing treaties and must be discontinued".

To this note Your Highness replied on October 20, 1906, by communicating the reply of the Superintendent of Southern Trade to the effect that the sum referred to had been collected as a "voluntary contribution of Chinese merchants in aid of charity and has nothing in the world to do with the duty and likin collected by the Government. The officials simply allow the people to do as they please

in

To His Imperial Highness, Prince of Ch'ing,
President of the Board of Foreign Affairs,
Etc., etc., etc.

(2)

in the matter, and certainly cannot either compel them to pay or prevent it."

Relying upon this statement the legation regarded the matter as settled and closed. It is now, however, reported by the American Consul at Nanking that two native dealers, Heng Feng-~~jun~~ and Liu Shen Kuan, have been arrested and imprisoned by the orders of the central likin office for refusing to pay this contribution, and compelled to sign a written statement that they will always, hereafter, pay this tax or contribution willingly.

This Legation, therefore, while disclaiming any intention of interfering in purely Chinese questions, feels in duty bound to protest earnestly against the imposition of any additional tax or charges whatsoever, either in the form of a contribution or otherwise, upon American goods, whether in Chinese or foreign hands, which have paid the duties provided for by treaty.

That the tax referred to is such a charge seems clear, and it cannot be admitted that because the proceeds of the contribution are devoted to a charitable institution and not received by the government, that it is not any the less a tax.

It has been designated in previous correspondence as "a voluntary contribution", but the arrest and imprisonment by the local authorities

of

(3)

of dealers who have refused to pay it divests it of any voluntary character, and proves it a tax under another name.

Under these circumstances, I have the honor to again request Your Highness to instruct the local authorities to refrain from enforcing the collection of this so-called contribution.

I avail myself of this opportunity to renew to Your Highness the assurance of my highest consideration.

Henry P. Fletcher

American Chargé d'Affaires.

照會

大亞美理駕合衆國署理欽命駐劄中華便宜行事全權大臣事務大臣費　爲

照復事。西上月二十八及本月三號先後准

照稱：考查商務楊大臣於中歷九月二十日由香港赴

飛獵濱，請轉達照料等因。本署大臣均已按照所

電達該處總督知照想於楊大臣到濱時自必以

所請妥為照料也須至照會者 附送洋文

右 照 會

大清欽命全權大臣便宜行事軍機大臣總理外務部事務和碩慶親王

一千九百柒年拾壹月初玖日

光緒叁拾叁年拾月初肆日

一五九

第三十三名 [illegible] 字六百四十四號

咨呈

陸軍部尚書銜兼都察院都御史頭品頂戴署理兩廣總督兼署廣東巡撫兼管粵海太平兩關稅務張 為

咨呈事案照承准

前總理各國事務衙門咨行出使美日秘國楊

大臣與美國使署律師科士達擬定華人往美漢洋文護照程式咨粵照辦嗣後華人往美一體仿照所擬程式飭由粵海關衙門發給等因今本部堂兼管粵海關事務據高要縣民人廖雲翔稟請給照前往美國浸信會充當教習查無騙拐假冒等項情弊並有殷實鋪保具結附繳存案核與章程相符除驗填赴美護照並照

章咨行

出使美秘古墨國大臣暨駐美金山總領事查照辦理外擬合咨呈為此咨呈

貴部謹請察照備案施行須至咨呈者

右　咨　呈

外　務　部

光緒叁拾叁年拾壹月　　日

一六〇

農工商部為咨呈事案准駐
美周代辦文稱華商赴美護
照請由部咨行轉飭興泉永
道仍照章給發以便商旅等
因前來相應鈔錄原文咨呈
貴部核奪辦理可也須至咨
呈者
附鈔件
右　咨　呈
外務部
光緒叁拾叁年拾壹月初捌日

附件

照錄代理美墨秘古使事布政使銜廣東存記道周自齊為
咨呈事承准
前福州將軍崇　咨開華人赴美護照照例係歸閩海關衙門核給前准
出使美國大臣梁　來咨以廈門發給赴美護照弊
竇滋多請飭禁止當經咨行查照辦理在
案此項護照現奉

部令收費應即由局揀名分别收取呈繳
以便推卸核收刷係厦門護照即行停給應照
章統歸閩海關衙門發給等因准此查
赴美護照[illegible]發往
前大臣梁[illegible]所
有外國[illegible]辦
使事總領事[illegible]發
此項護照原[illegible]官
厦關亦在准[illegible]年
閩厦兩關發[illegible]據
美兵部東文指駁是以
前大臣梁　咨請轉行停發優待護照其餘各項禁

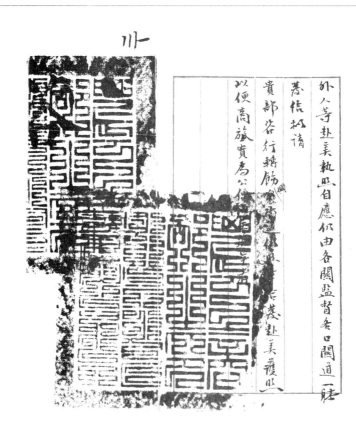

外人等赴美執照自應仍由各關監督各口關道一體
發給擬請
貴部咨行轉飭[illegible]發赴美護照
以便商旅實為公便[illegible]

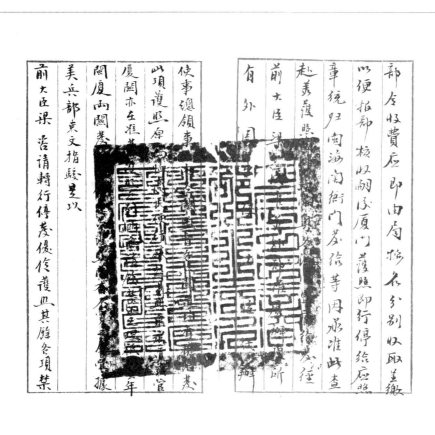

一六一

[illegible]為

咨呈事案照承准

前總理各國事務衙門咨行出使美日秘國楊

大臣與美國使署律師科士達擬定華人往美

漢洋文護照程式咨粵照辦嗣後華人往美一

體仿照所擬程式飭由粵海關衙門發給等因

今本部堂兼管粵海關事務據東莞縣學生盧寶書新甯縣商民關溢生

稟請給照前往美國習讀英文貿易查無騙拐假冒等項

情弊並有殷實舖保具結附繳存案核與章程

相符除驗填赴美護照並照章咨行

出使美秘古墨國大臣暨駐美金山總領事查

照辦理外擬合咨呈為此咨呈

貴部謹請察照備案施行須至咨呈者

右　咨　呈

外　務　部

光緒叁拾叁年拾壹月　叁拾　日

一六二

榷算司

呈為咨行事現據駐美代辦使事參贊周自齊電稱墨國政府託查我國現在購銀抑或售銀並出入數目請飭查電示等因前來相應咨行

貴部查照詳細查明聲復本部以憑轉復可也須至咨者

度支部

光緒三十三年十二月 日

一六三

大亞美理駕合衆國欽命署理全權事務大臣 費 為

照復事西本月二號接准

照復云即照所請已電宜昌道准維博士洛森將打鳥槍子四千粒運入內地等因本署大臣實深感謝為此照復

貴親王查照須至照復者 附送洋文

右 照 會

大清欽命全權大臣便宜行事軍機大臣總理外務部事務和碩慶親王

一千九百捌年叁月初叁

光緒叁拾肆年貳月初壹 日

一六四

[illegible]　為

咨呈事案照承准

前總理各國事務衙門咨行出使美日秘國楊

大臣與美國使署律師科士達擬定華人往美

漢洋文護照程式咨粵照辦嗣後華人往美一體

倣照所擬程式飭由粵海關衙門發給等因今

本部堂兼管粵海關事務據開平縣學生周桓標、開平縣商民鄺維茂

稟請給照前往美國讀書、貿易查無騙拐假冒等項

情弊並有殷實鋪保具結附繳存案核與章程

相符除驗填赴美護照並照章咨行

出使美秘古墨國大臣暨駐美金山總領事查

照辦理外擬合咨呈為此咨呈

貴部謹請察照備案施行須至咨呈者

右　咨　呈

外　務　部

光緒叁拾肆年貳月拾伍日

一六五

咨呈

欽命紀錄十次兵部尚書都察院右都御史湖廣總督兼管巡撫事趙 為

咨呈事。據湖北荆宜道宜昌關監督陳夔麟申稱：光緒三十四年正月二十九日奉

外務部勘電開：宜昌關道，美使照稱美博士蟄昆森現住宜昌地方，擬游歷中國内地西方各省，尋獲各鳥羽毛作動物標本，定為一年之久，所用打鳥鎗須備有子彈四千粒。該博士擬於西三月十號起程，請速電宜昌關道准其運入等語。查上年九月間准美使來照，以該博士於中國地方尋獲各鳥，將羽毛裝成各原形，擬運往美國哈爾發大學堂為動物學之襄助品，准運發出口，經

税務處准據復，該使在案。茲准前因，該博士係為研究學業起見，所帶槍彈自與商販暨尋常打獵所用不同，應即通融，准其帶運。除咨

税務處外，即遵照等因。奉此，除由職道照會宜昌關税務司暨行大關委員放行外，理合具文申報，查核分咨西方各省督撫憲轉飭各地方官及各關卡一體知照等情到本督部堂。據此，除批查

外務部勘電，僅飭該關將該美博士子彈放行，并未咨會本督

部堂分咨西方各省槍彈因[illegible]亦不免有礙地方
應咨何省及聲明該博士須將槍彈不能隨意攜帶者候咨明
外務部查核辦理仰即遵照[illegible]等因即發給相應咨呈
為此合咨
貴部謹請查核施行須至咨呈者
右 咨 呈
外 務 部
光緒三十四年十一月十五日

一六六

陸軍部尚書銜兵部尚書都察院右都御史兩廣總督兼署廣東巡撫兼管粵海太平兩關事務張　為
咨呈事案照承准
前總理各國事務衙門咨行出使美日
秘國楊大臣與美國使署律師科士達
擬定華人往美漢洋文護照程式咨粵照辦
嗣後華人往美一體仿照所擬程式飭由粵海
關衙門發給等因今本部堂兼管粵海關事務
據廣西奏派考查商務委員補用道劉士驥稟請給照、候選巡檢劉毓珩稟請給照隨同廣西奏派考查商務委員劉士驥、選用道梁恩稟請給照隨同廣西奏派考查商務委員劉士驥、選用道劉義任稟請給照隨同廣西奏派考查商務委員劉士驥、選用道歐雲髙稟請給照隨同廣西奏派考查商務委員劉士驥前往加拿大
及美國各埠考查商務、充書記員、考查商務並出具履歷相片前來查無
騙拐假冒等項情弊核與章程相符除驗填赴

美護照並照章咨行
出使美秘古墨國大臣暨駐美金山總領事查
照辦理外擬合咨呈為此咨呈
貴部謹請察照備案施行須至咨呈者

右　咨　呈

外　務　部

光緒叁拾肆年伍月拾陸日

一六七

榷算司

呈為照會事前考察商務楊大臣派委農工商
部主事潘斯熾分省補用道李經滇前往美國
考察商務經本部於上年九月初二日照會
貴署大臣轉達
貴國政府在案茲據該委員潘斯熾李經滇
電告准西歷七月七號坐賽秘利亞船起行赴
美並聲明隨帶書記徐紹先同往等因相應
照會
貴大臣查照並希轉達可也須至照會者

美柔使

光緒三十四年五月　日

一六八

咨

欽差出使美墨秘古國大臣伍　爲

咨呈事光緒三十四年四月初四日承准
大部咨開查華人赴美請發護照一事光緒
三十三年八月間准閩浙總督咨稱據福建
興泉永道詳稱華人赴美國小呂宋各島護
照向由各前道填給現據赴美華商黄子
仰等來道請給護照因檢閱照式所載華
洋文迥不相符惟有將前用舊照式樣並
將洋文繙譯漢文録摺呈請與美使妥商
更正俾得遵照填用等因本部以該道所
送照式與舊照不符當即咨行閩浙總督轉
飭查復去後兹准咨稱札據洋務局轉詢興
泉永道文稱前送照式係前道移交究竟如
何錯誤與舊照不符無從稽考現在關務處
移送華洋文照式漢文計開之下所列條款

僅止姓名年歲身材面色異相事業職銜
住址而洋文則於事業一項分出從前現
在以及何時在何處做起做了幾久商人
又應加填生意字號賣何貨物資本若干
現在估價若干遊歷者則加填是否殷實
約留美國幾久等款核與漢文兩不相符種
種苛求添出十餘款之多恐將來領事乘機
駁詰致生指阻實與華人大有未便此項照
式本係前出使楊大臣擬定通行上年又復
奉准梁大臣以舊約已廢新約未定擬暫用
舊照並定章程十一條咨由商部通行即經
洋務局將前項護照改刊三聯單式均遵新
章辦理在案惟所指華洋文條款不符一
節應請照商美使聽候部示等情咨請察
核辦理前來查光緒二十年中美續訂工
約所有華人赴美護照經前出使楊大臣擬
定華洋文照式通行在案嗣梁大臣以舊約
已廢新約未定擬暫用舊照並定章程十一
條咨由商部通行各省照辦亦在案今興泉
永道謂護照華洋文條款不符究竟因何錯

誤相應鈔錄閩省來文及清摺等件咨行就
近查核原案迅即聲復以憑核辦計粘抄一
件等因承准此查中美互訂限制華工之約
始於西歷一千八百八十年即光緒六年旋
於西歷一千八百八十二年即光緒八年美
國議院設立華人入境條例復於一千八百
八十四年改正該條例第六款所載與來文
粘單內所譯出之十四款及其餘各款均屬
相符嗣光緒二十年楊前大臣與美政府所
訂之約於是禁止華工來美並且為本國所
承認幸此約訂以十年為期上年屆滿此
此與其擬定之照式實截然兩事蓋無論
約之廢否其本國所定華人入境條例依
然實行非謂二十年之約一廢其條例亦
與之俱廢也故上年梁大臣聲明
廢新約未定擬仍用舊章並將新定章
十一條咨由商部通行各省在案查該章
程內有護照內洋文各條應由發照處委
員按照華文譯出一條正由習見內地各省
護照恆未能如式且中西對譯詳略或未能
吻合而美國員司又恆以英文為準是以咨
由商部通行各省至於華洋文不同之故檢
查楊前大臣原卷詳細比對或因當時譯事
未精不能盡相符合查津滬兩關現在所用
之照與所列十四款亦大致相同惟津滬則
所譯較詳故能中西合璧閩省則所譯
較略且猶沿用舊式未免相歧擬請
大部咨行該省將此項護照補譯華文就
近咨取津滬兩關照式一律仿辦庶不至
有所參差謹將美例第六款譯出另摺繕
呈所有查明閩省護照華洋文條款不符
情由理合咨復為此咨呈
大部謹請察照須至咨呈者 附呈譯件
右咨呈
外務部
光緒叁拾肆年伍月 貳拾 日

附件

卅四年八月初二日

育字四千八號

照譯華人入美條例

華人入美國境內條例一千八百八十二年五月六號訂立　一千八百八十四年七月五號改正

第六款

凡非工屬之華人或按照條約或依據本例得享有進入美境權利者須得中國政府准許或該華人已為他國籍民須得該國政府准許証明其為可享此權利之人兼給與護照此護照應用英文繕寫照內須有已經准許字樣及本人簽押名字此外本人姓名年歲身材高度體貌特誌現在及前時所執何業與執業之時日處所年期及居住何處均須一一聲叙清楚如有官階亦當叙入兼聲明該華人即為本例准其入境之人

如請領護照者係一經商之人該護照除照上節叙列外應將本人於請領護照時及以前所經營之生意係屬何

項貿易大小衰旺若何以及價值幾何詳敘明白須知商字意義據條約或本例解釋所有作小買賣或途中負販或捕取魚介之屬乾腊醃漬以為本土銷用或輸運出口人等均不得包括在內

如請領游歷護照照內亦須註明本人意欲經過美境抑或在境內游歷並添註本人在所請領護照國內家道是否殷寔

凡按照本例給發之護照與証明持照者是否即照內所稱之人一事須於本人起程往美國未上船之前由所發護照國之美國駐使或駐紮該持照人所從登程之口岸之美國領事查驗簽字該駐使或領事即有查驗照內開列事欵是否屬寔然後簽字之責如查出內有不寔事欵

即當拒絕簽認
此項護照既經如上節所言查驗簽字後即爲照内事項
最先顯現之憑証須由本人於行抵美國口岸時取出交由
該口岸關員驗視以後如有合例官員按照法律索驗該
照亦須取出驗視該持照人之能享有進入美境權利即
以該護照爲唯一之憑証但美國官員仍可將該護照辯
駁及否認照内所列事項

一六九

咨稅務處美使來言美貨運往西江停泊埠多抽厘金一事從速查明見復由

行　行

外務部左侍郎聯　十二月十七日　行

外務部右侍郎梁　十二月　日

[redacted]

十二月十七日　行

榷算司

呈為咨行事前准美柔使照稱美貨由廣州運至西江停泊埠除完正稅外仍須完納子口半稅比他國所納之貨稅仍屬較多一事本部已經於本年十月初四日咨行貴處在案未准聲復現准美使面稱接駐

廣東美領事報稱美船運貨地方官仍多抽
厘金請咨該省嗣後不得如此辦理等語相
應咨行
貴大臣查照前咨從速查明見復以憑轉復
美使可也須至咨者
税務處
光緒三十四年十二月　日

一七〇

美領事來函

敬啓者西歷十二月二十九號各國領事在

尊處與

貴大臣會商之紀錄曾於西歷正月七號經津海關道蔡面交本領袖領事是日已經各國領事同天津洋商會所選舉代辦各被欠洋行之人員會議該紀錄中缺少之處有三

一貴大臣應許催辦外客積欠以解津埠華商之難

查此節與津海關道西九月七號函開應允無異

二貴大臣應許設法減輕天津華商之稅釐

三貴大臣應許飭將銅銀圓兑換公平之價

查天津各國銀行舊存之化寶應兑換一節

貴大臣紀錄內開又有一不足之處

一查在

尊處會議時云及外國銀行舊存之化寶凡蓋有現時或從前爐房之戳記者應收回不使洋商吃虧惟不換無戳記及零碎之件

現已將該紀錄更加以上四條後經各國領事已與各洋商逐細查明商妥矣

紀錄內開倘各國領事別有妥善辦理之法爲本大臣權力所能辦到者本大臣亦極願聞一節

查此節各國領事已悉甚爲滿意茲將各國領事會議公允決定之意開列於後

各國領事請本領袖領事函復

貴大臣爲接到西十二月二十九號各國領事與

貴大臣會商紀錄一件並請將以下各節轉請

台閱

一查紀錄內開前據商務總會稟稱將各商宣欠分十年歸清一節

查此節一定均難照准實無效果該限期並應[illegible]及也須辦去自不能照准

二貴大臣應許外客積欠全數[illegible]稅釐減輕 及

銅銀圓兑換公平之價此等[illegible]

三查各華商欠各洋商款項一[illegible]

貴大臣札飭商務總會帮同[illegible]

四各國領事甚滿意

貴大臣應許札飭審判廳將欠各洋行之案訂定審訊日期函知以便有關係之領

事派員及有關係之洋行派人到廳觀審一節即請

貴大臣速飭該廳訂期審訊並照所定[illegible]之詞照節辦結

五查紀錄内開本國現議改良法律一節

查此法律與現時之情形甚不適當緣此法律係現議改良 貴大臣接 法部來

文正在整飭審判廳一切規則應由何臬台蔡道台等將洋人控欠案件審判廳

一七一

文

AMERICAN LEGATION,
PEKING, CHINA.

美國柔使名柬

譯文交榷庶司

入收

His Excellency Liang Tun-yen,
President of the Board of
Foreign Affairs.

AMERICAN LEGATION,
PEKING.

Feb. 6, 1909.

His Excellency
Liang Tun-yen,
President of the Board
of Foreign Affairs.

Sir:

Mr. Rockhill has instructed me in compliance with your verbal request of Feb. 2, 1909, to send to you a detailed statement of the correspondence between this Legation and the Board of Foreign Affairs relative to certain cases as yet unsettled and pending.

I have the honor, therefore, to enclose said statement herewith.

I have the honor, to be, Sir,
Your obedient servant,

Willys R. Peck

Assistant Chinese Secretary.

Enclosure: Statement as above.

Unsettled Cases Pending between the American Legation and the Board of Foreign Affairs.

February 4, 1909.

I. We[illegible]iver Trade Regulations.

[illegible]orning Star" case in Kuangtung (Occurred Oct. 28, 1907).

III. Wong Chow (Huang-ch'iu) case in Kuangtung.

IV. Establishing branch of the Standard Oil Co. at Ch'ang-sha.

V. Imposition of illegal likin on American kerosene in Shantung, Honan, and Chihli.

VI. Imposition of illegal tax on American kerosene at Nanking.

VII. Case of the "Ranger Trading Company" at Shanghai.

VIII. Missionary land-purchase case in Ssu-ch'uan.

- - - - o o o - - - -

Notes have been exchanged with regard to the following cases as detailed below:

I.

West River Trade Regulations.

(1) Leg. to F.O. June 19, 1907.

Requesting that the - be altered to agree with those in force on Yangtze River.

(2) F.O. to Leg. July 27, 1907.

The - are in accord with the Yangtze Regulations and need not be altered.

(3) Leg. to F.O. Aug. 5, 1907.

Repeating request for alteration of the - .

(4) F.O. to Leg. Oct. 8, 1907.

Superintendency of Customs has ordered all foreign goods whatsoever shall be subjected to both the regular import duty and also extra half duty on arrival at a Port of Call.

(5) Leg. to F.O. Oct. 23, 1908.

Order of the Revenue Council has not been observed. Strong protest is registered, owing to disadvantage to which goods shipped from Canton are thus subjected.

II.

"Morning Star" riot case in Kuangtung.

(1)

II.

"Mornigg Star" riot case in Kuangtung.

(1) Leg. to F.O. March 30, 1908.
Giving particulars of - and asking indemnity of $2,329.30, also removal of Magistrate Che Sin-mo (謝先模).

(2)F.O. to Leg. April 4, 1908.
Viceroy reports very little damage done. Magistrate did his duty energetically and cannot be pnished. Missionaries may not preach from launches. Case should be settled locally.

(3)Leg. to F.OL April 10, 1908.
Viceroy's report based on misinformation. Recapitulation of circumstances. Request reiterated that Magistrate be removed and indemnity (reduced to $2,298.25 Mex.) be paid.

(4) F.O. to Leg. April 23, 1908.
General denial of Legation's statements. Viceroy claims fraud on part of native Christians and consequent misstatement by American Consul General. Refuse to punish Magistrate.

(5)Leg. to F.O. June 1, 1908.
Restatement of case, enclosing documentary proof of inaccuracy of Viceroy's statements. Reiteration of demand for the punishment of the Magistrate and payment of indemnity.

(6) F.O. to Leg. June 26, 1908.
Another report from Viceroy saying that Magistrate exerted himself and losses are over-estimated. American Consul General too credulous.

(7) Leg. to F.O. July 3, 1908.
Pointing out serious nature of accusations made implying lack of ability to discharge his duties on part of American Consul and lack of good faith on part of Leg. and Dept. of State. Also Viceroy evades real issue and ignores facts proved by Leg. in note of June 1st. Reiteration of demands.

(8) Leg. to F.O. Sept. 1, 1908.
Regret no answer to note of July 3, 1908. Ask for opportunity for oral discussion.

III.

Wong Chow (Huang-ch'iu 黄秋) case in Kuangtung.

(1) Leg. to F.O. June 10, 1908.
Wong Chow an American citizen, abducted and robbed of of property, valuables, etc. Local officials refuse to deal with case in accordance with treaty provisions for such cases.

(2) F.O. to Leg. Sept. 6, 1908.
- not an American Citizen, nor was he robbed. Case must be settled locally in accordance with law governing Chinese subjects.

(3) Leg. to F.O. Sept.19, 1908.
- is an American citizen. He may not hold or purchase land but is entitled to the money value of his inherited estate. He did not buy land but loaned money on land as security. Method of trial should be that laid down in Supplementary Treaty of Peking, 1880, Article IV.

(4) F.O. to Leg. Oct. 15, 1908.
Viceroy has been instructed to try case of- in accordance with article IV of Treaty of 1880.

(5) F.O. to Leg. Dec. 3, 1908.
Viceroy says there is documentary proof-that- - bought land in Kuang-tung and paid fees thereon. Board of Foreign Affairs claims that- renounced his citizenship and acknowledged himself Chinese.

(6) Leg. to F.O. Dec. 14, 1908.
Surprise of Legation that instructions spoken of in note of Oct. 15, 1908, not observed. Recapitulation of proof that - acquired American citizenship and never renounced the same.

(7) F.O. to Leg. Dec. 18, 1908.
- certainly renounced his citizenship because(1) he bought land and paid taxes (2) he resided continuously from 30th to 33rd year of Kuang-hsü in the interior (3) he petitioned the local Magistrate directly. No denial of his having acquired American citizenship at one time but he renounced it as above.

(8) Leg. to F.O. Dec. 21, 1908.
American citizenship of - not renounced according to American law, because (1) - denies having bought land, said land having been pledged to him as security for a loan, but in any case this is a question of Right to purchase not of citizenship (2) - notified the American Consul of the reason for and the temporary nature of his stay in China (3) Petitioning local Magistrate directly was a mistake but irrelevant.

IV.

Establishing branch of the Standard Oil Company at Ch'ang -sha.

(1) Leg. to F.O. August 4, 1908.
Request that Standard Oil Company be allowed to establish a branch at Ch'ang-sha, in accordance with treaty rights. Opposed by the people.

(2) F.O. to Leg. Aug. 18, 1908.
Cannot allow erection of oil-tanks and go-downs on account of narrow limits and dense population of Ch'ang-sha. Opening of treaty port does not *ipso facto* give right to erect the above.

(3) Leg. to F.O. Sept. 5, 1908.
Above note cannot be considered final. Request date for discussion.

(4) F.O. to Leg. Sept. 22, 1908.
Informal reply. Danger of insurrection if wish of people is not yielded to. Please wait for a favorable opportunity before discussing case.

(5) F.O. to Leg. Oct. 8, 1908.
Opposition of people too strong. Standard Oil Company must wait.

V.

Imposition of illegal likin on American kerosene in Shantung, Honan and Chihli.

(1) Leg. to F.O. Aug. 31, 1908.
Illagal likin exacted from goods of Standard Oil Company covered by transit passes, at various places in Shantung, Honan and Chihli.

(2) F.O. to Leg. Sept. 23, 1908.
Case in Shantung caused by non-compliance with treaty requirements.

(3) F.O. to Leg. Dec. 10, 1908.
There has been no infraction of treaty regulations in Honan. Evasion of tax is often attempted.

(4) Leg. to F.O. Dec. 21, 1908.
American Consul General in Tientsin has documentary proof of illegal collections complained of. Request immediate action.

VI.

Imposition of illegal tax on American kerosene at Nanking.

(1) Leg. to F.O. Sept. 27, 1906.
"Laying down tax" contrary to treaty levied at Nanking on American kerosene.

(2) F.O. to Leg. Oct. 20, 1906.
Tax is voluntary in nature.

(3) Leg. to F.O. Nov. 6, 1907.
Tax cannot be voluntary as force is used in its collection. Protest against it.

(4) F.O. to Leg. Nov. 20, 1907.
No compulsion has been used. Tax is collected after delivery to Chinese, hence no concern of foreigners.

(5) Leg. to F.O. Dec. 26, 1907.
American Consul reports two dealers arrested and fined

fined. Merchants intimidated from buying American oil, hence it is immaterial in fact and also according to treaty whether goods are in foreign or Chinese hands.

(6) F.O. to Leg. Jan. 4, 1908.
Referred to Superintendent of Trade for the South.

(7) Leg. to F.O. March 30, 1908.
Tax is still levied. Not in accordance with treaty. Renewed protest.

(8) F.O. to Leg. April 7, 1908.
Waiting reply of Superintendent of Trade for the South. Have urged haste.

(9) Leg. to F.O. Oct. 2, 1908.
Six months have passed and no reply.

VII.

Case of the "Ranger Trading Company"at Shanghai.

(1) Leg. to F.O. August 15, 1908.
Magistrate of Mixed Court fails to enforce judgement in case of the Ranger Trading Company (美亨洋行) vs. Yü Heng (裕亨行).

(2) Leg. to F.O. Nov. 4, 1908.
American Consul General at Shanghai reports that the Mixed Court Magistrate has failed to enforce judgements in several cases besides the - . Request action be taken.

VIII.

Missionary land purchase case in Ssu-ch'uan.

(1) Leg. to F.O. Nov. 7, 1908.
Sanction given by Viceroy to unreasonable obstruction offered by local official to purchase of land by missionaries.

一七二

卅二

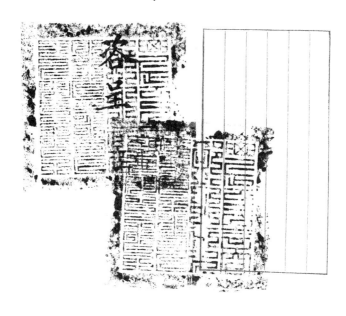

農工商部為咨呈事案據上海商務總會總
協理稟稱上年九月准駐滬美領事函稱日本各
商會邀請敝國商人前往觀察商務如貴商會亦
願敝國商人來申遊歷以資聯絡本領事願
為代達藉聯友誼等因當以為時太促未及邀
請美商業已回國遂作罷論繼而探知日本各
商會接待美商禮意優渥特派專輪相迓並
請政府給予頭等車船免票派專員照料供

張豐美並請外務省農商務省各大臣一同蒞
會美商等中情歡悃交誼益敦今夏西六月
分美邦西澳德丙省舉行賽會即邀請日商往
觀以為酬答從此日美兩國商界情誼日益浹
洽貿易必日益擴張職道等有鑒於此擬踐
美領前約函商各大埠商會已聯名作書由駐
滬美領事轉遞邀請俟得美商來華確音
並姓名人數以及開會典禮日期場所等類

再當陸續詳稟事關外交請咨外務部郵傳
部立案此後美商來滬或須分往他埠遊歷
否隨時請給車船免票之處並求會咨各督撫
札飭地方有司加意保護等情到部查日本各
商會邀請美商前往觀察商務極意優待
非特邦交益睦而商情既洽貿易必日益擴張
該商會擬踐美領前約聯合各商會函致美領
遞書轉邀美商來華觀察商務藉以研究

似於商業前途大有裨益除諸務事宜[illegible]稟各
節咨商部核辦外[illegible]之處
相應抄錄原稟咨呈
貴部查照核辦見復可也須至咨呈者　粘抄件

右咨呈
外務部

宣統元年貳月貳拾玖日

附件

大人

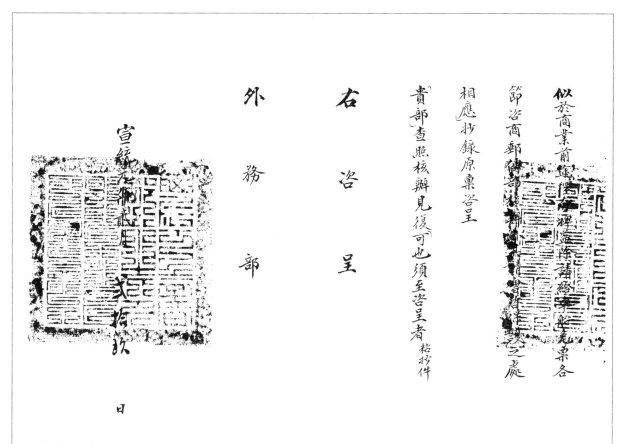

照錄上海商務總會等
鈞座敬啓者敝會於上年九月間准駐滬美領事田
夏禮函稱前因日本各埠商會邀請敝國商人前往
觀察商務敝國於此可深表同情現由太平洋沿岸
一帶商會選舉代表約三十名前往攷察亦冀貴商
會亦願敝國商人來中游歷以資聯絡並明經商之法

彼此研究，应就贵国土货或可直接销往于贵国商业实为进大有裨益。现查敝国商人约于西十月十四号即华九月二十日可抵横滨，并须在彼盘桓至西十一月一号即华十月初八日，以便如若见邀请，先行知照伊等，并可来中一游，本领事极愿代为转达，藉联友谊。而伊国侪等因前以为时太促，未及赴请。

美商业已回国，适作罗论，继而探知日本各商会此次接待美商，款甚优渥，且由美至日，特派专轮迎迓，在日往来各埠，均系请政府给予头等车船免票，且抵东京也，农商务省大臣特派专员照料，至开欢迎会也，供张华美，并请外务、农商务省各大臣一同莅会，宾主劝酬，极一时之盛。美商等

既叹货物之精良，复感款待之诚挚，中情欢惬，永谊益敦。今夏西六月分美邦西澳使而为举行赛会，拟即邀请日商往观，以为酬答，从此日美两国商界情谊必日益浃洽，贸易必日益扩张，固知处交通之世纪，善于交际者为功，即在商界犹是也。职道等有鉴于此，拟践美领之约，藉通款曲之

诚，冀收安攘之效。出商务大埠商会意见和同，现已联名作书，由驻沪美领事转达赴请，合将缘由先行禀陈，俟得美商来华确音并姓名人数，以及开会典礼日期、场所等类，再当陆续详实，惟事关外交，

拟请

钧部先行咨行

外務
郵傳部立案，此次美商來滬，或須分往內地遊歷
經過，隨時請給車船免票之處，應予先行一面並求
會
咨
外務[illegible]核[illegible]轉飭[illegible]優禮[illegible]照會
[illegible]會[illegible]務[illegible]商[illegible]務[illegible]肅
事除伏乞
伏乞
大人電鑒，俯賜[illegible]南[illegible]，恭叩
鈞安，伏維
垂鑒

一七三

榷算司

呈為咨復事。宣統元年二月二十七日准

咨稱：據上海商務總會稟稱，上年九月准駐滬美領事函稱，日本各商會邀請敝國商人前往觀察商務，如貴商會亦願敝國商人來申遊歷，本領事願為代達，藉聯友誼等因。當以為時太促，未及邀請，美商業已回國，遂作罷論。繼而探知日本各商會接待美商禮意優渥，茲擬踐美領前約，函商各大埠商會，已聯名作書，由駐滬美領事轉遞邀請，俟得美商來華確音並姓名人數，以及開會典禮日期、場所等類，再當陸續詳稟。事關外交

請咨外務部立案此後美商來滬或須分往他
埠遊歷並求會咨各督撫札飭地方有司加
意保護等情鈔錄原稟咨呈查照核辦見復
等因前來此事於中美交誼及中國商務均
極有關係日本政府前既優待美商中美睦
誼素敦禮意亦宜從厚
貴部主持商務自必曲為提倡加意聯絡
並俟該商會得有美商來華確音將各詳
情稟報時即希速行知照本部以便轉飭
各省地方官隨時保護相應咨復
貴部查照可也須至咨者
農工商部
宣統元年閏二月　日

一七四

[illegible]為
呈明事據[illegible]油洋
行經理人劉[illegible]江商
議該行建設[illegible]及飭
勘地基情形於閏二月二十一日電稟憲台暨
督憲鑒核奉憲台暨
督憲電復在案現經職道與該經理人仿照亞
細亞章程議訂試辦章程十三款並於第十二
款內將報効捐款一節遵照
督憲電飭磋商添入其餘各款字句均經逐一

詳細撿點較亞細亞章程大致一律至開埠之款任其自售一節職道原意係就我一方面空論之詞惟電文稍簡似與下文公司出函為據一語相連茲遵照憲台電飭辦理函中不提出此層祇須該行函內將售與中國人暨出售之先須報明地方官查明允准方准出售各節切寔聲叙則權自我操嗣後或代招華商亦無不可惟代招華商一節未便於函內叙及致涉呆滯茲將會商美孚試辦油池章程十三款開具清摺稟請示遵再據該商聲稱本行事務甚多不便在潯久候務求迅速等語該商兼管鎮江蕪湖九江三處油池所稱事多尚屬寔情此項章程稟送到時如蒙允准乞先行電知俾便飭承趕繕正稿分別簽字俟章程簽字後再飭縣復勘地基另議租地章程以期迅速再該行允出原設龍開河棧房售與中國人營業函據寔為此案緊要關鍵應俟該商將函送來閱過妥當再將章程簽字以昭慎重理合稟乞察核施行計稟呈清摺一扣等情到本部院據此正核辦間適准

兩江督部堂端　電開頃據文道稟送美孚設池章程核與亞章相同可即照准俟該行將允出函據核定繕送後再行簽字仍候撫帥核示遵辦歌印等因當以歌電悉已飭文道遵辦覆勘地基另議租地章程並飭格外留意慎防流弊電復並電飭該道遵辦去後據稟前情除批示外相應抄錄章程呈送為此咨呈

貴部謹請查照核覆施行須至咨呈者

計抄送　清摺一扣

右　咨　呈

外　務　部

宣統

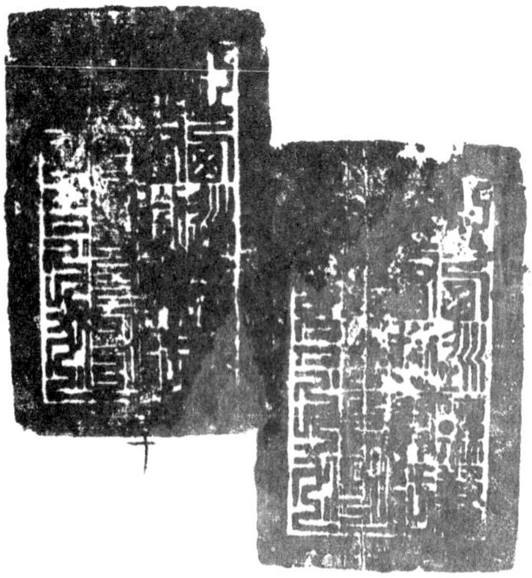

十

日

附件

抄章

議訂美孚洋行在九江開設油池試辦章程十三款

計開

一查通商場禁例無論華洋行舖均不得多積火油此次建設油池特在通商場之外另擇偏僻地段以免危險而保治安

二所設油池應須慎重建造預籌防患之法以保衛鄰近居民之生命財產該行認於油池上建置圓形鐵蓋並配置流通空氣之孔及引電鐵桿並於油池四圍加築土堤堤內之地足敷容積油池內所貯之油以免火患並免滲溢之弊該行並認倣照上海公司防火辦法於廠內屯積沙堆並木桶等件以備不虞又須早日購買救火汽車兩具安置廠內另僱可靠更夫若干名按時周巡廠內地段關道暨洋務局可隨時派委熟悉工程之洋員或華員前往察看倘該員為格外須重起見欲添設溝牆或別項工程該行應即按照所言立即興修費由該行自備所有該廠工程圖樣應即繪送關道暨洋務局存查

三火油係易於引火毒烈之物一切意外之事所有妥慎保安各節應惟該行承認該
池主或代理人應格外謹慎防護以免滲漏如有滲漏應即修補其修補工程須由關
道限期令其依限修竣如逾限尚未能修補完固全廠油池即須停工俟修補完好方
能再開關道暨洋務局隨時可派諳悉机器之洋員或華員前往查勘全廠以祛疑惑
而安輿情

四倘因管理之人不慎或另因不測之事傷害華人性命及毀壞屋房舟船財產植物動物
等項該池主或其代理人須格外從優分別給予撫卹並照值賠補至賠卹數目應由關道
暨洋務局與領事官公允議定

五日後倘油池滲漏流入田地及江河水道有碍耕種及居民飲水或被雷所觸或失火以致轟
發傷及附近民人廬舍產業則油池有害確有明徵除向該行照所損害之數取償賠款卹
款外應由地方官会同美領事官詳細查明如果出意外之災人力所不及防者即應另
籌妥慎办法重行營建或擇他處遷移如係該行經理不慎致肇災患即將油池拆去
不得再行建造

六該油池行主或其代理人須出具上海滙豐銀行保單或另覓中國官員合意之殷實保
人出具保單擔保關平銀二萬兩以擔保第四第五兩款之賠卹各款屆時如尚不敷若
干仍須由該行補足此項保單應於立章程後送存關道衙門以為格外擔保之據

七該行須僱一熟悉管理之西人常川駐宿設一時未得其人亦必選派誠實可靠之人終年無
論雨雪晝夜認真查看梭巡以昭慎重而免疏虞

八倘現在或他日油池鄰近房屋産業及貨物購買保險而保險公司因其附近油池之
故所索保費較無油池在此須多加若干則所有多索之保險費應由該行代鄰舍
補繳
九運油之船進口之後須由海關給予開艙准單方能放入擔保油池之内此項油船無論
何時永不准在吴淞口内及長江或湖油運河以内洗滌以免貽毒江河之水該池主或其代
理人須向往來本口之運油船主切實告之此條如不恪遵當重罰以示炯戒其所罰之數
當由關道稅務司與美領事公斷
十該行油池租地應照亞細亞章程另立租地專章办理
十一本口行船章程稅務司如有酌改之處裝油之船應即遵照辦理
十二倘日後油池换主其接辦池主仍應遵守此章並照前主在關道洋務局暨稅務司處所立
條結及准單辦理惟此係專指九江一處火油池而言他處口岸不得照援為例其報効捐
一節得準既不援漢章按加倫抽取報効捐款其漢原收之捐亦不得援潯章邀免
十三以上條款係試辦章程若增益防損尚有未盡事宜應由彼此商准酌改以期永遠相安此
項章程共繕六分一存關道一存洋務局一存稅務司一存美領事一存地方官一存美
孚火油行並由關道暨洋務局將此項章程詳請
撫憲咨明
外務部核示遵行

一七五

榷算司
呈為咨行事宣統元年六月十三日接准美費署使照稱
接本國外部來文轉准本國度支部咨稱前有由歐洲
赴紐約之輪船該船員有勾通外國駐美領事署所用之
人將私運貨物冒充寄送該領事署箱包夾帶進口
業經本國訊明此案是以度支部咨請轉達各國政
府嗣後如送箱包至各該國在美所設之領事署內
請將箱包件數知照輪船局該局即能將該箱包數
目開列於船貨單上運至美國口岸即可按一千九百
零八年稅則章程免稅入口至該箱包內物件則無須
登列只須將箱包件數聲明即能阻止冒充官物之商
貨入口云云囑本署使達知嗣後如有物件寄駐美中
國領事署即請按照本國度支部所定之辦法辦理等
因相應咨行
貴大臣查照轉飭總稅務司查核辦理
轉飭各領事遵照可也須至咨者
稅務處
駐美伍大臣

宣統元年六月　日

一七六

逕啟者，茲因本國京師著名博物院揀派伊鼎式來華稽考變石質之一切各物骨質，擬先赴奉天查尋相應函達

貴王大臣查照，即希轉知東督妥為保護，准將所採之物運出可也。此候

日祉 附洋文

貴勒器啟 六月二十四日

美國使署

一七七

榷算司

呈為咨行事。宣統元年六月二十四日，准美費署使函稱：本國京師著名博物院揀派伊鼎式來華稽考變石質之一切各物骨質，擬先赴奉天查尋，即希轉知東督妥為保護，准將所採之物運出等因。該署使請運一切各物骨質，并未指明何項名目，可否准其採運并照納稅，項之處相應咨行

貴大臣查核見復，以便轉復該署使可也。須至咨者

稅務處

宣統元年六月　日

一七八

欽命督理稅務大臣　為

咨呈事本年六月二十六日准

貴部咨稱准美貴署使函稱本國京師著名博物院揀派伊鼎式來華稽考變石質之一切各物骨質擬先赴奉天查尋即希轉知東督妥為保護准將所採之物運出等因該署使請運一切各物骨質並未指明何項名目可否准其採運並照納稅項之處應咨行查核見復以便轉復該使等因前來查該博物院派員來華採運變石質之一切各物骨質究係何項名目未據指明本處無憑查核若所採運者係鳥獸各物骨質自可准其照章報關完稅出口俾資查考除分行外相應咨復

貴部查照轉復美使可也須至咨呈者

右　咨　呈

外　務　部

宣統元年七月　初六　日

監印委員候選府經歷倫[illegible]衡

應　之件

一七九

咨税務處美國博物院派員來華採運變石骨質如所採爲數無多可否免税咨行酌核聲復由

行　行

外務部左侍郎聯

外務部右侍郎鄒

七月十五日　七月　日

行　行　查

榷算司

呈爲咨行事。美國博物院派員赴奉稽考變石質之一切各物骨質一事，宣統元年七月初六日接准咨復稱：該博物院派員來華採運變石質之一切各物骨質，究係何項名目，未據指明，無憑查核。若所採運者係鳥獸各物骨質，自可准其照章報關完税出口等因查美國博物院派員來華採運變石骨質自係為考查學問專作標本之用非商人運貨可比各國博物院陳列品皆一律免税如所採者僅係鳥獸各物骨質為數無多可否准其免税出口相應再咨行

貴大臣酌核聲復以憑轉復美費署使可也須至咨者

税務處

宣統元年七月　日

一八〇

欽命督理税務大臣　爲

咨呈事美國博物院派員赴奉稽考變石質之一切

各物骨質一事前准

貴部咨商可否准其採運並照納税項當經本處以

該博物院派員来華採運變石質之一切各物骨質

究係何項名目未據指明本處無憑查核若所採運

者係鳥獸各物骨質自可准其照章報關完税出口

咨復

貴部並分行查照各在案茲復准
咨稱美國博物院派員來華採運變石骨質係為考
查學問專作標本之用非商人運貨可比各國博物
院陳列品皆一律免稅如所採者僅係鳥獸各物骨
質為數無多可否准其免稅出口等因前來查前項
採運骨質若專為考查學問備作標本之用應俟報
運時由各 該關驗明確係鳥獸各物骨質且為數有
限准予免稅出口 如係大批報運仍應照章納稅相

應咨復

貴部查照轉復美使可也須至咨呈者

右咨呈

外務部

宣統元年七月廿五日

監印委員分省候補知縣白育炎

一八一

咨東督奉撫美員伊鼎式赴奉採運變石骨質妥爲保護由

外務部左侍郎聯 七月廿七日 行

外務部右侍郎鄒 七月 日 行

行 行

榷算司

呈爲咨行事。宣統元年六月二十四日准美費署使函稱：美國京師著名博物院揀派伊鼎式來華稽考變石質之一切各物骨質，擬先赴奉天查尋，希轉知東督妥爲保護，准將所採之物運出等語。當經本部咨准稅務處復稱，若所採運者係鳥獸各物骨質，自可准其照章報關完税出口等因。本部復以美國博物院派員來華採運變石骨質，係爲

考查學問專作標本之用非商人運貨可比各
國博物院陳列品皆一律免税如所採者僅係
鳥獸各物骨質為數無多可否准其免税出口
咨詢税務處去後茲准咨復稱前項採運骨質若
專為考查學問備作標本之用應俟報運時由
各該關驗明確係鳥獸各物骨質且為數有限
准予免税出口如係大批報運仍應照章納税等
因前來除函復美使外相應咨行
貴督撫查照轉飭所屬地方官俟該員伊鼎式到奉
採運時妥為保護可也須至咨者

東三省總督　奉天巡撫

宣統元年七月　日

一八二

函復美貴署使美員赴奉採運變石骨質如係鳥獸骨質爲數有限准予免税出口已咨行保護由

行　行

外務部左侍郎聯

外務部右侍郎鄒

七月　七月

行　堂　行　堂

日　日

復美貴署使函

逕復者本年六月二十四日接准

函稱美國京師著名博物院揀派伊鼎武來華

稽考變石質之一切各物骨質擬先赴奉天

查尋希轉知東督妥爲保護准將所採之物

運出等語當經本部咨行税務處酌核去後

兹准復稱該博物院派員來華採運變石質之一切各物骨質究係何項名目未據指明無憑查核若所採運者係鳥獸各物骨質且為數有限准予免稅出口如係大批報運仍應照章納稅等因除咨行東三省總督奉天巡撫飭屬妥為保護外相應函復

貴署大臣查照可也此復順頌

日祉

全堂銜

宣統元年七月　日

一八三

逕啟者前於七月二十九日接准

復稱本國博士伊鼎式赴東三省考查變石骨質一切

准予免税出口等因茲該博士已在東三省將骨質查

竣擬欲赴湖北四川揚子江一帶續行稽考查八月三

十日函送該博士蓋印護照係屬專為游歷此係查尋

變石骨質即希

貴王大臣於該博士行抵各該省時仍按前所函允在

東三省所獲變石骨質准其免税出口一律辦理可也

美國使署

此候

日祉附洋文

費勒器啟 九月初二日

附件

AMERICAN LEGATION,
PEKING.

To F. O. 580.

October 15, 1909.

Your Imperial Highness:

I have the honor to recall to Your Highness that on September 13, 1909, I received from Your Highness' Board a note in which permission was granted to Professor Joseph P. Iddings, an American scientist, to search for fossils in Manchuria and export them free of duty.

Professor Iddings having finished his researches in Manchuria desires to continue them in Hupeh and Ssuchuan, near the Yangtze River. On October 13, 1909, his passport was forwarded to Your Highness' Board with the request that it be visaed, and I now have the honor to ask that the privileges relative to the collection of fossils and their export from Manchuria be continued to him in the provinces of Hupeh and Ssuchuan aforesaid.

I avail myself of this opportunity to renew to Your Imperial Highness the assurance of my highest consideration.

Henry P. Fletcher

Charge d'Affaires.

To His Imperial Highness
Prince of Ch'ing,
President of the Board
of Foreign Affairs.

一八四

函復美費署使美員伊鼎式赴湖北等省考查變石骨質已分咨轉飭免稅保護由

行　行

外務部左侍郎聯
外務部右侍郎鄒
九月初八日
九月初八日

復美費署使函

逕復者本年九月初二日接准
函稱本國博士伊鼎式已在東三省將骨質查竣
擬欲赴湖北四川楊子江一帶續行稽考查八月三
十日函送該博士蓋印護照係屬專為游歷此
係查尋變石骨質即希於該博士行抵各該省時

仍按前所函允在東三省所獲變石骨質准其免税出口一律辦理等因查該員續赴湖北等省稽考變石骨質與前次赴奉查尋情事相同自應一律辦理除咨税務處轉飭准其免税出口並咨江督鄂督川督飭屬妥為保護外相應函復

貴署大臣查照可也此復順頌

日祉

全堂銜

宣統元年九月　日

一八五

咨税務處美員伊鼎式赴湖北等省稽考變石骨質與前次赴奉情事相同應一律辦理由

行　行

外務部左侍郎聯 九月　日

外務部右侍郎鄒 九月　日

榷算司

呈為咨行事美員伊鼎式赴奉天採運變石骨質一事前准

咨復稱前項採運骨質若專為考查學問備作標本之用應俟

報運時由各該關驗明確係鳥獸各物骨質且為數有限准予免

税出口如係大批報運仍應照章納税等因業經本部咨行東三省總

督奉天巡撫飭屬妥為保護並函復美使在案茲又准美署使

函稱伊鼎式已在東三省將骨質查竣現擬赴湖北四川揚子江一帶
續行稽考查八月三十日函送該員蓋印護照係屬專爲游歷此
係查尋變石骨質即希於該員行抵各該省時仍按前所函允在
東三省所獲變石骨質准其免稅出口一律辦理等因前來本部查該
員續赴湖北等省稽考變石骨質與前次赴奉查尋情事相同自
應一律辦理准其免稅出口除咨行江督鄂督川督飭屬妥爲保護
並函復美使外相應咨行
貴大臣查照轉飭辦理可也須至咨者
　　稅務處
宣統元年九月

一八六

欽命督理稅務大臣　爲

咨呈事宣統元年九月初五日准

貴部咨稱美員伊鼎式赴奉天採運變石骨質一事

前准咨復稱前項採運骨質若專爲考查學問備作

標本之用應俟報運時由各該關驗明確係鳥獸各

物骨質且爲數有限准予免稅出口如係大批報運

仍應照章納稅等因業經本部函復美使在案茲又

准美貴署使函稱伊鼎式已在東三省將骨質查竣

現擬赴湖北四川揚子江一帶續行稽考即希於該員行抵各該省時仍按前所函允在東三省所獲變石骨質准其免税出口一律辦理等因本部查該員石骨質准其免税出口一律辦理等因本部查該員續赴湖北等省稽考變石骨質與前次赴奉查尋情事相同自應一律辦理准其免税出口除咨行江督鄂督川督飭屬妥爲保護並函復美使外應咨行轉飭辦理等因前來除分行外相應咨呈
貴部查照可也須至咨呈者

右咨呈

外務部

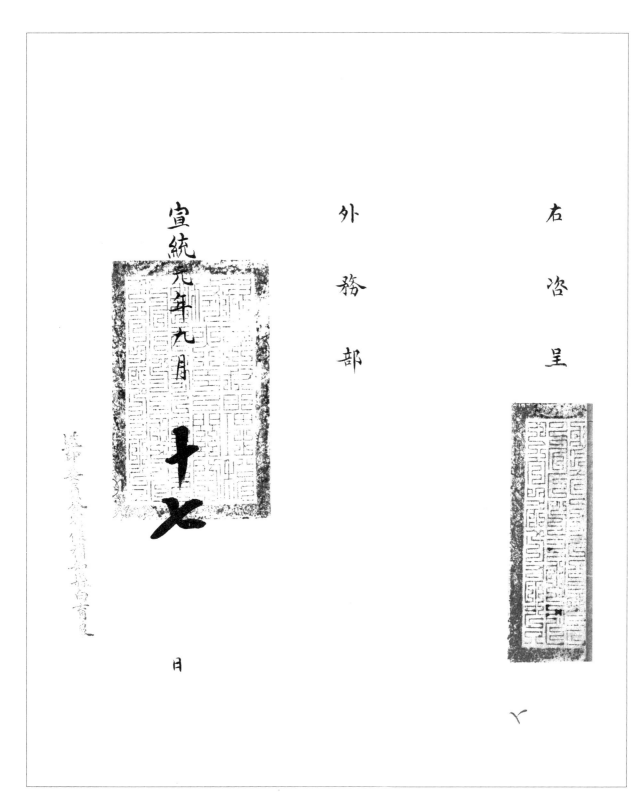

宣統元年九月十七日

一八七

逕啟者，頃接本國外部文稱，上海、厦門、福州、南京、廣州、梧州等處商務局公請美國太平洋沿海一帶商務局於明年西二月會合前來中國，已經該沿海一帶商務局公同允往等因。本署大臣現奉外部所囑，特將美政府欣喜此事之意向貴國聲明，於以見兩國久有之交誼因之益顯，並可徵兩國將來之商務愈加親厚矣。相應函達貴王大臣查照可也。此候日祉。附洋文。

費勒器啟 十月二十五日

美國使署

附件

AMERICAN LEGATION,
PEKING, CHINA.

To F. O. No. 593.

December 6, 1909.

Your Imperial Highness:

I have the honor to state that I am in receipt of instructions from the Department of State apprising me of the extension of an invitation by the Chinese Chambers of Commerce of Shanghai, Amoy, Foochow, Nanking, Canton, and Woochow to the Associated Chambers of Commerce of the Pacific Coast to visit China in February next, and its acceptance by the latter body.

The Department of State directs me to convey to Your Highness' Government an expression of the gratification it feels at this evidence of the traditional friendship and of a growing commercial intercourse between the United States and China.

I avail myself of this opportunity to renew to Your Imperial Highness the assurance of my highest consideration.

Charge d'Affaires.

To His Imperial Highness
Prince of Ch'ing,
President of the Board
of Foreign Affairs.

一八八

榷算司

呈為咨行事宣統元年十月二十五日接准美費署使函稱頃接本國外部文稱上海厦門福州南京廣州梧州等處商務局公請美國太平洋沿海一帶商務局於明年西二月會合前來中國已經該沿海一帶商務局公同允往等因本署大臣現奉外部所囑特將美政府欣喜此事之意向貴國聲明於以見兩國久有之交誼因之益顯並可徵兩國將來之商務愈加親厚函請查照等因前來上海等處商務局公請美國商務局會合之舉是否稟准有案相應咨行

貴部查明聲覆可也須至咨者

農工商部

宣統元年十月　日

一八九

收

學部為咨覆事總務司審定科案呈准外務部咨送美總領事維禮德函送北洋大學堂教習甘諾夫所著普通史綱目咨部前來查英文普通史綱目一書凡四百七十六頁分三十七章

措詞則簡潔明顯敘事則挈領提綱無深微奧衍之品佶鉤棘之詞於歐亞兩洲交際黄白兩族競爭尤追本窮源巨細蔑遺至新舊教競爭攻草與夫希臘羅馬之技藝凡無關於東亞者概從簡略書後又設各種問題或關地理或關政治又附紀元大事表四紙頗稱適用至請給板權一節現

在我國此項法規尚未釐訂礙難照辦相應咨覆
貴部查酌施行可也須至咨者
右咨呈
右咨呈
外務部
宣統二年[illegible]月初六日

一九〇

劄上海道甘諾夫請給普通史綱目版權准學部復稱碍難照辦由

交

交

外務部左侍郎聯

三月　十　日

外務部右侍郎鄒

三月　十　日

庶務司

呈為劄復事上年八月初六日接據呈稱美人甘諾夫所著普通史綱目請給版權由美領一再見商能否量予通融請轉商學部核復等情本部當將原書咨行學部酌定去後兹准復稱英文普通史綱目一書凡四百七十六頁分三十七章書後又設各種問題或關地理

或關政治又附紀元大事表四紙其書雖尚適用惟請
給板權一節現在我國此項法規尚未釐訂碍難照辦
等因前來相應劄復該道遵照可也須至劄者
右劄上海道 准此
宣統二年三月 日

照會美嘉使上海謙慎昌茶棧案布飭領事照章會訊由

行　行

外務部左侍郎聯　三月十六日　行

外務部右侍郎鄒　三月十五日　行

庶務司

呈為照會事接准南洋大臣電稱據滬道電有華商唐廷鰲開設謙慎昌茶棧光緒三十三年交美商開乾洋行茶磚一千三十一件訖其運洋代銷限定實價二萬四千一百七十六俄銀訂明如不到數必先通知認可方能出售

詎開乾將茶早售，詭云未售，迨唐易覓受主索貨，忽稱已售，亦不交帳。上春開乾反控唐欠洋一萬一千餘元，責開帳目種種不符。公廨委員飭延公正人理算，美領勿允，逕照美商所呈帳單判唐繳洋六千九百餘元，聲明兩造不服，限兩禮拜上控。唐商遵限上控到道，當經函致美總領索取簽名帳單，旋准復稱帳經公廨中西官核定，不容上控云云。職道請按照會審定章訂期會同復訊，乃准函稱此項上控之案碍難會訊等因前來。查上海會審章程，凡屬華洋控案如有不服原斷者，准其上控，由滬道與領事復審。今美領不允會訊，此案殊與定章不

符相應照會
貴大臣查照迅即轉飭照章會訊是為至要須至照會者
美嘉使
宣統二年三月　日

一九二

節畧

美國欽差、現有一事、欲向

貴部陳明、緣浙江杭州商會、立定新章、有管理外人在杭租房事宜、此章程一定、恐在杭美人、所有應得條約利益因之減少、現聞該地方官業已允認、若如此辦理、是商會既管理條約上所予美人權利、恐日後將生危險、在美國欽差意見、雖以中國官員、將此權任意付與商會、係屬内政、而保全外人之商約一切利益、仍為中國官員之責、美國欽差、甚望

貴國政府、嚴行咨飭浙撫、札交該地方官妥為辦理、以免將來在杭美人致受違條約並減少條約上利權之損害也、

附件

AMERICAN LEGATION,
PEKING.

Memorandum.

July 12, 1910.

The American Minister desires to call the attention of the Board of Foreign Affairs to the fact that the Chamber of Commerce of Hangchow has adopted certain regulations relative to the renting of houses by foreigners in that city which constitute a menace to the full enjoyment of their treaty rights by his nationals there resident, and that these regulations have been given, it is reported, endorsement by the local authorities. The recognition of the right of the Chamber of Commerce to dictate as to the manner in which foreigners shall avail themselves of the rights granted by treaty is considered to contain possibilities of danger and liable to give rise to future trouble. While the American Minister regards it as a matter of internal concern for the Chinese Government to divest itself of as much power as it chooses in favor of Chambers of Commerce, he cannot admit for a mement that it thereby divests itself of any of its responsibility toward foreigners and the full enjoyment of their treaty rights. He hopes that strict injunctions will be sent to the Governor of Chekiang at once to issue such instructions to the local authorities of Hangchow as will obviate the possibility of the American citizens residing in that treaty port receiving any treatment in infraction or curtailment of their rights as guaranteed by treaty.

一九三

致美嘉使節略

英麻署

杭城紳商議訂租屋章程一事前准

面稱各節暨送來節略當經本部電達浙江巡撫

查明核辦兹准復稱已飭交涉使司遵照妥辦以

期不背約章等語合即轉達

宣統二年六月　日

一九四

咨閩江直粵鄂督東蘇浙撫美商將屆來華應妥為預備並屆時照料由
札順天府府尹

外務部左侍郎胡 行 六月廿日 行
外務部右侍郎曹 行 六月廿日 行

榷算司
呈為咨札行事。據上海商務總會稟稱：上年春間聯合各埠商會，仿照日本商界辦法，邀請美國舊金山一帶商業領袖來華考察商務，藉資聯絡，當經稟請農工商部轉咨飭部在案。茲得美商來信，准於西歷八月二十號左右在舊金山起

程轉瞬即屆自應早為預備此次美商所至地
方大約由滬而杭再滬而蘇以至江甯參觀勸
業會後溯江而上以至漢口由漢而陸北上京津
復由海南下至煙台厦門福州廣州等各埠請
咨會沿江沿海各督撫預備照料等情前來
查此次美商來華於中美邦交及中國商務
均有關繫相應咨札行 順天府府尹
貴督撫查照妥為預備並屆時從優照料可也
須至咨札者
閩江直粵鄂督 東蘇浙撫 右札順天府府尹准此
宣統二年六月

一九五

外務部

卜

宣統二年[illegible]月[illegible]

咨

欽差大臣辦理南洋通商事務陸軍部尚書兩江總督部堂張　為

咨呈事據上海商務總會周道晉鑣等呈稱竊職會於上年春間聯合

各埠商會仿照日本商界辦法邀請美國舊金山一帶商業領袖來華

攷察藉資聯絡當經稟請

農工商部咨會

外務部先行立案刻接美商來信定於西歷八月二十號左右帥中歷

七月望後在舊金山起程轉瞬將屆自應早爲預備伏查此事之緣起在職道等未任商會總協理之前當因中日與美三方鼎峙航路交通商務往來最爲繁賾比者滿鉄中立之議既爲日俄協約所阻則其意由太平洋以至黃海暢銷商貨無日不在美人籌計之中而我得以原質生貨直接輸美當較從前之間接交易者得利可多是以當時美國駐滬領事旅華鉅商莫不寓書慫恿願作介紹情詞甚殷頗難謝絕惟聞美商前次往遊日本日商特派專船往迓一切款待至爲優渥而日本政府以及外務農工商等省長官亦無不竭力維持以款來賓官商一心講求交際用能聯歡樽俎收效敦盤蓋兩國之感情稠密則貿易以提携而進行商人之事業發皇則國勢自遞連以鞏固若第自表面視之祇若少數商界之往來而不知影響所及其重大有如此者且美國商界更具有左右國會之勢力此次結隊來遊必爲全國人視聽所繫其結果當較前次美艦之來華更爲鄭重吾國接待典禮縱不能如

日本之優然相形之下過於見絀非特減東道之色亦且貽國體之羞
第需款過鉅中國商力素艱而團結公共之情尤爲薄弱除上海本埠
當由職會稟商
外務部（農工商）竭力招待妥備供張外其餘所至之處似必須由官力主持
以補商力之不及查美商所擬遊歷路程單內計開蘇州一日江甯兩
日參觀勸業後由輪赴漢擬[illegible]甯商
會會同預備從優照料並[illegible]職會加
意接待理合呈祈鑒核示遵等情到本大臣據此當批來呈備悉所論
能見其大自應照辦候即咨明
蘇撫部院分飭甯蘇兩洋務局勸業道知照江甯商會預備從優接待
一面仍行上海鎮江蕪湖九江各關道聯同商會妥議照料並咨

外務、
農工商部察照暨
湖廣督部堂一體飭行江漢關查照辦理仰即知照繳除印發外相應
咨明爲此咨呈
貴部謹請查照施行須至咨呈者

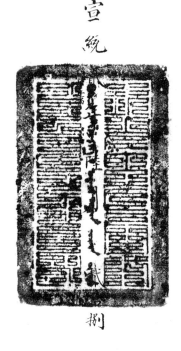

右咨呈

外務部

宣統　貳　捌　日

権算司

呈爲咨行事宣統二年七月十六日接准美嘉使函稱本國議院新訂律例二條一行船人如有急需可將該船作押借款一鉅船赴美必須設有無線電方能行駛此項律例於他國人之到美皆有關係應將該律例二件隨函附送即希查照等因除分咨郵傳部轉飭週知外相應照録譯文律例咨行

貴部查照轉飭週知可也須至咨者 附譯件

郵傳部 海軍處

宣統二年七月 日

一九七

宣統二年……

外務部　文

咨呈

頭品頂戴[illegible]職留任署理兩廣總督兼管廣東巡撫[illegible]為

咨呈事宣統二年九月初六日承准

貴部魚電開美商團十八日到廣州等因到本署督部堂承

准此查美商來華考察商務前准

貴部先後來咨及據上海商務總會總協理呈報均經分飭

妥為照料接待以篤邦交在案准電前因除行廣東巡警道遵

照迭行事理分飭各局屆時美商到粵遊覽務須優加接

待并切實照料保護勿任閒雜人等稍有滋事以顧邦交
而敦睦誼並由道照會廣州商務總會知照及分行一體查
照保護外相應咨復為此咨呈
貴部謹請察照施行須至咨呈者
右　咨　呈
外　務　部
宣統二年九月初九日

[illegible]稿

咨明事據勸業道周善培詳竊職道於本年八月十九日接准川東道朱道
移稱案准英國駐渝領事官施照會稱照得本領事聞悉重慶關稅務司
近來出一牌示內開川江行輪免碰民船章程及川江行輪賠償章程等件查
貴國官府出立此項章程若非先由各國駐京大臣承認不能約束外
國輪船商人此次因貴監督未用[illegible]
駐京大臣允願用特照會貴監督請[illegible]
國輪船商民並煩將此轉達稅務司[illegible]
本國駐京欽差大臣也等由准此[illegible]監督
查此兩項章程前奉稅務處札[illegible]賠償
章程已經郵傳部覈准應由重慶[illegible]華
洋商民一體周知遵照即可無庸[illegible]各[illegible]應飭[illegible]該章程二件咨行
查照轉飭遵辦等因前來除劄行代理總稅務司轉飭重慶宜昌兩關

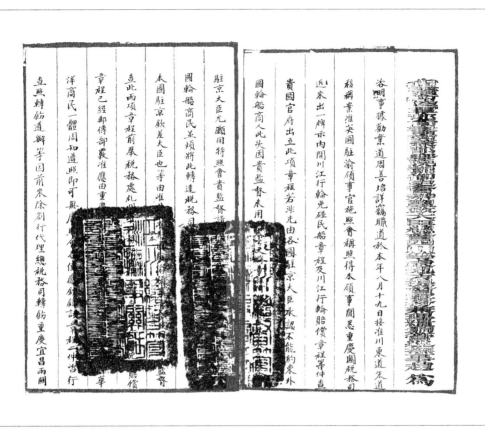

稅務司出示曉諭各洋商外相應鈔錄該章程二件劄行遵照辦理可也等因
遵奉在案現駐渝各國領事以未經照會言明駐京公使允許即不能約束外國
輪船已各稟報本國駐京大臣前去將來公使必在部中交涉應否詳請督憲
咨明外務部知照以便應付之處相應移請查核辦理盼切施行等由准此職
道伏查川江輪船免碰賠償各章程乃因川江灘險河狹與各處內河情形迥不
相同故不能不為特別之規定以防輪船與民船之衝突各[illegible]限制約束實
為保護維持當此項章程頒行之[illegible]當
時民船羣起反對非如此規定不[illegible]
尤恐激成暴動不能開行自蒙
郵傳部核准章程實行以來輪船與民船竟得相安無事者皆此章程約束之
力也外國輪船既在特別之川江經營航業若不遵守特別之免碰賠償章程
民船必生衝突公家殊難保護且川江乃中國內地中國
國家既因特別之情形為特別之規定無分華洋但來川江營此特別航業苟不
遵守此項特別規定於中國治安有妨

國家即可不爲允許，萬毋聽其顯分畛域，致使華輪借口，民船滋衅，破壞大局，阻遏交通之理，相應仰懇憲台咨請外務部可否照會各國駐京公使，行飭駐渝各國領事，嗣後各國如有商輪到川，苟不申明願守此項免碰賠償章程者，即不能發給護照，且不能任保護之責，并懇由部劄飭宜昌關、重慶關監督暨税務司知照，以維航業而免後衅，除移覆朱道照復各該領事外，所有川江行輪免碰賠償章程，各洋船應一體遵守，懇請咨部照會轉飭遵照一案緣由，是否有當[illegible]情據此，除分咨外，相應咨明，爲此合咨貴部，請煩查照施行。須至咨者。

右咨

外務部

一九九

照譯美嘉使致胡大人函

逕啟者：本大臣現接本國政府來電，飭向貴部詢問貴國禁止高根進口，比照禁止嗎啡於法設立相同限制，是否業經有約各國允照一律禁止進口。此事本大臣亟須電覆本國政府，應懇早賜示知，則當感紉無既。順頌日祉。

宣統二年十一月初九日

西歷一九十年十二月初十日

二〇〇

復美嘉使信禁運高根事已准各國駐京大臣允認由

行 行

外務部左侍郎胡 行 十二月十二日

外務部右侍郎曹 行 十二月十三日

函復美嘉使

逕復者日前承

函詢中國禁止高根進口比照禁止嗎啡辦法設立相同限制是否業經有約各國一律照允等因查高根性質功用與嗎啡無殊而為害尤烈是以按照禁止嗎啡販運來華辦法一律議禁業准

各國駐京大臣接奉各該國政府訓條先後照復認可為此函復
貴大臣查照並將認可各國開單附上此復順頌
日祉 附單
胡大人衔
宣統二年十一月 日

二〇一

咨稅務處美查葯水廠加運磺硝滬道酌擬章程應如何辦理酌核見復由

行　行

外務部左侍郎胡 行 正月初五日

外務部右侍郎曹 行 正月初五日

榷算司

呈為咨行事宣統二年十二月二十九日准南洋大臣咨稱據蘇松太道詳稱美查葯水廠加運硫磺硝石一案前奉批示硝磺為軍火攸關量准增運稽查之法如何妥定應確切查考分別擬議辦法等因當經由道酌擬防弊章程五條函送英領飭遵該公司以允准硫磺加至五百噸硝石二百噸暫願承認其餘

章程各條內有與該公司不便之處詳敘情形稟復當以該公司每月銷出鏹水數目及買鏹水之人作何用處最關緊要必須按月開單報道方可查詢該公司擬改清單隨時呈送總領署存案並不按月報道似欠妥協經函請英領轉飭該公司仍照原擬章程辦理未允照辦但稱將來美查礦硝藥水等件如確有可疑之處即可由道派員來署查核或由領署開示等因可否即照該公司擬改章程辦理之處分繕清摺詳祈核示等情咨請核復前來本部查美查藥水廠加運硫磺硝石已經滬道酌擬防弊章程該公司未盡照允應如何辦理之處相應抄錄來咨並清摺咨行

貴大臣查照酌核見復可也須至咨者　附抄件

稅務處

宣統三年正月　日

二〇二

容呈

頭品頂戴都察院副都御史[illegible]楊　爲

咨送事案查上年三月長沙省城匪亂各國商

教損失應行議賠一案當派候選道王得庚王

壽昌前往漢口與美國領事商辦兹據商妥訂

立合同已於宣統二年十二月二十八日在漢

口簽字計照原數洋元按市價折合洋例銀五

萬三千九百三十四兩五錢八分兹將合同一

分賫呈備案另有合同四分請分别咨行等情

到本撫院據此除照准備案並分咨暨行湖北

交涉司長沙關道外相應將合同咨呈

外務部謹請查核並請照送美使備案施行須

至咨呈者

計咨送華洋文合同二分

右　　咨　　呈

外　務　部

宣統　　　　日

遵印空白

附件

Agreement in Settlement of Changsha Indemnity Claims.

Be it agreed that, inasmuch as on the 5th day of the 3rd moon of the 2nd year of Hsüan T'ung, being the 14th day of April, 1910, the famished people of Changsha, in the Province of Hunan, made certain disturbances, involving thereby foreign merchants and missionaries in losses, Their Excellencies, Viceroy Jui of the Hukuang and Governor Yang of the Province of Hunan, and His Excellency, James W. Calhoun, American Minister at Peking, have respectively appointed us, the Taotais Wang and Wang, and myself the American Consul, to discuss, impartially and with justice, a method of settlement in order that friendly feelings may be strengthened; and that discussion having now been completed and nothing having been omitted, we are finally settled upon the following:

為立議約事茲因宣統二年三月初五日即西歷一千九百十年四月十四號湖南長沙饑民滋事連累洋行教會致遭損失一案經

大清湖廣總督部堂瑞 湖南巡撫部院楊 特派本道王王

大美駐京全權大臣 特派本領事莫 持平秉公議結以敦睦誼議結之後並無遺漏兩無異議茲將議定各條開列於後

- I -

The losses sustained by the American merchants and missionaries are as follows:

Standard Oil Co. $38,497.45

United

一長沙美商及各教會此次損失美孚洋行叁萬捌千肆百玖拾柒元肆角伍分

-2-

United Evangelical Mission	$23,893.76
American Church Mis.	9,895.20
Dr. E.D.Vanderburgh,	1,074.47
Mustard & Co.	844.30
Mrs L.Borst (Nee Newman)	187.35
Total...............	74,3[illegible].53

which equals Hankow Taels, (@ .725), 53,934.58. Wherefore let it be understood that it is necessary to pay Hankow Taels 53,934. 58.

This matter having been once settled, the said firms and missionaries shall not raise further questions or make fresh demands for compensation in this case.

- III-

Since the famished people of Changsha have made disturbances involving the foreign merchants and missionaries in losses, the local officials at Changsha will hereafter undertake to be more assiduous in their protection.

The above sum will be paid within one month from the date of the affixing of the signatures to this document at the branch of the Ta Ch'ing Bank, (大清分銀行).

Separate

尊道會弍萬叁千捌百玖拾叁元柒角陸分聖公會玖千捌百玖拾伍元弍角雅禮醫士壹千零柒拾肆元肆角柒分晉隆洋行捌百肆拾肆元叁角白士德壹百捌拾柒元叁角伍分共銀元柒萬肆千叁百玖拾弍元伍角叁分按柒錢弍分伍厘折應合洋例銀伍萬叁千玖百叁拾肆兩伍錢捌分兹經議明共應賠償洋例銀伍萬叁千玖百叁拾肆兩伍錢捌分

一經此次議結之後該洋行教會及醫士等人均不得在此案内别生枝節另索賠償

一此次既因饑民滋鬧連累洋行教會致遭損失以後長沙地方官當加意保護

一此欵自簽字日起壹箇月限内在大清分銀行兑交

Separate vouchers will be made for the money and some one will be appointed by the Consul to go to the branch of the Ta Ch'ing Bank, 大清分銀行, to get and distribute the money.

其銀另立憑單由領
事派人在　大清分
銀行兑取分給

Eight copies of the above four articles must be made, both in Chinese and English, and after the signatures have been affixed must be approved by Their Excellencies the Viceroy and Governor and His Excellency the American Minister at Peking, after which the eight copies shall be disposed of as follows:

Wai Wu Pu, 1 copy.
American Legation, 1 "
Viceroy's Yamen, 1 "
Governor's " 1 "
Hukuang For. Off. 1 "
Cus. Taotai, Hankow, 1 "
" " Changsha, 1 "
American Consulate at Hankow, 1 "

以上四條應備華文洋
文各八分彼此簽字後
應候
大清湖廣總督部堂
湖南巡撫部院
大美駐京全權大臣核准
施行

其八分一存中國
外務部一存美國
駐京使署一存
湖廣總督部堂衙門一存
湖南巡撫部院衙門一存
湖廣交涉使司衙門一存
江漢關道衙門一存
長沙關道衙門一存
駐漢美領事衙門

In testimony whereof, we, the undersigned, by virtue of our respective powers, have signed this agreement in octuplicate in the English and Chinese Languages, and have affixed our respective seals.

Done

本議約立定由
大清奏調湖南委用候選道王
候選道王
大美欽命駐漢總領事莫
在中國湖北省之漢口
將本議約漢英文各八
分畫押蓋印

-4-

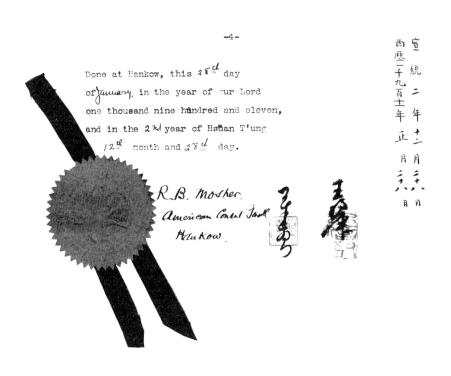

Done at Hankow, this 28th day of January, in the year of our Lord one thousand nine hundred and eleven, and in the 2nd year of Hsüan T'ung 12th month and 28th day.

R.B. Mosher
American Consul General
Hankow

宣統二年十二月二十八日
西歷一千九百十一年正月二十八日

欽命督理稅務大臣　　為

咨呈事宣統三年正月初五日准

貴部咨准南洋大臣咨據蘇松太道詳稱美查

藥水廠加運硫磺硝石一案前由道擬防弊章

程五條函送英領飭遵該公司以允准硫磺加

至五百噸硝石二百噸暫願承認其餘章程各

條內有與該公司不便之處詳敘情形稟復當

以該公司每月銷出鏹水數目及買鏹水之人

作何用處最關緊要必須按月開單報道方可

查詢該公司擬改清單隨時呈送總領署存案
並不按月報道似欠妥協經函請英領轉飭該
公司仍照原擬章程辦理未允照辦但稱將來
美查礦硝藥水等件如確有可疑之處即可由
道派員來署查核或由領署開示等因可否即
照該公司擬改章程辦理之處詳祈核示等情
咨請核覆到部鈔録原咨並清摺轉咨酌核前
來本處查江海關貿易册礦鏹硝鏹向有由外
洋販運進口之件均准照百貨報税並未限令

將售作何用之處報明地方官查核今美查藥
水廠請加運硫磺硝石既由滬道詢據稅務司
聲稱該公司所運硝磺均為製造藥水以備各
項工藝之用歷年照洋鹼案驗放未列入軍火
報單該公司又願出具保結聲明如將硫磺硝
石轉售與人即願受罰自可准予照辦至該廠
每月銷售鏹水數目及買鏹水之人作何用處
該公司雖未允按月報道惟既擬開列清單隨
時呈送領事存案以備道署派員查核將來如

有涉疑之處即由該道隨時派員調查似亦足
防流弊可照所擬辦理除咨行外相應咨覆
貴部查照可也須至咨呈者
右咨呈
外務部
宣統三年正月拾陸日
預用空白
蓋印委員候選府經歷周厚梧銜

二〇四

照會美嘉使送長沙匪亂賠款合同由

行　行

外務部左侍郎胡　正月　日　行　畫

外務部右侍郎曹　正月　日　行　畫

庶務司

呈為照會事宣統三年正月二十一日准湖南巡撫咨稱長沙省城匪亂各國商教損失應行議賠一案當派候選道王淂庚王壽昌前往漢口與美國領事商辦茲據商妥訂立合同已於宣統二年十二月二十八日在漢口簽字計照原數洋元按市價折合洋例銀伍

萬叁千玖百叁拾肆兩伍錢捌分兹將合同一分咨呈

請照送

美國駐京大臣備案等因前來相應將華洋文合

同一分照送

貴大臣查收備案可也須至照會者 附合同一分

美嘉使

宣統叁年正月

榷算司

呈爲咨行事宣統三年正月三十日准美嘉使函稱本大臣代本國外部大臣函達緣巴拿馬里門海灣擬由頭羅土角起修築隄防須於該處暫設長鐵橋一座橋兩頭懸挂紅白二燈請轉飭海關知照各船主等因前來相應咨行

貴大臣查照轉飭總税務司分飭各海關曉諭週知可也須至咨者

税務處

宣統三年二月

二〇六

上海商務總會總理二品頂戴江蘇候補道周晉鑣
協理三品銜分省補用知府邵廷松謹

稟

大人閣下敬稟者竊上年八月間美國實業團來華考察商業職會應辦招待事宜稟蒙

鈞部暨

農工商部各撥補助經費鷹洋壹萬圓並屢承

電諭指示周詳莫名感佩查此次美商來華考察係屬國民外交之創舉所有接待一切既無成例可援深懼豐儉失宜貽羞樽俎且我國實業多未發達即考察一節亦必先有預備庶能獲交換智識之利爰於事先設立籌辦接待美商事務所並以職會會董沈道敦和熟諳西文擅長交際推為主任員專司其事一面先與上海各實業公司行廠往復會商預籌各貨品陳列布置之法並編定逐日考察日期俾按序前

往彼此可以從容研究計在上海所攷察者為阜豐麪粉廠中國自來水公司江南船
塢日輝織呢廠龍章造紙廠又新紗廠瑞綸絲廠商務印書館大清銀行新聞報館
絲業陳列會各等處均由職會會員輪日陪往隨同攷究美商每至一處莫不細心審
別不厭詳求其普通之評論大抵謂精神極能貫注局面亟待擴張反覆諄諄意頗
真摯並與職道等再四籌商擬欲合設中美交通航業公司中美聯合銀行等種種
計畫事皆扼要惟造端宏大一時不易舉辦現方在議訂草章往復斟酌一俟
稍有端倪當由接任總協理陸續稟陳至報聘一節亦俟接任總協理任事後再
行組織竊思此事發起之緣由實以中美兩國同立於太平洋沿岸輪聲帆影一
水可通私冀互相提挈以謀商業之擴充並以維邦交於永固今幸仰秉
憲謨一切尚無貽誤所有各項費用亦復力求樽節將以誠敬屏去浮華較預算時所

省過半現計一應在內實祇用去洋一萬九千四百六十三元七角七分四𣏌𨤲叚諸補助
經費尚餘洋五百三十六元二角二分六𣏌𨤲作兩份匀派應繳還
鈞部暨
農工商部各洋二百六十八元一角一分三𣏌𨤲職道等以交卸在即特飭收支員提將
實支細數繕具清册並檢同餘款洋二百六十八元一角一分三𣏌𨤲肅稟呈送伏祈
大人電鑒俯賜核銷並請將餘款
飭收入册以清經手𦘕勝禱盼再職會贈送美商紀念品中有自行印製中國風景圖畫及
自製檀香摺扇兩種美賓頗為珍視茲謹附呈畫册四十本檀香骨竹骨摺扇各五柄西文遊
歷指南及西文行程單各四册美團名姓單四紙照片十四張藉備攷覽除稟
農工商部外肅稟恭啟

鈞安伏乞

垂鑒 職道晉鑣 知府廷松 謹稟

計稟呈報銷清冊一本餘款洋二百六十八元一角一分三釐畫冊四十本檀香骨竹骨摺扇各五柄西文遊歷指南及西文行程單各四冊美團姓名單四紙照片十四張

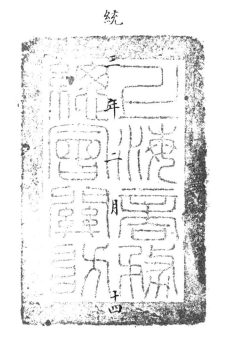

宣統二年十月十四日

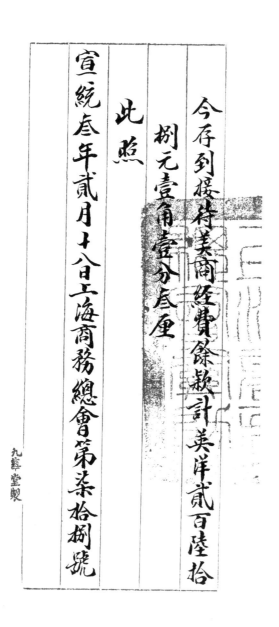

今存到接待美商經費餘款計英洋貳百陸拾
捌元壹角壹分叁厘
此照
宣統叁年貳月十八日上海商務總會第柒拾捌號

九華堂製

二〇七

應轉達森養

咨呈

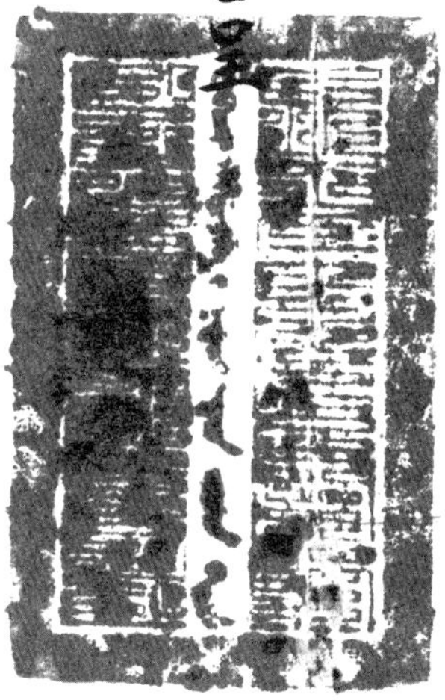

外務部

欽差大臣辦理南洋通商事務兩江督院張　為
咨請事據江甯勸業道呈稱據江甯商會稟稱案准貴道函奉
督憲函准
農工商部函詢本年報聘美團有無籌備上海埠商如何組織
即日函復等因一案當經議定辦法呈蒙貴道分電津滬杭閩
鄂各商會暨直隸浙江湖北廣東福建各勸業道聯合組織一
面稟呈督憲暨
農工商部楊大臣在案茲准各省勸業道及各商會先後複到
均屬贊成惟籌款尚無着落[illegible]十人共往旅費從省核算每人需銀伍千兩報聘贈品約需銀拾萬兩

其餘襍費須預備銀伍萬兩共合銀叁拾萬兩商力不逮擬
請公家補助由
外商兩部籌備貳拾萬兩餘歸各商會分別擔任前已由貴道稟
奉督憲咨商
農工商部查照茲又准日本領事親赴職會面請報聘並奉
農工商部電開前准
外務部咨日本邀請商界赴東游歷當經札知在案未據稟復
為期甚迫仰將辦法情形速即電復等因查報聘一事於實業
邦交均有關係上年美日兩國各商團前來禮文周摯美團各
商並與華商訂有合辦興業事宜情誼尤洽現屆我國報聘必

須慎重禮文並遴選於實業素有經驗諳練商情之人聯合前
往始足以隆交誼而免遭訾之羞所有重洋遠涉需費浩繁預
算叁拾萬兩内可否先請
大部撥給貳拾萬兩以省[illegible]並請
大部酌派專員預籌一切各商[illegible]督憲
電商
外商兩部核辦飭遵等因准此職道察核所議自係正當辦法除
先會同各省勸業道逕稟
農工商部並將一切籌備詳情飭由各省商會聯合稟辦外所
有職道督同商會籌議此項報聘案内與各省勸業道暨各商

會往來電文理合一併錄摺稟祈憲台核示施行等情並來往
電抄摺到本大臣據此除批示外相應咨請為此咨呈
貴部謹請查照核辦見復施行須至咨呈者
計抄摺

右咨呈

外務部

宣統叁年叁月拾壹日

附件

謹將職道奉飭籌議報聘美團案內會商各省勸業道暨各商會往來電文録摺

計開

一致各省勸業道及上海商會電

福建、廣東、天津、湖北、浙江勸業道台張、陳、孫、高、董觀察鑒轉各總商會公鑒：報聘美團一事，迭奉督憲函准大部函催速行籌備具復。查此事外繫邦交，內關商務，亟應舉行。迭經敝處電甯滬商會籌辦，現由甯會擬請聯合各省總會電稟外商兩部籌撥公款二十萬以資聘費，不敷由各省商會分認。貴處想必樂贊成盛舉，希即妥議電復，以便會稟。濟經印。

上海商會鑒：報聘美團一事，迭奉督憲函准大部函催速行籌備具復。查此事外繫邦交，內關商務，亟應舉行。迭經敝處電商貴會，並就商甯會籌辦，現由甯會擬請聯合各省總會電稟外商兩部籌撥公款二十萬以資聘費，不敷由各省商會分認。貴會想必樂贊成盛舉，除電各省勸業道轉各總會妥議速復外，合再電達，希電復。濟經印。

一式自復電

一武昌復電

兩電均悉已致武漢商會當催復轉達松如銑

一杭州復電

聯合美團一事擬由甯商會聯各省商會電部撥款辦法甚好敝處已轉杭甬總會飭即議復仍乞將現辦情形隨時函示亮沁

一廣東復電

徑電悉報聘美團貲甯商會擬聯各省電部籌欵二十萬不足由各省商會分認敝會贊成希即議稟廣州總商會勳榛等東印

一天津復電

元電悉報聘美團前已分電各商會籌議茲復電催候復即電聞多森

又天津來電

報聘美團甚贊成惟部款有無把握不敷究需若干此間商力薄弱能否攤認現在尚難預揣據各總會電復前來相應轉達森養

二〇八

堂批

為咨復事宣統三年三月二十一日准

咨稱據江甯勸業道呈稱據江甯商會咨稱報聘美團一

案呈蒙分電津滬杭閩鄂各商會暨直隸浙江湖北廣東

福建各勸業道聯合組織並准先後復到均屬贊成惟籌款

尚無著落擬請公家補助由外商兩部籌備貳拾萬兩餘

歸各商會分別擔任請咨贊憲電商兩部核辦飭遵等

因除會同各省勸業道逕咨農工商部並籌備詳情飭由

各省商會聯合咨辦外所有往來電文錄摺咨請核示等情

咨請核復前來本部查各省商會既擬報聘美團自須

及早籌備惟所請由公家補助之款為數甚鉅本部經費

專備國際外交近年支應浩繁早已入不敷出現因各商會

報聘日本商團請外商兩部各助款壹萬兩經農工商部允

及早籌備惟所請由公家補助之款爲數甚鉅本部經費專備國際外交近年支應浩繁早已入不敷出現因各商會報聘日本商團請外商兩部各助款壹萬兩經農工商部允撥助五千兩本部亦已勉允照撥至於報聘美團所請補助之款數又極殊本部斷無此鉅款可以籌撥如實在商力未逮必須補助或由各該省督撫分認籌撥列入是年預算之内報部作正開銷或逕奏明請由度支部指撥究以如何籌畫較爲協宜之處相應咨復

貴督查照酌核辦理可也須至咨者

咨復江督商會報聘美團請外商兩部補助二十萬兩本部斷無此鉅款可撥由

二〇九

1

照會

大亞美理駕合衆國欽命駐劄中華便宜行事全權大臣嘉 為

照會事、准駐漢總領事官文稱、本國商人前在宜昌城
内、售賣進口貨物、地方官竟勒追釐金、其故蓋託以江
岸卸貨處、所為商埠、至宜昌城内、則為中國内地云云、
查宜昌既開為通商口岸、本國政府、按照約章、亦不能
承認宜昌城内為内地、本大臣茲請
貴親王、速飭地方官、將此無理爭執、早為退讓、是所至
盼、相應照會、

貴親王查照可也須至照會者附送洋文

右　照　會

大清欽命全權大臣便宜行事軍機大臣總理外務部事務和碩慶親王

一千九百拾壹年五月初四

宣統叁年四月初六

日

附件

AMERICAN LEGATION,
PEKING.

To F.O. No. 86.

May 4, 1911.

Your Imperial Highness:

I am informed by the American Consul General at Hankow that the Chinese local authorities of I Ch'ang are demanding from American merchants likin on foreign goods sold inside the walled city of I Ch'ang, on the ground that only the landing place on the river bank is the Treaty Port and that the city of I Ch'ang is to be regarded as the "interior of China".

I Ch'ang has been designated as a Treaty Port and the American Government cannot admit, therefore, that the city of I Ch'ang may be treated as the "interior" under the terms of the Treaties between our two countries.

I therefore request Your Imperial Highness to issue instructions without delay to the Chinese officials concerned ordering them to withdraw from their unreasonable position.

I avail myself of this opportunity to renew to Your Imperial Highness the assurance of my highest consideration.

American Minister.

To His Imperial Highness Prince of Ch'ing,

President of the Board of Foreign Affairs.

二一〇

復美嘉使節略上海會審公堂將洋商被告釋放各案已飭照章辦理由

行　行

外務部左侍郎胡　五月　日

外務部右侍郎曹　五月　日

復美嘉使節略

昨准致 胡侍郎函並抄送駐滬美總領事來電以
上海會審公堂將監禁欠洋債之趙廣經釋放各
案當經本部電飭滬道查復去後茲准該道電
復稱查趙廣經即趙冠卿虧欠華洋各商鉅款
早經變產攤償了結各領均無異詞時閱兩載

美商忽翻控廨提趙發押送據衆商公稟求釋
當經批廨暫交妥保如有糾葛仍准著保交案
現已飭廨照前批辦理其張鴻卿案先未據廨
員稟報已飭廨照章會商妥辦一面派員告明美
總領事允於下次堂期仍飭副領照常陪審等
因前來爲此函復轉達
貴大臣查照轉知爲荷
宣統三年五月　日

二一一

榷算司

呈為咨行事宣統三年四月初六日准美嘉使照稱據駐漢總領事文稱本國商人前在宜昌城內售賣進口貨物地方官竟勒追厘金其故蓋以江岸卸貨處所為商埠至宜昌城內則為中國內地云查宜昌既開為通商口岸本國政府按照約章不能承認宜昌城內為內地請速飭地方官將此無理爭執早為退讓是所至盼等因查此事前准

來咨當經本部函覆在案旋又准

來函意在執約力爭以城口二字作城門之口解釋查講解條約向以洋文為準城口二字係指城鎮與口岸洋文原約所載甚為明晰歷來為此等問題與各使交涉既毫無效果應仍照本部前函婉拒美領冀可因應得宜免滋駁論相應咨行

貴督查照轉飭交涉使斟酌辦理並見復以便轉復美使可也須至咨者

湖廣總督

宣統三年五月　日

二一二

咨税務處美國博物院博士打獵自用槍彈請電滬道於其進口時查驗放行由

行　行

外務部左侍郎胡

外務部右侍郎曹

五月　日

五月　日

榷算司

呈爲咨行事宣統三年五月二十六日接准美嘉使函稱准本國外部來文美國華盛頓官博物院現派博士蘇阿德來華獵取各類禽獸寄送博物院查收務望轉達中國外務部於該博士所用槍彈進口時放行無阻等情查該博士所用槍彈係打獵之用復槍二支

散子槍二支大子彈二千五百顆火藥十二磅小子彈二十磅以上各項槍彈皆該博士自用之物約於一月內即可到滬亟請轉行知照各處放行等因查前項槍彈既經美使奉該國外部來文聲稱係官博物院博士打獵自用之物自應准其進口惟美使亟請知照各處放行並未指明何處除亟復該使詢明再行咨達外相應咨行貴處查照先行電達江海關道於其進口時查驗放行可也須至咨者

稅務處

宣統三年五月　日

二一三

欽命督理稅務大臣　爲

咨呈事。宣統三年五月二十四准

貴部片稱：准美嘉使函稱，安東美領事現由飛獵濱軍

械局運來來復槍六枝、小洋槍六枝、子彈一千二百粒，

以備護館衛身之用，希飭安東關道照章驗放等因，應

片行轉飭驗放等因前來。查前項槍枝子彈既係爲美

領事護館衛身之用，應由安東關於其報運時按章驗

放，除分行外，相應咨呈

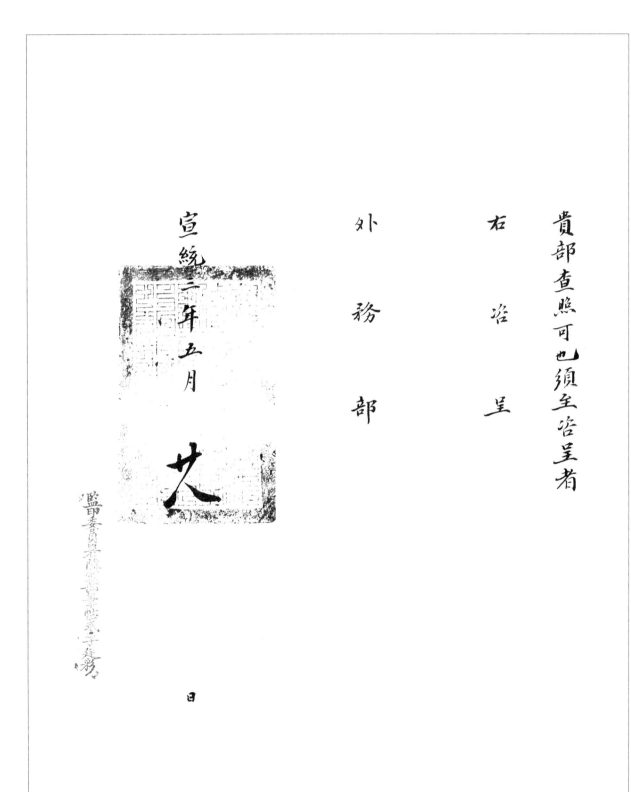

貴部查照可也須至咨呈者

右咨呈

外務部

宣統二年五月廿八日

監印委員[illegible]

二一四

榷算司

呈爲咨復事宣統三年六月初一日接准

咨稱據上海商務總會稟稱張振勳等聯合美商創設中

美輪船股份公司額定股本六十萬元中美各半專在中

國政府註册懸掛龍旗一切均照中國公司律辦理懇予

立案保護並乞撥賜補助經費准免船税噸鈔專案奏

咨以若干年爲度等情除由本部先予立案批示轉行該

公司遵照並分咨度支部農工商部税務大臣外請查

核見復等因並將原稟清摺及章程鈔送前來查該公

司所請立案保護並撥給補助經費各節須由度支部

農工商部查核辦理船税噸鈔可否准免亦須由税務處

核辦除先行存案外相應咨復

貴部查照可也須至咨者

郵傳部

宣統三年六月　日

二一五

欽命督理稅務大臣 為

咨呈事。本年六月初一日准郵傳部咨稱：船政司案呈，據上海商務總會稟稱，職商張振勳等聯合美商創設中美輪船股份有限公司，航行中美，額定股本六十萬元，中美各半，專在中國政府註冊，懸掛龍旗，一切均照中國公司律辦理，懇予立案保護，並乞撥賜補助經費，准免船稅噸鈔，專案奏咨，以若干年為度等因。除由本部先予立案，批示該會轉飭該公司遵照，並分咨外務部、度支部、農工商部外，應粘鈔原稟及清摺二扣、章程一本，咨行查核見復等因前來。本處查船鈔一項，其宗旨本為修築燈樓、浮樁等項公益之用，華洋船隻向均完納，歷無異議。張振勳等聯合美商所創中美輪船股份有限公司之船，在中國係

屬創辦本處極願維持但此項船鈔既為公益之用自應仍照
舊完納未便兩歧致滋他議所請免納船稅暨鈔之處碍難照准除
分咨度支部農工商部郵傳部外相應咨呈
貴部查照可也須至咨呈者
右咨呈
外務部
宣統三年六月十一日

二一六

逕啟者：據山東濰縣長老會學堂教習柏爾根稟稱：茲有紐約博物院囑為獵取各類禽獸，將皮毛運至該院，每年約計二三箱，請為函達外務部轉行總稅務司免稅放行等因。查該教習柏爾根欲將禽獸皮毛運送博物院，係屬該院研究學務起見，實與商家營業者有別，相應函請貴王大臣查照，即希允准照辦免稅放行可也。此佈，順頌日祉。附洋文

美國使署

韓慈敏啟 閏六月初一日

附件

AMERICAN LEGATION,
PEKING.

To F. O. No.I09. July 26, I9II.

Your Imperial Highness:

I am in receipt of a communication from Reverend Paul D. Bergen of the Presbyterian Mission College at Wei Hsien, Shantung, in which he states that he is making a collection of the skins of mammals and birds to send to the American Museum of Natural History in New York. Mr. Bergen asks that Your Highness's Board may issue instructions to the Inspectorate General of Customs authorizing the export of these skins free of duty. He expects to send two or three boxes of the skins every year until he has finished making the collection.

As the purpose of this collection is educational and in no sense commercial, I trust that Your Highness's Board will comply with the request.

I avail myself of this opportunity to renew to Your Highness the assurance of my highest consideration.

[signature]

Charge d'affaires.

To His Imperial Highness, the Prince of Ch'ing,
President of the Board of Foreign Affairs.

二一七

咨稅務處教習柏爾根獵取各類禽獸皮毛運往紐約博物院由美使函請免稅希核復由

行　行

外務部左侍郎胡
閏六月　日

外務部右侍郎曹
閏六月　日

行訖

榷算司

呈爲咨行事。宣統三年閏六月初一日准美韓署使函稱：兹有山東濰縣長老會學堂教習柏爾根由紐約博物院囑其獵取各類禽獸，將皮毛運至該院，每年約計二三箱，係屬研究學務起見，實與商家營業者有别，應請查照允准，轉飭總稅務司免

稅放行等因查該教習獵取之物既據美使聲稱
係運往博物院專為研究學務起見所請免稅之
處可否照准相應咨行
貴大臣查照酌核見復以憑轉復可也須至咨者
稅務處
宣統三年閏六月　日

二一八

函復美韓署使蘇博士所用打獵槍彈已逕電津海關道給照驗放由

行　行

外務部左侍郎胡　閏六月　日

外務部右侍郎曹　閏六月　日

復美韓署使函

逕復者前准

函稱本國博士蘇阿德所用打獵槍彈擬即

逕運天津請轉飭津海關道放行並請頒

抵津進口執照暨運到應往內地執照各一

紙仍希於行文時先由貴部電達該關道

更為迅捷等因並將槍彈數目開送前來查此項槍彈業由本部逕電津海關道查驗放行繕給執照並行知税務處查照相應函復

貴署大臣查照可也此泐順頌

日祉

全堂銜

宣統三年閏六月　日

二一九

欽命督理稅務大臣　爲

咨呈事。宣統三年閏六月初四日准

貴部咨稱：准美署使函稱，兹有山東濰縣長老會學堂教習柏爾根由紐約博物院囑其獵取各類禽獸將皮毛運至該院，每年約計二三箱，係屬研究學務起見，實與商家營業者有別，應請查照允准，轉飭總稅務司免稅放行等因。應咨行核復，以憑轉復等因前來。查該教習獵取各類禽獸將皮毛運往紐約博物院爲研究學

務之用若每類運出無多自可准其免稅出口惟每次
報運皮毛種類及數目若干應令開列詳細清單並聲
明由某關出口由美使先期函達
貴部知照本處以便飭關查驗放行相應咨復
貴部查照轉復美使可也須至咨呈者

右咨呈

外務部

宣統元年閏六月拾壹日

監印委員署經歷[illegible]筆帖式[illegible]廷彬

二二〇

欽命督理稅務大臣　為

咨呈事宣統三年閏六月初九日准

貴部咨稱准美署使函稱美國華盛頓官博物院現派博士蘇阿德來華獵取各類禽獸所用各項槍彈約於月內即可到滬請轉行知照各處放行等因業經本部咨請

貴處雷達江海關道查驗放行在案茲又准該署使函稱現據駐津美領事送來蘇阿德稟稱所用槍彈擬即逕運天津希轉飭津海關道放行並請領進口

卜

執照暨往內地執照各一紙等語查該博士所用槍彈計來復獵槍二枝散子獵槍二枝來復子彈一千二百粒散子子彈九百九十粒手槍子彈五百粒請轉飭津海關道知照並先由貴部電達該關道等因除由本部逕電津海關道查驗放行並繕發執照外咨行查照辦理等因前來除分行轉飭按章征稅驗放外相應咨呈

貴部查照可也須至咨呈者

右咨呈

外務部

宣統三年閏六月十三日

函復美韓署使美國教習柏爾根獵取禽獸皮毛運往博物院應於報運時開列清單由

外務部左侍郎胡　閏六月　　日　行

外務部右侍郎曹　閏六月　　日　行

復美韓署使函

逕復者，前准

函稱，兹有山東濰縣長老會學堂教習柏爾根由紐約博物院囑其獵取各類禽獸，將皮毛運至該院，每年約計二三箱，係屬研究學務起見，請轉飭總税務司免税放行等因。當經本部咨行税務處核辦去後，兹准復

稱查該教習獵取各類禽獸將皮毛運往紐約博物院
為研究學務之用若每類運出無多自可准其免稅
出口惟每次報運皮毛種類及數目若干應令開列
詳細清單並聲明由某關出口由美國大臣先期函
達外務部知照本處以便飭關查驗放行等語相應
函復
貴署大臣查照飭遵可也此泐順頌
日祉
全堂銜
宣統三年閏六月　日

二二二

照錄兩廣總督原電

外務部、民政部鈞鑒：申外務部二十日電敘悉。外人開設華字報館，雖向營業之事，惟由華商貿易究似不同。此次汕頭所開新中華報，美領堅稱祇按彼國法律，不能遵守中国报律，且竟不候華官核准即私出版，是其開辦之初，領事已在袒護，日後取締似更爲難。然權就該[illegible]而[illegible]爲患尚淺，通商各口報館林立，其中難保無各党機關，而言論[illegible]實畏報律以繩其後，若准洋商開設華字報館，後不[illegible]至悉冒洋牌，報律形同虛設，實於人心[illegible]人情浮動，亂党陰蓄煽惑之言，最易搖動[illegible]以何辦理，乞主持示復。鳴岐。肅

民政部為咨呈事
商
在汕頭開設新中
因
業經本部咨請核
稱
此次汕頭所開新中
國

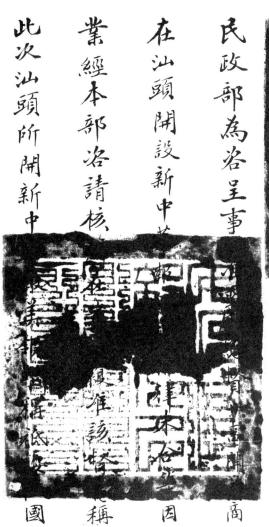

法律不能遵守中國報律且竟不候華官核准
即擅出版若准洋商開設報館嗣後華商亦
各報必至悉冒洋牌報律[illegible]虛設各等語此
電情詞迫切美商顯違報律相應鈔錄原
電咨請
貴部照會美使速爲阻止可也須至咨呈者
右咨呈
計鈔錄原電一件
外務部

二

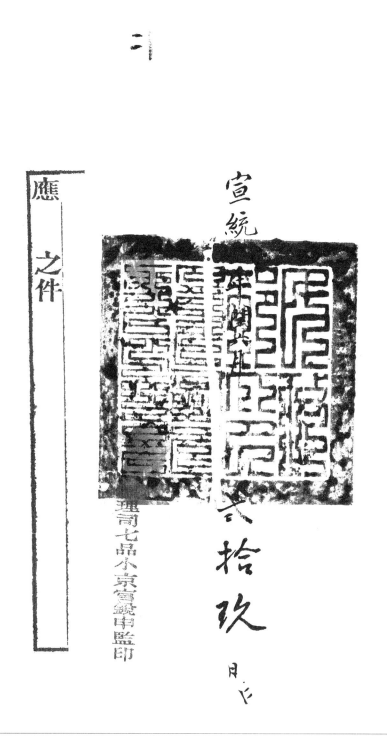

宣統年閏六月貳拾玖日Ｆ

理司七品小京官富鏡申監印

應　之件

二二三

逕啟者光緒二十九年中美條約第十一款內載中政府允將美國板權利益極力保護等因迄今未有確寔辦法以保板權本署大臣茲聞民政部有官立局所專辦板權之事如果有此事請貴部將該局所訂板權章程送來一分以便函達本國政府可也順頌

日祉 附洋文

衛理啟 九月十二日

美國使署

附件

Peking.

No. 131. November 2, 1911.

Your Imperial Highness:

It is provided in Article XI. of the Treaty of 1903 between the United States and China that copyright protection shall be given to the American publishers of books for use in China. Up to the present time no practical method has been proposed for carrying into effect the provisions of Article XI. Recently information has reached me that a Copyright Registration Bureau has been established by the Ministry of the Interior. If this is so, I have the honor to request that Your Imperial Highness will inform me as to the

regulations

His Imperial Highness
Prince of Ch'ing,
President of the Board
of Foreign Affairs,
etc., etc., etc.

- 2 -

regulations of the said Bureau, so that I may inform all Americans who are interested in the publication of works in China.

I avail myself of this opportunity to renew to Your Imperial Highness the assurance of my highest consideration.

Chargé d'Affaires

二二四

咨民政部美使函稱聞有官立板權局所有無其事請聲復由

行 行

外務部左侍郎胡 九月 廿六 日 行

外務部右侍郎曹 九月 廿六 日 行

榷算司

呈爲咨行事宣統三年九月十二日接准美衛署使函稱光緒二十九年中美條約内載中政府允將美國板權利益保護等語迄今未有確實辦法聞民政部有官立局所專辦板權之事如果有此事請將該局所訂板權章程送來一份以便函達本國政府等因查專辦

板權

貴部曾否設立官局訂定章程相應咨行

貴部查照見復以憑轉復可也須至咨者

民政部

宣統三年九月 日

二二五

咨郵傳部、農工商部美使函稱美國查驗外來輪船律法請轉飭週知由

行 行

外務部左侍郎胡 九月廿六日 行

外務部右侍郎曹 九月廿六日 行

榷算司

呈爲咨行事。宣統三年九月十二日接准美衛署使函稱：兹因有人於美國所定查驗外來輪船律法多未明晰，其係如何辦法，現由本國外部行囑本國派駐各國欽使轉知所駐之各該國，按所定美律係凡外來載客輪船駛抵美國口岸須於有

關衛生各事查驗云云函請查照等因前來相

應咨行

貴部查照轉飭遇知可也須至咨者

郵傳部　農工商部

宣統三年九月

日

二二六

復美嘉使函查驗外來輪船律法業經轉咨郵傳農工商部由

行　行

外務部左侍郎胡　九月廿六日　行

外務部右侍郎曹　九月廿六日　行

復美嘉使函

逕復者接准

函稱茲因有人於美國所定查驗外來輪船律法

多未明晰現由本國外部行囑派駐各國欽使轉

知所駐之各該國凡外來載客輪船駛抵美國口岸

須於有關衛生各事查驗云云函請查照等因

前來本部業經轉咨郵傳部農工商部轉飭遵

知矣相應函復

貴大臣查照可也此泐順頌

日祉

全堂銜

宣統三年九月　日

二二七

閱之　六月初六日

復美柔使信

逕復者：美孚行在蕪湖弋磯山下買地一事，迭經本部電致安徽巡撫並南洋大臣查明，茲准南洋大臣電復稱：此事原議係建油棧，及將立契時，乃有建油池之說。油池危險，衆情未洽，因而延緩。近日來正與和平商辦，漸有頭緒，皖省適有恩撫之變，長江一帶人心震動，未免稍生枝節，務乞轉達美國駐京大臣，請飭該商靜候妥辦，切勿冒昧妄動。但仍稍寬時日，定必妥善完結，庶可日久相安。想美國柔大臣夙敦睦誼，必以爲然等語。爲此函復貴大臣查照。此復，順頌日祉。

全堂銜

惟

函復美柔使美孚行在蕪湖弋磯山下建油池可准南洋電稍緩時日必妥善完結由

Editorial Name List of Volume Ⅱ

A SERIES OF DOCUMENTS ILLUSTRATING THE DIPLOMATIC RELATIONS BETWEEN CHINA AND FOREIGN COUNTRIES IN THE QING DYNASTY

CORRESPONDENCE BETWEEN CHINA AND UNITED STATES

VOLUME II

COMMERCE AND TRADE

THE FIRST HISTORICAL ARCHIVES OF CHINA
PEKING UNIVERSITY, CHINA
LA TROBE UNIVERSITY, AUSTRALIA